权威·前沿·原创

皮书系列为

“十二五”“十三五”“十四五”时期国家重点出版物出版专项规划项目

智库成果出版与传播平台

上海浦东社会治理发展报告（2024）

ANNUAL REPORT ON SOCIAL GOVERNANCE DEVELOPMENT OF PUDONG NEW AREA (2024)

城乡善治

主　编／韩志明　张武君　庄新军

社会科学文献出版社
SOCIAL SCIENCES ACADEMIC PRESS (CHINA)

图书在版编目(CIP)数据

上海浦东社会治理发展报告 . 2024 / 韩志明，张武君，庄新军主编.--北京：社会科学文献出版社，2023. 10

（浦东新区蓝皮书）

ISBN 978-7-5228-2516-8

Ⅰ. ①上… Ⅱ. ①韩… ②张… ③庄… Ⅲ. ①社会管理-研究报告-浦东新区-2024 Ⅳ. ①D675. 13

中国国家版本馆 CIP 数据核字（2023）第 179957 号

浦东新区蓝皮书

上海浦东社会治理发展报告（2024）

主　　编 / 韩志明　张武君　庄新军

出 版 人 / 冀祥德
责任编辑 / 陈　雪　王　展
责任印制 / 王京美

出　　版 / 社会科学文献出版社 · 皮书出版分社（010）59367127
地址：北京市北三环中路甲 29 号院华龙大厦　邮编：100029
网址：www. ssap. com. cn
发　　行 / 社会科学文献出版社（010）59367028
印　　装 / 天津千鹤文化传播有限公司

规　　格 / 开 本：787mm × 1092mm　1/16
印 张：19. 5　字 数：291 千字
版　　次 / 2023 年 10 月第 1 版　2023 年 10 月第 1 次印刷
书　　号 / ISBN 978-7-5228-2516-8
定　　价 / 158. 00 元

读者服务电话：4008918866

《上海浦东社会治理发展报告（2024）》
编　委　会

主要编撰者简介

韩志明 上海交通大学中国城市治理研究院、国际与公共事务学院教授，社会治理创新研究中心主任，博士研究生导师，国家社科基金重大项目首席专家，中国行政管理学会青年理事，中国青年政治学会理事，澎湃新闻特约评论员。主要研究领域是国家治理、城市治理和社区治理。主持国家级和省部级项目20余项，先后出版专著或编著等8部，在《政治学研究》、《中国行政管理》等报刊上发表文章200余篇，40余篇被《新华文摘》、《中国社会科学文摘》和人大复印报刊资料等杂志全文转载。

张武君 中国共产党上海市浦东新区委员会党校副校长，中国共产党上海市浦东新区委员会党校校务委员会委员，上海市浦东新区行政学院副院长。

庄新军 中国共产党上海市浦东新区地区工作委员会副书记。

摘　要

近年来浦东新区不断推进城乡治理的变革与创新，深入推进城乡善治，既有强有力的统筹规划，又有细致的专业分工，既鼓励各自分散创新，又注意保持协同共治，积累了丰富的治理经验。浦东新区始终明确党组织在社会治理中的核心地位，持续优化社区治理体系及其制度机制，通过分类施策提升社区治理数字化、精细化水平；重视基层人才队伍建设，大力培育社会组织，引导多元主体有序参与，打造协商共治的良好氛围；满足美好生活需求，提升社区生活服务品质，补短板、增供给、上水平，增强社区应急管理能力，构建全龄友好型社区……这些具有超大城区特色的社区治理实践经验，是浦东新区开发开放建设取得成功的重要法宝，也为加快打造社会主义现代化建设引领区提供了坚实基础。

在机制创新引领善治方面，浦东新区出台“激励关怀15条”，力求从选人用人、职业晋升、关心关爱、激励褒扬等方面进行制定和规划，探索打造各有激励、梯次发展的基层干部队伍建设一体化格局。针对个体工商户登记注册难、经营难等问题，浦东新区通过党建联建实现组织统合，建立浦东新区首家个体户登记疏导点，促进个体工商户有序健康发展。在全面推进精细化治理的大背景下，浦东新区围绕“党建+治理+服务+公益+文化”的思路，打造多元参与的协同治理格局，不断探索国际社区治理新路径。在全面推进乡村振兴示范村建设工作中，浦东新区逐步形成“党建引领”与“兴产善治”的治理亮点，基本实现产业发展与基层治理相融合。针对市郊地区的“经济薄弱村”难题，浦东新区以“农业龙头企业撬动乡村产业振兴”为特色，全力做好“产业+”大文章，从经济薄弱村迈向了可持续发展的市级乡村振兴示范村，也为乡村振兴和可持续发展夯实内生动力。

在场景规划拓展善治方面，浦东新区多措并举推动“物业进村”，探索城郊接合部农村治理新路径，打造基层组织健全、社区环境优美、社会秩序井然的农村新型社区。通过搭建“50米视界”，浦东新区创新盘活空间存量，在发挥党建组织引领作用、激活居民参与活力、提升社区治理效能以及改善居民生活品质四个方面向社区善治迈出了重要一步，成功打造出社区治理的第四空间。在打造国际金融中心的过程中，浦东新区持续强化数字赋能，设置多个智能化应用场景，依托“1+3+X”架构，将单一的应用场景汇集成综合性的应用场景，在整体筹划、场景应用的可持续、基层减负增能和多元主体协同中持续发力。针对开发建设期间建筑工人的临时居住问题，浦东新区试点规划大型建筑工人临时集中居住设施（以下简称“大临设施”），致力于为建筑工人提供安全、舒适以及文明的居住生活环境，积极探索建筑工人集中临时居住新形式。

在多元协商深化善治方面，浦东新区在城市规划中探索“以建促治”，广泛动员各方力量培育社区规划师团队，形成一套系统化的社区规划师工作流程，保障了社区项目的顺利落地与运维。针对社区“封闭治理”中的治理缝隙、服务盲点等问题，浦东新区探索全新的“1136”党建引领街区治理体系，打通社区治理的围墙，促进街区内的商户、居民和社区单位多方主体沟通协商，实现共建共治共融共享。为了激活居民治理能动性，浦东新区通过小微治理积累实绩带动居民，打造社区志愿者队伍，拓宽社区治理源流，建立起居民治理能动性的自我强化和持续焕活机制，实现超大型城市老旧小区的再生治理。面对托育服务供给不足的问题，浦东新区构建起自治共治、多方合力、资源共享的社区托育服务网络，努力打造儿童友好城区的浦东新区示范样本。除了重点工程和重大项目，浦东新区也注重办成群众一点一滴的小事，探索实施党建引领“微光行动”，以小事入手促进居民群众交往交融，促进楼组治理的组织化、精细化和规范化，有力筑牢了超大城市治理的稳固底盘。

关键词： 浦东新区 社会治理 城乡善治 多元共治

目录

Ⅰ 总报告

Ⅱ 机制创新 引领善治

Ⅲ 场景规划 拓展善治

Ⅳ 多元协商 深化善治

皮书数据库阅读使用指南

总报告

General Report

B.1

统分协同行大道：浦东城乡社区善治的十大经验

韩志明　刘子扬　李春生*

摘　要： 社区治理是国家治理的基本单元，在城乡社会治理转型过程中扮演着重要角色。在过去的三十余年中，浦东与时俱进，不断推进社区治理的变革和创新，探索具有超大城区特色的社区治理经验，取得了显著的治理成效。这些经验主要包括十个方面的内容，分别是坚持推动党建引领，发挥党组织的统筹协调作用；探索赋能基层的路径，持续优化社区治理体系；推进分类施策，提升社区治理精细化水平；推进数字化转型，提升社区智慧治理水平；优化人才服务，强化社工人才队伍建设；大力培育社会组

* 韩志明，上海交通大学国际与公共事务学院、中国城市治理研究院教授，博士生导师，主要研究方向为政府治理、城市治理和基层治理；刘子扬，上海交通大学国际与公共事务学院、应急管理学院博士研究生，主要研究方向为应急管理和基层治理；李春生，湖南大学公共管理学院助理教授，主要研究方向为基层治理、技术治理、当代中国政府与政治。

在总报告的设计、撰写和修改过程中，赵蕾副教授以及刘羽晞和韩雨筱两位博士生也做了部分工作，在此向她们表示衷心感谢。

织，提升基层服务的能力；推动居民有序参与，营造基层自治良好氛围；聚合多元主体，打造协商共治的网络体系；提升社区服务水平，构建全龄友好型社区；坚持“平战结合”，提升社区应急管理能力。浦东打造现代城市治理的示范样板，还需要继续坚持优化社区治理的良好经验，推动基层治理的系统性创新和整体性优化，以更好地满足人民日益增长的美好生活需要。

关键词： 浦东 社区治理 城乡融合 基层治理

从过去落后的郊野农田到如今繁华的现代化城区，而立之年的浦东已经历了艰辛而曲折的凤凰涅槃，各个方面都实现了脱胎换骨的转变，成为上海探索现代化发展道路的缩影、中国改革开放历史进程的重要标杆。持续高速的经济增长推动了城市的巨大发展，也衍生出形形色色的城市问题。如何持续推动社会治理现代化，打造超大城市治理创新发展的样板，已然成为浦东新区续写发展传奇的重要支撑。社区是人民群众的生活家园，也是社会管理和服务的“最后一百米”，体现和反映了城市治理的水平。多年以来，浦东坚持统筹推进策略，以城乡融合发展为主线，以社区治理为抓手，既有强有力的统筹规划，又有细致的专业分工，既鼓励各自分散创新，又注意保持协同共治，着力破解各种管理和服务难题，把城乡社区打造成社会治理的坚强堡垒、人民群众的幸福家园，实现了城市治理的转型升级，描绘了人民城市的美好图画，具有广泛而深远的标杆意义。

一 坚持推动党建引领，发挥党组织的统筹协调作用

随着改革开放的深入，全国很多地区尤其是东南沿海经济发达区域，出现了大量村、居、企交织分布的情况，例如上海、苏南、浙江的很多地区村集体经济发达，很多村民早已转变为社区居民，各个村也拥有自己的村办企

业或合资企业，加之大量外来投资者和务工人员进入，形成了工业园区、外来人口聚集区、城中村和拆迁安置区等新型空间形态。这类空间形态多种业态交织，人员结构非常复杂，相互之间又非常松散，使得传统静态化的治理模式捉襟见肘，产生大量的治理失灵问题。党的十八大以来，作为改革开放的前沿阵地尤其是先行先试的示范区，浦东新区始终坚持以党建为抓手，明确党组织在社会治理中核心地位，助推城乡融合发展，在多个下辖区统筹设置基层党组织，统一管理党员队伍，通盘使用党建工作阵地，探索适应新型城乡治理有效路径。

2015 年，浦东新区成立了区域化党建促进会，提出了“共商区域发展”“共抓基层党建”“共育先进文化”“共促人才成长”“共建文明城区”“共同服务群众”等 6 项主要任务，7 个开发区管委会党组陆续牵头成立片区委员会，各街镇和开发区也都统一成立促进会分会，形成以区域化党建引领基层治理的合力，比如浦东新区卫生党工委率先以“健康浦东 · 惠民医盟”为载体，自觉融入区域化党建，从最初的 14 家医疗卫生机构发展到 76 家医疗卫生单位，形成了覆盖全区的医疗志愿服务网络。2017 年，浦东新区印发了《关于构建浦东新区城市基层党建新格局的实施意见》，明确提出要构建“以区域化党建为引领、社区党建为基础、行业党建为特色、非公经济和社会组织党建为关键、单位党建为基本”的城市基层党建新格局。

近年来，浦东新区将区域化党建和基层治理与服务结合起来，用区域化党建引领基层治理现代化。经过不懈的探索创新，涌现出大量成效显著的实践案例，积累了一系列具有引领示范价值的治理策略与经验。例如，2021 年东明路街道提出微治理、微智慧、微基建的“三微”建设，以参与式社区规划为着力点，广泛发动居民自治力量和社会组织专业力量，从缤纷社区、三美建设、场景营造、数字化水平提升等维度系统性思考，将“三微”建设与居民区党建、自治金项目相结合，形成了“1+2+3+N”居民区治理体系框架，有效提升城市基层治理的空间品质和服务能级。而浦东张江镇则结合自身科学城的特点，以区域化党建为龙头和纽带，主动邀请属地科技企业建立人才共育、项目共建、资源共享等机制，目前已经实现了全镇 37 家居村委与区域内 132 家单位的结对签约，让张江科学城的普通群众有更多的体验感和获得感。

浦东也积极探索以区域化党建来统筹乡村治理，比如海沈村不断强化党的领导，由村党总支作为主导，依托党支部、党小组和党员形成了“1+1+X”的工作梯队，组织动员村民投入乡村治理；强化党建联建，联结服务资源，联合远东村和桥北村党总支开展“三村联动”；与企业党支部、高校党支部等共建，形成“3+N”党建联建模式，牵头组建了由 21 家农民专业合作社和 12 家村级经济合作社共同组成的党建联盟——“惠民农盟”；优化党群服务，打造“1+9”服务体系，在既有党群服务中心的基础上，设置了 9 个党群服务延伸点，将各类服务输送到村民家门口。通过党建工作统筹和链接多方资源，在环境整治、平安联防、访贫问苦、就业创业等方面实现村域资源共享、人才共享，形成了共建共治共享的治理格局，也进一步提升了公共服务的水平。

推进社会治理现代化，必须始终坚持中国共产党的领导，明确党组织的核心地位，丰富党建引领的内容与形式，提高党建工作与社会治理的时空适配性，发挥党组织统筹协调的能动性作用，切实解决城乡高质量发展中面临的问题和挑战。浦东高行镇启动区域化党建发展、惠民、智才、创建、商圈“五大联盟”，全面系统推进区域化党建“十大系列”重点项目走深走实，进一步把党的组织优势转化为更好引领区域发展、创新基层治理、整合各方资源、更好服务群众的实践效能，着力打造有思想、有温度、有色彩、有实效的基层党建新格局，不断提升高水平党建引领高质量发展的能力。新场镇也拟定了党建驱动的发展规划，以“五创融合”工作为平台，通过强化组织架构、深化工作机制、夯实党建阵地，不断创新发展区域化党建新模式，多点发力激活区域化党建新动能。

经过多年的迭代发展，浦东以区域化党建为抓手，兼顾城市传统社区、城市化进程中的农村社区以及城市外围功能性产业园区型社会等多种治理空间及其发展诉求，积极探索以各类区域内党建一体化为抓手的城乡融合治理模式，形成了以街道党工委为核心、社区党组织为基础、其他基层党组织为结点的网络化治理体系，深入组织和动员各种力量参与社会治理，有效推进了新型城乡空间的融合治理。根据党的二十大提出的要求，浦东新区在区域化党建的形式和内容创新上下功夫，以党建统领和连接各种社会资源和力量，积极推进以党建引领基层治理尤其是社区治理，把加强基层党的建设和巩固党的执政基础作为贯穿社会治理和基层建设的红线，着力构建党组织领导的共建共治共享的城乡基层治理格局，不断提升社会治理的整体性、协同性和精细化水平。

二　探索赋能基层的路径，持续优化社区治理体系

浦东开发开放以来，持续的高速发展吸引了不计其数的外来人口，推动了经济和社会的发展，也衍生了大量的管理和服务要求。根据2022年浦东新区第七次全国人口普查数据，浦东下辖44个行政单位（包括13个街道、25个镇、3个农场和3个园区），共计996个居民区、362个村，常住人口576.77万人，是上海乃至全国人口规模最大的城区之一，是名副其实的超大城市中的超大城区，区内城乡地域要素糅杂，人口密度和流动性都非常大，生活水平参差不齐，人员结构、社会需求和社会矛盾异常复杂，治理工作千头万绪，基层治理的压力和挑战非常大，权力小、资源少、责任大、任务重、时间紧是基层治理的普遍现状。如何走出符合超大城区特点和规律的基层治理现代化的新路径、做好居村赋权增能的大文章、优化城乡社区治理的体系及其制度机制，是贯穿基层治理改革和创新的重要主线。

为了理顺基层权责配置，激发和提升基层治理动能，浦东借助政策或制度创新的优势，把社会治理的重心放在城乡社区，聚焦体制机制创新，构建新型条块关系，推动重心下移、资源下沉、权力下放，深层次激活基层治理动能。[①] 浦东秉持“部门围绕街镇转、街镇围绕村居转、村居围绕群众转”

① 中共上海市浦东新区委员会：《为探索超大城市社会治理新路贡献“浦东智慧”》，《社会治理》2020年第4期。

的工作理念，坚持把社会治理的重心下沉到城乡社区。通过不断健全条块联动机制，统一明确街镇的主要职能，优化设置党政内设机构及人员编制，深化街镇体制改革。浦东通过建立区级事权下沉街镇准入把关机制，建立健全基层约请制度，下沉区域管理权，构建区级统筹城市发展、街镇做实社会治理的工作格局，全面为基层赋权增能。2017 年，浦东按照“应放尽放、能放尽放”的原则，将原本区属的部分人事考核权、征得同意权、规划参与权和综合管理权等八个方面的权力直接下沉到镇。①

为了解决基层治理中的“执法权”归属问题，早在 2015 年，浦东城管就探索管理与执法的分离改革，执法部门和管理部门建立了线下联席工作会议制度、联合执法机制、案件移送及线索移交机制等，推动城管力量下沉街道，提升基层执法效能；2018 年，浦东城管进一步完善执法界面划分，集中或整合相关执法事项，推动执法力量向街镇延伸，进一步厘清生态环境、水务执法事项清单，将 79 项相关执法事项进一步下沉街镇；2020 年，根据上海市出台的《关于完善街道乡镇管理体制整合街道乡镇管理服务资源的实施意见》，不断强化并扩张街镇公共服务、公共管理和公共安全等职能，提升街镇在基层治理中的相应管理权限；2022 年，街镇综合行政执法体制改革落地实行，城管执法力量正式全面下沉，街镇执法力量得到进一步整合，提高了基层治理的效能。

为了应对基层治理的挑战，充实和强化基层治理的力量，提升基层治理的能力，浦东持续加强基层队伍建设，通过“班长工程”“基层社工全岗通”“三个责任制”等项目，大力组织和发动社区志愿者参与，保障基层治理的人才队伍；多个街道授牌成立“基层社会治理名师工作室”，通过实践基地带教培训，孵化培育社区治理能人，有效提升社区治理的实战能力；全区范围内开展参与式社区规划街镇试点，积极发挥社区规划师的专业力量，推动社区居民的自主参与，不仅让社区环境发生潜移默化的变化，也深化推

① 《经验交流丨强基层绣针之功　筑大城善治之基　上海市浦东新区积极探索社区治理规范化精细化路径》，澎湃新闻，2020 年 9 月 16 日。

进了全过程人民民主；部署和推动“请你来协商”工作，打造“协商于民”政协委员工作站，深化完善“协商于民”工作体系，提升基层协商的质量和效能，助推解决社区治理的问题。这些举措从不同的路径充实了基层治理队伍，吸纳和整合了不同方面的知识和技能，形成了社区治理的合力，提升社区治理的效能。

与此同时，浦东坚持双管齐下，“加法”和“减法”并行，不断地为街镇以及村居减负减压，减少不必要的“文山会海”、过度留痕、重复督察检查和考核评比等行政事务，从负向角度来保障和落实赋能增能。“减”的最终目的是“加”，是要让基层村居工作者们能够放开手脚，“轻装上阵”，从而把更多精力聚焦在主责主业上，投入为人民服务中去，走出办公室，走到群众身边，真正做到“把问题解决在一线，矛盾化解在一线”。2022 年以来，针对基层力量不足和服务半径过大等问题，浦东在康桥镇康桥花园等多个村居试点拆分过大村居，划小基层管理和服务单元，调整优化居委会结构，“对现有管辖规模超过 2000 户的非独立小区居委会，因地制宜积极创造条件适时拆分；对管辖规模超过 3000 户的非独立小区的居委会，具备条件的原则上可以拆分”①，也及时跟进建立村居工作机制，配备服务资源和力量，实实在在为社区减负。

根据中央和上海减轻基层负担的要求，浦东还积极探索基层村居的绩效考核机制创新，着力缓解考核压力过大，考核过多过频、重复督察检查、“文山会海”、过度留痕、技术悬浮等基层负担，将村居干部真正地从“台账堆”里解放出来，把更多的时间和精力用于为群众办实事。经由持续探索基层的赋能减负，浦东梳理了基层治理的职责权限，扭转了条块关系交叉混乱的局面，建立了条块协同联动和信息共建共享的治理新格局，特别是注意减少基层治理的负担和消耗，激发了基层治理的活力，提升了基层治理的效能。未来，浦东应该继续探索基层治理赋权增能的路径，充分发挥社会主体的自主

① 《浦东新区在本市率先启动“加减法”为社区减负增能　让能干善干的基层干部有为更有位》，《新民晚报》2022 年 9 月 14 日。

性和能动性，统筹联动基层治理的人财物等资源，建立健全基层治理的制度机制，深入应用数字化等技术手段，持续巩固基层减负的成果，全面激活社区治理的资源要素，真正把基层打造成为超大城市治理的坚实基础。

三　推进分类施策，提升社区治理精细化水平

浦东的发展和进步不是一步到位的，而是持续叠加和积累起来的，而且内部不同区域及其社区之间也充满了多样性和差异性。不同类型的住房导致社区空间及其治理形态的巨大差异，具体包括农民集中安置居住社区、大型居住社区、动迁房社区、老公房社区、国际涉外社区、普通商品房社区等十余种类型。不同类型的住宅小区的房子不同、居民不同，人与房的关系也不同，衍生出不同的问题，提出了不同的治理要求。面对繁杂而艰巨的社区事务，社区治理也必须要从实际出发，做好分门别类工作，做到精准施策。相反，社区治理如果是“一把尺子量到底”“眉毛胡子一把抓”，就不仅达不到治理效果，还容易浪费本就稀缺的治理资源。正是面对社区情况的多样性和差异性，浦东系统性地开展了社区分类治理的探索，不断寻找超大城区精细化治理的底层逻辑。

2019 年，上海市民政局出台《关于推进城乡社区治理突出问题分类指导工作的通知》，提出要“坚持统筹兼顾、分层分类，推进社区分类治理工作”，实现“为民服务有依据”“基层治理有方法”“资源配置有导向”，从而根据不同类型的居民区进行分类施策，在全域拉开了社区分类治理的序幕。随后，浦东率先结合自身情况，精心编制了《浦东新区社区分类治理指导手册》（以下简称《指导手册》），分为“一特征三清单”（上册）和“优秀案例和典型工作法”（下册），在全区中心城区、城乡接合部地区、农村地区三类区域基础上，将各类社区以居住房屋类型为主、适度考虑人群结构特征，最终把全区 2280 个小区和 1347 个村居划分为 11 种社区类型、8 种小区类型。“一特征三清单”则是指问题和需求清单、资料清单、治理对策清单。

深入把握社区特性，精细划分社区类型，推进社区分类治理，匹配相应的治理路径，避免社区治理同质化，明确社区治理的路径和方法，提升针对性和有效性，是推进社区治理现代化的重要探索。浦东根据“社区定类、问题梳理、资源排摸、方法匹配、分类施策”的安排，把“自上而下”和“自下而上”结合起来，部署和推进社区分类治理工作。各街镇在具体工作上细化落实，做出了诸多有益的实践。如北蔡镇为搭建居民区之间的沟通平台，最初按地域和小区管理类型将居民区划分为四个片区。此后经过几年的探索实践，北蔡镇根据实际情况及其发展需求，在片区的基础上调整社区分类体系，根据居住小区、房龄长短等将居民区分为老式住宅小区、农民动迁商品房和商品房小区三类，按需按类配置居民区负责人和社工，有的放矢开展工作，大大地提高了工作实效。

根据浦东社区关于分类治理的工作要求，周浦镇将下辖的 44 个城市社区居委会分为六类，即大型居住区、高档商品房、老公房、一般商品房、混合型商品房和农民回迁房。在此基础上，周浦镇充分展开调研，总结了不同类型社区在问题和需求上的差异，形成了细致的问题清单、资源清单和对策清单。从问题清单来看，老旧小区容易存在加装电梯难的问题，混合居住型社区面临分散管理困难的问题，高档小区业委会则普遍存在与物业矛盾突出的问题等。相应地，周浦镇对症下药、精准施策，形成了诸多典型的举措，例如御沁园居民区考虑社区志愿者的年龄阶段和心理需求，通过颁布荣誉证书来发动青年志愿者；汇腾居委会对社区停车情况开展调查研究，通过做减法，清理僵尸车，解决小区停车难的问题；瑞阳苑以“花”命名，分类分组组建百花园志愿者服务队等。

浦东地域宽广，人口众多，内部管理单元非常多样，关系错综复杂，不同区域及其社区之间的差异很大，比如老公房与国际社区就存在非常显著的差异，管理和服务的事项都大不一样，这就内在地决定了社区治理不可能简单“一刀切”，而必须要坚持从实际出发，因地因事灵活制宜，探索行之有效的治理方案。推动和落实社区分类治理工作，实质就是要充分认识到社区的多样性和差异性，根据社区房屋特点和人群结构特点等指标，细致地梳理不同社区的特性及其治理需求，对不同的社区给予精准的治理画像，寻找适配不同治理情境及其问题的治理方案，特别是通过全面梳理“一特征三清单”，将分类治理的方案具体化和可操作化，生动反映了超大城市精细化治理的要求，也体现了问题导向、以人为本和系统治理的社区治理原则，具有重要而深远的意义。

总之，社区是不同的，处于不同的发展阶段，也需要不同的治理，社区治理具有多样性，需要不同的治理策略。分类治理是管理精细化、规范化和专业化的基本要求，对于社区治理现代化具有基础性的意义。未来，浦东的社区治理还是需要继续坚持从实际出发，深入研判和分析社区及其治理的特性，细致梳理社区的管理和服务事项及其资源条件，在普遍性和特殊性之间寻找平衡点，探索适合特定社区形态的治理方案及其技术。从分类治理的操作逻辑来说，如果说进行差异化的治理操作是非常重要的话，那么如何识别和理解社区的差异性更为重要。这就需要推动城乡社区生态的系统研究，全面理解现代社区的要素及其含义，优化和完善社区分类的技术工具，特别是要注意及时优化社区分类指标，增加更多人文类或社会性指标，与时俱进动态调整社区类型，提升各类型社区的画像水平，为社区分类治理提供浦东方案。

四　推进数字化转型，提升社区智慧治理水平

现代信息技术的快速发展，从互联网到大数据再到人工智能等，驱动了社会治理的创新发展。社区治理也搭乘上信息技术进步的列车，不断迈向数字化、智能化和智慧化。早在2008年，浦东就提出了建设“智慧浦东”的战略构想，在社会发展、国民经济、城市管理和公共服务等领域推进信息技术的深度应用。社区治理也广泛采用信息化和数字化技术，构建了社区管理和服务的新形态，智慧化水平居于领先地位。2011年，浦东率先在上海市开展智慧社区试点，潍坊街道和塘桥街道等7家单位成为首批试点单位。2013年，浦东编制发布《浦东新区智慧社区建设指导意见》和《浦东新区

智慧社区应用建设指南》，在 10 个街镇开展社区服务、城市管理、居家养老等领域的智慧应用。

紧扣城市治理的突出问题和社区居民的需求，浦东率先打造“区城运中心+街镇分中心+居村联勤联动站”横向到边、纵向到底，全覆盖、全天候、全过程的城市运行综合体系，积极利用数字技术赋能社区政务服务，建成了“36 个主中心+30 个分中心+1300 多个居村家门口”的社区政务综合服务格局，可受理政务事项 212 项，涉及 12 个委办局，年业务总量 513 万件。针对路途遥远、行动不便、办事匆忙和使用平台困难的社区居民，浦东开发了“智慧帮办”远程视频服务系统，可以实现 212 个政务事项 100%不出居村区的“一站式”办理。浦东还通过“社区云”平台的建设，推动“多表合一”，打通了人口、房屋、空间地理、党建、城市运行等数据库，避免重复采集，这些不仅为社区治理提供了强有力的智慧支撑，也起到了为社区治理减负的积极作用。

浦东始终坚持以居民的需求为导向，从生活、管理和服务等不同维度切入，搭建智慧社区的信息平台，推进不同领域的智慧应用，探索全覆盖、无盲区、多领域、零距离的智能化治理。为深入推动现代化城区建设，浦东持续推动“精品城区、现代城镇、美丽乡村”三个圈层建设，打破部门壁垒，整合各部门、各层级的治理资源和力量，增强智慧平台的各方参与能力，致力于将社区智慧平台打造成为政府治理与社区自治的互动平台，[①] 从而进一步提升街道和社区层面的数字管理和统筹治理能力，加快社区数字化治理体系的迭代升级。各街镇涌现出如花木街道“数字孪生城市”、北蔡镇智能码“一码通用”智能化项目、高行镇“两全两通型”智慧社区管理平台等智慧社区的典型案例，形成了智慧、生态、可持续的社区发展治理新模式。

2020 年，花木街道着手推进“数字孪生城市”建设，致力于打造“指尖上的社区”，不断提升社区管理和服务的水平。辖区内近万幢建筑、十万余个城市部件、各类专项操作平台等管理应用均被接入数字系统中，实现了

① 《智库研究丨以数字化引领浦东现代化城区建设》，上观新闻，2023 年 4 月 30 日。

数据采集端、大屏展示端、移动派单处置全流程监管，打造了可叠加和可成长的数字化平台。“数字孪生城市”在系统中建立了十类四级市民身份标签，对高龄老人、独居老人等特殊、弱势群体都给予了醒目的分类。“数字孪生城市”还配套开发了大量面向市民的共建端口，如“加装电梯服务小程序”“云上议事厅”“自治金掌上小程序”等应用程序。通过与居民“屏对屏”使其感受到“心连心”，切实享受到数字治理高效便捷的效能。

北蔡镇推出智能码“一码通用”项目，搭建了以“事”为中心的治理结构，通过“运行规程、指挥手册、角色清单”标准化操作规则将管理环节落实落地，实现了融通平台数据、打通部门壁垒、畅通项目运行和贯通城市发展的“四通”治理成效。高行镇推行的“两全两通型”智慧社区管理平台，涵盖智慧设施、智慧服务、智慧管理、智慧参与全要素，综合开发了群租整治、车辆管控、违规装修等 28 个智慧社区应用场景，实现了权限分级、实时更新、分类有序、联勤联动的信息互通和系统治理；桥智汇公馆的智慧应用包括智能停车、智能家居、智能楼宇、智能安防等领域，给居民的生活和工作带来巨大便利；通过人脸识别等技术手段，实现了门禁自主管理和高效安全的管理体系；建设智慧社区服务平台，居民可以通过平台获取自由便捷的社区服务。

根据上海市推进城市治理数字化转型的部署和要求，浦东不断升级区级层面的技术支持，统筹推进域内社区智慧化治理的建设。2022 年，浦东《城市大脑发展白皮书（2022）》发布，“城市大脑”4.0 正式上线运行，聚焦囊括全域感知、全数融通、全景赋能、全时响应四大板块内容，加快了数字技术对各领域的赋能；[①] 持续优化“一网统管”，全链条贯通新区、街镇、村居三级管理、全方位实现智能监管应用场景在社区的覆盖；全时段监控社区运营管理情况，全维度打通各平台之间的信息壁垒，改变了社区治理主体各自为政和相互割裂等问题，实现跨领域、跨层级、跨部门的数据共

① 《城市运行“一网统管”浦东“城市大脑”4.0 上线运行》，中国发展网，2022 年 10 月 24 日。

享。依托政务服务“一网通办”信息系统，浦东在全市率先实现社区事务受理 100%单窗通办和社区政务事项 100%不出村居直接办理，实现了审批、监管、政策解读等各类政府信息精准集成，零距离打造了“家门口政务服务自助终端体系”。

数字化是大势所趋，社区智慧治理任重道远。进一步落实数字化转型的任务，推进浦东社区治理智慧化水平，首先，需要提供人财物等资源保障，积极引入和规范市场力量，强化信息基础设施建设，扩展和升级网络基础设施，综合发挥政府、企业组织、社会组织和社区居民的合力作用。其次，要从区级层面加强信息基础设施建设，扩展和升级网络基础设施，加大对 5G 技术的应用和推广，为智慧社区的建设发展提供稳定、高效的网络支持。再次，要防止为了技术而技术，必须要围绕解决社区治理的实际问题来设计和应用相关技术，探索行之有效的城乡社区数智治理新形态。最后，要积极贯彻落实中央印发的《提升全民数字素养与技能行动纲要》，通过举办政府开放日、领导干部数字素养培训以及数字赋能全民共享主题日等活动，提高领导干部和社区居民的数字素养与技能。

五　优化人才服务，强化社工人才队伍建设

作为中国改革开放的人才高地，浦东始终坚持重视发挥专业人才的作用，让专业的人来做专业的事，探索社区治理专业人才的发展之路。浦东是我国内地社会工作实务的发源地，社会工作的发展离不开专业人才的贡献，也推动了社会工作人才的发展。早在 1999 年，浦东就成立了社会工作协会，开启了社会工作职业化和专业化进程。2004~2005 年，浦东社会工作协会参与了我国第一部《社会工作者国家职业标准》的研究和制订工作。2007 年，浦东被确定为国家社会工作人才队伍建设首批试点单位，出台了《浦东新区社会工作人才队伍三年发展纲要》以及相关制度文件，为社工人才队伍建设提供制度保障。2011 年，浦东被民政部评为全国首批社会工作人才建设试点示范区。2014 年，浦东又被评为全国首批社会工作服务示范区。这

些见证了浦东社会工作发展的历史。

2014年，上海市将“创新社会治理、加强基层建设”作为上海市委1号课题，随后形成了“1+6”系列文件成果，其中包括社区工作者管理办法，标志着基层人才队伍建设进入新的发展阶段。2015年，浦东形成了“1+24”项调研成果，制定了社会工作督导人才选拔、培养及使用实施意见，对居村干部和社区人才队伍建设从招聘、培养、使用、激励和规范等方面做出了明确的规定，促进了基层人才队伍建设的系统化、标准化与专业化。2019年，浦东发布了《浦东新区社会工作服务机构薪酬体系指导方案（2019年版）》、《社会工作专业人才能力素质模型1.0》以及《浦东新区关于社会工作督导人才队伍建设实施意见》，致力于打造专业化的社工人才队伍。

长期以来，社会工作者的薪酬待遇是制约社会工作发展的瓶颈问题。早在2007年，浦东社会工作协会就发布了《社会工作者薪酬体系指导意见》，试图解决社工薪酬洼地的问题。《国家中长期人才发展规划纲要（2010—2020年）》提出，2015年全国社会工作人才要达到200万人。2013年，浦东社工协会出台了《浦东新区社会服务机构专业人才职位设置及薪酬体系指导方案》，确定了社工岗位及其薪酬指导价。2019年，浦东参考长三角和珠三角等其他地区社会工作者的薪酬水平，结合2018年度本区社会工作服务机构薪酬体系调研结果，推出了社会工作服务机构薪酬体系指导方案，设置了不同级别的社会工作者起薪点，但对薪资上限不做具体规定，尤其注重突出激励导向，鼓励提供更高薪酬，从而不断推动社会工作的高水平发展。

居村党支部是社区治理的枢纽，居村党组织带头人的素质直接影响到社区治理的效能。2022年，浦东出台了《浦东新区关于深入实施“班长工程”进一步加强居村党组织带头人激励关怀的若干举措》，明确提出要盘活全区事业编制资源，加大对居村党组织书记使用事业编制的保障力度，对已经进编、核定为七级管理岗位的居村党组织书记，择优晋升为事业单位五级、六级职员，不超过进编居村党组织书记数量2%的人员还有机会成为五级职员（相当于“正处级”）。其中特别规定，表现特别优秀的居村党组织书记，可参照街镇换届调整做法，选拔进入街镇领导班子。这样的激励措施为优秀的居村党组织书记开辟了发展通道，让“小巷总理”们干好有奔头，有为更有位。目前，浦东已有260名居民区党组织书记进编，5名优秀居民区党组织书记晋升为事业单位六级职员，已经形成良性的示范效应。

2023年，浦东又出台《浦东新区关于进一步加强社区工作者建设和激励关怀的若干措施》，从优化人力资源配置、拓展队伍来源、打通城乡交流、提升队伍素质以及增强职业认同等五个方面探索社区工作者发展路径，其中特别突出了“块属块管块用”导向，赋予街镇更多用人主导权，激活了街镇用人活力。2023年，浦东一次性新增7000多名社工名额，使全区现有社区工作者总数达到2.5万名，每万城镇常住人口的社工实有配置已达到20人，已经高于国家每万城镇常住人口社工配置不少于18人的标准，大大强化了社区治理的人力保障。浦东还将社工额度配备与居民区老龄人口相挂钩，通过建立养老服务“工匠”工作室、开展养老机构管理人才“珠峰计划”、组织各类技能培训等方式，提升养老服务人才队伍的广度和深度，探索建立更加专业和高水平的为老服务人才队伍。

志愿服务是社会文明进步的重要标志，也是现代社区治理的重要力量。浦东把志愿服务与全国文明典范城区创建结合起来，组建了类型多样的志愿者队伍，也将更多的年轻人或新就业群体等纳入志愿者队伍中来，培育高品质志愿服务项目，打造具有引领区气质的志愿品牌。目前，浦东已有130多万名注册志愿者、3900个志愿服务团队、8600个志愿服务项目，建有浦东图书馆、东方医院等市区两级志愿服务基地71家。2021年以来，浦东初步建成了“1+36+10+N”的志愿服务格局（1个志愿服务总队、36个街镇分队、10个专业志愿服务队伍、N个各类志愿服务队）。广大志愿者活跃在扶危济困、应急救援、爱心公益、文明宣传、社区服务等众多领域，积极发挥个人特色和专长，为社区治理通过“一个人带动一群人”，引领“人人都是志愿者，人人显示软实力”的浦东文明新风尚。

浦东社区治理人才队伍建设成效是显著的，也提供了许多重要的经验。首先，要充分重视社区工作的专业化发展，积极培育专业化的人才，构建多渠道的培训体系，保障社区工作者的薪酬待遇，提升社区工作的标准化水平等。其次，要广泛动员各方面的资源和力量，建立健全社区治理的专业化人才队伍及其网络，完善各类别各层次人才的资源数据库，推动多元主体参与社区治理，实现共建共治共享的目标。最后，要提升政策支持和保障的力度，建立和完善系统化、专业化和标准化的社区人才队伍，实现队伍建设有机制有平台、人才培养有标杆有后备、个人职业有目标有归属。此外，还要培育全社会尊重社会工作者的意识，积极为社区治理人才减负增能，激发社会工作者的能动性和积极性，开创社区治理新局面。

六　大力培育社会组织，提升基层服务的能力

社会组织是现代社会治理体系的重要主体之一，具有非营利性、社会性、志愿性和专业性等优势，是弥补或矫正“政府失灵”和“市场失灵”的重要机制，在社会治理中发挥着不可替代的作用。浦东社会组织的发展与开发开放的进程是密不可分的。自开发开放伊始，浦东就在“小政府”的行政架构下，秉持积极探索和先行先试的理念，大力培育和发展各类社会组织，取得了显著的发展成效，在社会组织发展领域诞生了若干个国内第一，比如将社区活动场馆“罗山市民会馆”通过购买服务方式委托社会机构运作，成立了国内第一家民间社会工作服务机构“乐群社工服务社”；成立了国内第一家社会工作者行业组织浦东社会工作协会；建立了内地第一个公益组织“孵化器”浦东公益组织发展中心（NPI）等。这些探索见证了浦东社会组织发展的辉煌过去，也为浦东社会组织的可持续发展奠定了良好的基础。

浦东社会组织融入社区治理的发展历程大致经历了三个发展阶段。第一个阶段为 20 世纪 90 年代初，浦东成立社会事业发展基金会和浦东新区社区服务行业协会等，以政府力量引导和推动社区发展志愿者组织，引入民间社团参与社区的管理运作。第二个阶段为 2000 年以后，浦东成立社会组织合作促进会，积极培育和发展社会服务机构，改革社区公益性服务组织管理体

制，助力社会组织的规范化管理与成熟运作。第三个阶段是党的十八大以来，浦东发起了“浦东新区社会组织品牌建设助力计划”，以“发掘公益品牌项目，打造新区公益名片”为愿景，实施“高质量发展社区社会组织专项行动”，推动社会组织参与社区治理提质增效，打通社会组织服务社区居民的“最后一米”。由此，浦东培育了大批量的社会组织，成为推动城乡社区有效治理的重要力量，也有效地推动了政府与社会的“零距离”互动，不断助推城乡社区管理和服务再上新的台阶。

在培育公益性社会组织方面，根据经济和社会发展的现实需要，浦东出台了《关于促进浦东新区社会组织高质量发展的财政扶持意见》，提出要重点发展四个领域的社区社会组织，分别是提供社区生活服务的社会组织、推动社区互助救助的社会组织、满足文化体育教育需求的社会组织和促进基层治理和社区参与的社会组织，从而源源不断给社区居民提供高品质的服务，增强居民的参与感、幸福感和获得感。目前，浦东已经构建起了由“公益孵化器—加速器—社会创新示范园”组成的“一核多点”的社会组织生态链，致力于打造具有示范引领作用的公益平台，共有社会组织2317家，其中社区社会组织814家、社区备案的群众活动团队5800余家，[①]覆盖城乡社区居民参与者近万人，组织和实施了大量有规模、有吸引力和有影响力的社区公益项目，正在成为推进浦东基层治理体系和治理能力现代化的生力军。

在探索和鼓励发展社区社会组织方面，浦东发掘和培育了多种类型的社区社会组织及其服务项目，提升了社区服务的专业化水平，诸如高行镇关注社区邻里关系的“社区生活艺术博物馆共创项目”、高东镇关注社区慈善的“慈爱荟食物福袋”项目、洋泾街道关注长者智能生活的“益耆奥利给”长者数字智能生活提升项目、惠南镇关注乡村振兴的“沪乡学堂”、金杨社区关注产业助农“绿荟金杨”社区治理项目等一大批具有创新品牌价值的社区公益项目，主要聚焦在“一老一小”、乡村振兴、应急救援、生态环保、

① 《助力引领区建设，浦东积极打造社会组织发展高地》，《新闻晨报》2023年3月20日。

邻里关系、公益服务等城乡社区重点民生议题，不断探索建设社区公益品牌项目的全过程培育支持体系。特别是，通过推动社区居民全过程参与社区公益项目，引导社区居民参与协商讨论，成为公益项目的规划者、实施者或监督者，明显提升了社区居民自治的能力。

通过不断培育社会组织发展土壤，优化“政府扶持培育、专业机构孵化、公益项目催化、外部社会组织引入”的多途径复合培育模式，浦东已经形成了完整的“上游有基金会，中游有支持型、枢纽型、示范性社会组织，下游有丰富多样的社区操作型、实务型社会组织”[①] 的社会组织发展生态链。浦东以城乡社区为平台、以社会组织为载体、以社会工作者为抓手，不断完善“三社联动”机制，建立了以社区民生为中心的专业组织社会服务平台，通过政府购买服务的形式和社会事业“管办评”的联动改革，大力培育社会组织和专业社会工作队伍，委托社工协会负责社区的日常管理和运作，助推社会组织融入城乡社区治理，在参与基层社会治理、提供社区公益服务、丰富社区文化生活、化解矛盾纠纷等方面发挥重要作用。

目前，浦东的社会组织已经覆盖民政、教育、文体、卫生健康等多个专业领域，活跃在城乡社区的各个角落，深耕于社区治理的多维层面，提供了专业化的社会服务。这也让社会组织获得了发展动力，得到了广大社区居民的认可，获取了参与社区治理的渠道，服务社区的水平不断提升。未来，浦东要以打造成熟的发展体系为抓手，进一步向社会组织增权赋能，重点攻克城乡社会组织区域发展失衡、供给偏差和参与不足等现实难题，加大社会组织尤其是城郊和农村社会组织的孵化和培育力度，重点发展公益服务类和志愿服务类的社会组织，拓展社会组织在环境、治安、助老等领域之外的参与广度，使更多专业性的社会组织有机会进入社区中来，赋予社会组织更多参与社区公共事务治理的协商权和决策权，不断提升社会组织参与公共服务的深度和能力，最终可持续优化社区管理和服务的水平。

---

① 中国共产党上海市浦东新区委员会宣传部：《构建社会组织生态链并迭代升级！升级版浦东新区社会创新孵化器启动》，浦东发布，2022 年 11 月 24 日。

七　推动居民有序参与，营造基层自治良好氛围

广大居民既是社会治理的对象，也是社会治理的关键主体，在城乡社区治理中扮演着重要角色，也是影响社区治理的关键变量。推动居民有序参与民主治理，提升社区管理和服务的水平，始终是浦东城乡融合治理的重要主线。早在 20 世纪 90 年代，浦东就逐步建立起街居双层社区管理体制，不断将城市管理重心下沉到街道社区，逐步完善了社区代表大会制度，建立了民主自治的基础框架，健全群众参与的渠道和机制，激活城乡居委会的自治活力。进入 21 世纪后，社区民主自治进一步发展，浦东完善了社区议事平台的建设，居民参与社区公共事务的途径更加多样化，社区自治逐渐成为一种常态。广大居民参与社区治理，自下而上设置治理议题，通过协商自治的方式破解难题，特别是通过发展党建引领下的“三会”制度，包括听证会、协调会和评议会，完善了居村民主自治的机制，构建充满活力的社区治理共同体。

党的十九届四中全会以来，浦东紧密围绕中央“健全党组织领导的基层群众自治机制”的发展要求，持续完善基层自治的体制和机制，建立和拓展居民自治的载体，加强自治队伍建设，提高居民协商自治的能力，成功打造了多元协同共治的社区治理格局。东明路街道金色雅筑居委会的“房叔叔下午茶”、浦兴路街道金桥湾居委会的“协商民主与开放空间技术”和惠南镇西门居委会的“老沈工作室”等一批市级和区级社区民主自治示范点，围绕社区居民关心关切的难点或堵点问题展开协商对话，使相关问题得到顺利解决。陆家嘴街道仁恒滨江园还积极探索外籍居民参与社区治理的机制，推进国际社区的民主治理，吸引外籍居民融入社区治理过程中来，直接体验到中国基层民主的优势，提升了社区治理的温度和情怀。

经过 30 余年的努力，浦东的居民自治取得了广泛的成效。首先，构建社区居民自治的制度体系。2020 年浦东民政局牵头制定《浦东新区“三会一代理”实施意见》和配套的《指导手册》，2021 年浦东新区地区工作党

委牵头编制完成《浦东新区基层社会治理“十四五”规划》，提出要努力落实全过程人民民主，深入完善城乡居民自治机制，切实推进基层协商民主，在36个街镇全覆盖建立“三会”实训室，明确“三会”制度的程序和要求，不少居村开展了各具特色的实践，例如泥城镇海关村集体收益分配协调会、高行镇东力新村群策群力听证会、沪东街道长岛苑居民区的民意协调会，等等，实现居民对社区事务协商与决策的主动参与，形成了“有决策依法听证、有矛盾依法协调、有政务依法评议、有诉求依法代理”的制度框架。

其次，深入拓宽了基层自治共治平台。根据自治共治要求，浦东大力加强基层自治共治的平台建设，推出了大量广受居民喜爱的“自治金”项目，实现区域内居村“家门口”社区服务站全覆盖，统一设置党建服务站、社区事项受理服务站、文化服务站、联勤联动站及卫生室“四站一室”，就近为居民提供党群、政务、生活、法律、健康、文化、社会管理等七大类服务，基本实现社区服务事项在家门口全办理。东明路街道等地试点建设居民区依法治理工作站，以项目方式聚焦社区治理的焦点问题，邀请党员、群众、社区单位、专家团队和社会组织等共同参与，对接相关职能部门，搭建社区自治、共治和法治的平台，谋划和解决人民群众反映强烈的突出问题，比如社区重大实事工程、整治楼道堆物或解决物业管理纠纷等。

最后，多渠道拓宽居民参与治理途径。基层参与式治理体系进一步优化完善，“三会一代理”、社区代表会议等自治共治制度在全区1400余个居村全面推广执行；人民建议征集区3级平台和36个街镇征集点全覆盖设立；人大代表“家站点”、政协委员工作站等民主协商平台也在有效运转，真正把全过程人民民主理念贯穿到基层治理各环节。浦东还积极引导社区达人、志愿者、社工和居民等参与社区治理，通过短视频拍摄制作、新媒体矩阵宣传、线下研修活动等举措，广泛组织动员发掘了社区治理达人3794名，培育区级社区治理骨干110名，在建设自治团队、运作自治金项目、带动居民参与自治等方面发挥作用，形成以身边人、身边事鼓励和引导其他居民群众走出家门、参与治理的有效途径。

居民参与是推动社区居民自治的根本动力，也是衡量社区自治水平的核心指标。浦东以居民自我管理、自我服务为抓手，积极搭建社区自我管理的平台，完善居民自治共治制度体系，创建多元化的自主服务组织，满足群众参与管理服务的需求，调动人民参与基层事务的积极性，让群众在家门口就可以开展自治活动，使人们在文化实践中增强自身的主人翁意识、培育责任意识和公共精神。例如东明路街道推行参与式社区规划，以社区花园建设的网络为载体，以社区公共空间更新为契机，通过“五步法”（即“居民意愿建议—规划师提出设想—集体讨论设计规划—形成实施方案—实施花园建设”）广泛引导居民参与社区更新改造，激发居民参与社区治理的主体意识。

提供高质量的公共服务是社区治理的终极目标，也是对社区治理转型升级的巨大考验。以服务促进自治，以自治提升服务，是浦东社会治理的成功经验，具有可复制和可推广的积极价值，但其中也面临着社区居民参与不充分、不积极和不均衡的挑战，参与的渠道及其机制也还有许多不完善的地方，许多居民参与活动的体验感和效能感也还不理想。未来，浦东还要进一步优化自治共治的社会治理格局，就需要深入贯彻“以人民为中心”的发展理念，严格落实全过程人民民主的要求，进一步发挥党组织对居民自治的领导核心作用，系统整合居民参与的渠道及其机制，发挥好“自治金”项目的牵引作用，提升广大居民对社区价值的认同，切身提高参与自治活动的效能，真正能够解决居民关心关切的问题，让自治共治成为人们的生活方式。

八　聚合多元主体，打造协商共治的网络体系

长期以来，相对于产业园区等经济空间，社区是城市中的生活空间，各种社会要素非常多样，充满了差异性甚至紧张性。社区治理中的问题往往都非常复杂，牵涉各个方面的需求和意愿，其中不乏各种尖锐的矛盾纠纷，或者是各种疑难杂症，或者是各种历史遗留问题，很难依靠居民自治就能解

决。完善党委领导、政府负责、民主协商、社会协同、公众参与、法治保障、科技支撑的社会治理体系，打造共建共治共享的社会治理格局，是实现社会治理现代化的必由之路，提供了社区治理变革和创新的基本遵循。多年来，浦东各街镇及其社区结合发展实际，致力于建设社区共建共治平台，链接社区空间内外部的资源，加大培育社区治理骨干，引导单位或居民共同参与，激活社区的各个细胞单元，不断实现行政主导向政社合作的治理转型，打造社区共商共建共治的新格局。

自 21 世纪初期以来，浦东先行先试启动社区共治模式，初期主要是党和政府在社区建设中发挥主导作用，重点是建立健全社区管理的组织机构，逐步吸纳广大党员以及社区居民等参与管理和服务，共治的广度和深度都比较有限。党的十八大以来，浦东持续健全街镇和社区管理机制，发挥基层党建三级联动体系的作用，向商务楼宇、科技园区、城乡社区等新兴领域延伸，吸纳业委会、驻区单位、物业公司等多元主体力量，不断地扩大共治的范围和深度。近年来，浦东持续推进“家门口”服务体系建设，不断丰富社区各类主体参与公共事务的平台和载体，建成“36 个主中心+30 个分中心+1300 多个居（村）家门口”的社区政务综合服务格局，[①] 将社区周边多元治理主体的力量引入社区、融入社区，各种主体也交互融合、相互影响，形成社会治理转型升级的动能。

根据“人民城市”理念的要求，浦东各街镇着眼于完善民生服务体系，打造社会共治的网络体系，凝聚社会治理的合力。首先，搭建多元主体协同共治的平台。浦东坚持发挥基层党组织在基层治理的核心作用，通过发挥区域化党建、社区代表会议、社区委员会等共治平台的作用，建立起多元主体参与的协同共治平台，比如陆家嘴金融城按照“一楼宇一党组织一楼事会”模式，构建“1+1+N”共商共治体系，持续深化“楼事会”品牌，召集楼宇联合党组织书记、物业管理方负责人、党群服务站负责人、入驻企业党组

① 《创新公共服务，浦东新区为社区治理现代化注入协同活力》，上观新闻，2023 年 4 月 14 日。

织书记、企业行政负责人及党员职工代表等主体，充分实现“楼事楼议”“楼事楼办”“楼事楼管”，让各种主体都参与其中，推动了共建共治共享，切实形成了治理合力，提升了治理效果。

其次，探索完善协商共治的机制。在传统“三会”机制的基础上，浦东各地聚焦社区生活中的现实问题，发展和运用楼组议事会、党员议事会、居民会议等协商议事平台，引导居民参与公共事务的共商共议，形成了各具特色的协商议事机制。特别是，伴随着党的十八大以来协商民主工作的开展，很多街镇相继建立了政协委员协商活动中心、街镇“协商于民”政协委员工作站、政协委员工作室和“家门口协商”政协委员联系点等，其中比较有代表性的包括五丰政协委员工作室、张江科学城政协委员工作室和浦东青少年协商民主教育实践基地等。浦东坚持擦亮协商于民、家门口协商、观澜书香“三大品牌”，健全和完善政协委员联系和服务界别群众的制度机制，不断致力于打造全过程人民民主最佳实践地示范点，提升基层民主治理的品质及其影响。

最后，发挥社区达人的示范作用。近年来，浦东各个街道和社区结合自身发展特色，组织开展了大量多元主体协商共治的微项目，比如 2020 年推行的“浦东社区治理达人”项目，得到各个街镇及其社区的积极响应。其中，东明路街道引入“四叶草堂”和“追光青年团队”等社会组织，在多个居民区开展系列微更新或微景观项目，成功打造了“花开东明，缤纷社区”的社区品牌；宣桥镇探索调解社区矛盾纠纷的“老娘舅”，挖掘文化、体育、艺术、生活等方面具有一技之长的社区能人，组建和带领相关团队活跃在社区中的“热心人”，共同参与解决社区问题；沪东新村街道将公共座椅命名为“议事椅”，鼓励居民尤其是社区达人参与到社区治理中来，也牵引和链接推动共建共治共享的良性循环。

社区共治体系是一个权利与权力交接的多元交叉网络，是一个由居民、政府组织、社区组织、企事业单位等构成的纵横交错的互动网络，而多元主体共商共治是未来社区治理发展的一个必然方向。浦东一方面以“居民区事务共商、共管、共治、共决”为服务理念，构建“1（区政协委员协商活动中心）+36（街镇“协商于民”政协委员工作站）+X（居村社情民意信息直报点）”基层协商体系，推动三级政协委员参与基层治理；另一方面加快构建自治和共治的平台和机制，在居民区层面开展“自治家园”建设，在街道和居民区中间成立社区代表大会及社区委员会来构筑共治的平台等，充分发挥居委会、业委会、物业服务企业、党小组的积极性，多方协力组团聚力。这些实践探索在社区内部建立起了相对稳定的关系网络，可以持续激活社区居民的参与热情与自治精神。

多元共治是一个漫长的发展过程，在各街镇和社区的共商共治格局中，还存在参与主体单一化、参与行为被动化、参与过程碎片化、参与渠道狭窄化等多方面问题和瓶颈，而这也成为未来浦东推进社区治理中必须认真思考和着力破解的重要课题。首先，要依靠积累治理实绩激发居民治理能动性，通过“积小胜为大胜”的方式，以点带面地将更多“旁观者”转化为“行动者”。其次，积极将社区志愿者队伍体系打造成为吸纳并发挥居民治理能动性的“枢纽”，为激发社区居民的治理能动性注入动力。再次，要继续通过“三会”等社区民主协商机制持续为居民治理行动增能赋能，注意提升制度机制的规范化、科学化和标准化水平。最后，要以社区治理的小事为切口，注重培育和传承社区的良好风尚，通过对居民的持续熏陶提升其归属感和认同感，保持其治理能动性，建立长效治理机制。

九　提升社区服务品质，构建全龄友好型社区

社区是由人组成的，包含着千家万户，是社会治理的基本单元，与每个人的生活都紧密相关。要深入落实人民城市的价值和目标，就必须始终坚持以个人为中心，大力夯实社区治理的坚实底盘，其中的关键是打造良好的社区环境，建构适配居民需要的公共空间，提供数量多和质量高的公共服务，实现高效率的协同治理，充分满足不同年龄段人群的需求，让所有年龄段的居民都来关心社区治理，共同参与社区治理，也能享受社区治理的成果。2022 年，上海制定出台了《上海市推动生活性服务业补短板上水平提高人

民生活品质行动方案》，提出要推动生活性服务业补短板、增供给、提效能、上水平，全面提升社区生活服务的便捷度，积极构建全龄友好生活新生态，其中规定的重点任务主要是构建老年友好型社会、推进儿童友好城市建设以及优化各类人群生活服务等，以持续提高人民群众的生活品质。

多年来，浦东始终坚持以居民普遍关注的问题为中心，以公众反映强烈的需求为导向，以社区治理为依托，锚定全年龄、全人群以及全需求，在设施友好、服务友好、生态友好、人文友好、环境友好等多个维度、多个层面统筹发力；系统整合了政务、文化、体育、教育、医疗、商业等既有治理资源要素，在儿童成长、入托入学、养老服务、扶老助残、就业服务、精神文明等诸多领域探索赋能增效的路径和方法，不断满足全龄段居民生活居住、商务商业、文化娱乐、健康休闲等多元化的服务需求，成功构建了“全方位覆盖、全天候服务、全龄段友好”的和谐社区，提高了基层治理的敏捷度、精准度和精细度，也提升了社区居民的幸福度、满意度和获得感，成为全龄友好城市的典型样板，也推动浦东朝着人民城市的治理目标迈出了更大的步伐。

近年来，根据友好型社区建设的纲领及其要求，浦东各地纷纷开展友好型社区建设的探索，特别注意在全龄友好性方面下足功夫，做出成效：比如潍坊街道自 2022 年开始，集成街道各方面的资源和力量，打造了远近闻名的“WE 来坊”空间，成为构建全龄友好型社区空间的成功样本。“WE 来坊”坐落于潍坊新村街道的核心区域，集成党群服务、职工服务、文明实践和街区治理等多项功能，向企事业单位职工、国际居民、儿童、老年人等各类人群提供多样化的服务，比如服务职工精神文化生活的“读书坊”、社区团建培训集结地“欢乐坊”“饭小二”联盟。通过梳理全年龄或全人群的特色需求，更新改造社区空间场景，潍坊新村街道构筑起了宜居、宜业、宜游、宜学、宜养的街区版“家门口服务体系”，打造了新时代城市公共空间的精品。

老人和儿童是社会中的弱势群体，也是公共服务优先照顾的对象，“一老一小”是牵动家庭和社会的民生问题，构成了社区治理的基本范畴。构建全龄友好型社区的关键就是瞄准老人和儿童两类特殊人群，推动老年友好型社区和儿童友好型社区建设。2023 年，浦东先后出台了《关于加快完善社会养老服务体系着力优化大城养老浦东样板的行动方案（2023-2025）》和《浦东新区儿童友好城区规划导则》等文件。其中前者提出要促进机构、社区、居家相协调，加密社区点位，促进设施共享，支持社区婴幼儿照护等服务设施与社区养老设施功能衔接、共建共享。后者提出要构建形成"城区—街镇—社区"三个层级的儿童友好空间体系，在"十四五"期间实现浦东儿童友好社区的全覆盖。这些政策文件为部署和落实友好型社区建设提供了原则要求和框架支撑，为进一步构建有特色的友好型社区提供了基本的路径和方法。

包括老年友好和儿童友好在内的全龄友好型社区建设，已经成为城市高质量发展的重要标识，也是打造城市美好生活的重要内容。根据社区发展的实际情况，浦东在友好型社区建设上取得了显著的成绩。在老年友好型社区方面，浦东川沙新镇界龙村以老人为服务工作重点，在文化精神、医疗健康、经济保障等方面统筹兼顾、多管齐下，全面满足老人的实际生活需求，比如通过开设"启乐汇"生活馆，组建老年人文体团队，满足老人的精神文化需求；通过搭建健康服务中心，提供"家门口"高品质医疗卫生服务和健康保健服务，满足老人的医疗健康需求。在儿童友好型社区方面，塘桥街道峨山路 182 号的"塘·空间"是上海市首个以儿童友好为主题的慈善超市，这个超市从儿童的"一米高度"看世界，从软件和硬件两个层面共同着手，为儿童提供了参与和分享的实践平台，构建了一个环境友好、服务友好、参与友好的儿童公益空间。

在"家门口服务"体系的基础上，各街镇积极引入全龄友好的理念，将老年友好、儿童友好的设施和服务嵌入社区服务体系中来，构成了当前浦东社区治理改革和创新的重要主题。目前，浦东不仅在养老、为老、适老等方面的工作再上新的台阶，在儿童友好型社区建设上也形成了新的潮流，绘就了两批次 10 个街镇各具特色的儿童友好地图，建立了张江儿童科创路线、唐镇公园儿童服务中心、潍坊街道有声趣读馆等 20 个具有市级示范效应的儿童友好社区示范点等，都是浦东在儿童友好型社区建设上取得的重要成果。

未来，浦东还需要继续深入探索全龄友好型社区建设的新路径和新方法。一是对于已经建成的友好型社区，要继续挖掘潜力，整合既有资源和力量，提升相关空间、设施和服务的效能。二是要注意通过编制或出台友好型社区建设的制度化文件，系统整合相关空间体系、基础设施和公共服务，提升社区友好的可及性、便捷性和可感度。三是要坚持均衡发展，大力完善社区全龄友好服务体系的保障措施，形成稳定的财政支持、项目支持和运维保障等。

十　坚持“平战结合”，提升社区应急管理能力

长期以来，全面推动应急管理体系建设，不断提升社区应急管理的能力，始终都是浦东社会治理体系建设的重点工作。围绕社区应急体系建设，浦东不仅形成了很多典型创新实践，也积累了广泛的经验。早在2000年初，浦东就在农村社区成立应急突击队，在城市社区建立应急管理体系工作专班，从组织架构、队伍建设、工作制度、硬件保障等多方面着手，不断探索城市社区应急管理的道路。党的十八大以来，浦东围绕基层应急管理体系、工作机制、预案体系、队伍建设、人员培训、物资储备、应急演练、设施配备等内容，积极开展基层社区应急预案体系建设，在纵向上完善“总体预案—专项预案—居民区预案”三级应急预案体系，从源头上防范化解重大安全风险，提升风险应对和处置的能力，实现公共安全的目标。

2019年浦东新区应急管理局成立以来，浦东坚持寓应急管理于常态管理之中，积极开展上海市安全发展和综合减灾示范社区创建工作，组织动员各街镇积极创评示范社区，还联动相关社会组织共同开展防灾、减灾和救灾工作，推动社区应急管理工作的“平战结合”，全面提高社区应急管理的水平。目前浦东已经初步建成了完善的社区应急体系，街镇层面组织建立应急管理领导小组，负责辖区内突发事件应急体系建设和管理，决定和部署突发

事件的应对工作；社区层面设立应急管理工作站（点），承担社区应急队伍组建、知识宣传、应急演练及开展自救互救等工作。到 2024 年，通过推进基层应急管理能力标准化建设，浦东基层应急管理的体制机制将更加健全、更加顺畅，安全运行形势更加稳定可控。

2022 年，浦东应急管理局率先印发《关于加强浦东新区基层应急管理能力标准化建设的指导意见》，将街镇应急管理能力细化为六大能力和二十项具体任务，将居村应急管理能力标准化建设具体化为“八有”标准化建设，提升了基层应急管理工作的规范性和科学性。浦东持续推动基层应急预案体系建设，推进新一轮专项预案修编工作，指导 36 个街镇整体完成“1+10+X”应急预案体系建设，督促 1382 个居村做到《社区（居村）应急工作手册》全覆盖。围绕增强基层社区综合防灾减灾能力，浦东积极打造安全发展和综合减灾示范社区，取得了良好的创建成果，沪东新村街道莱阳新家园社区、陆家嘴街道浦江茗园社区等近 50 个社区分别获评全国以及上海市安全发展和综合减灾示范社区，2022 年全区获评上海市安全发展和综合减灾示范社区数量占到全市数量的 22.96%。

浦东各地也积极推进社区应急自救项目建设，深化“平安街区”和“社区警务”等社会治安防控体系建设，东明路街道、张江镇、金杨新村街道等都推进社区内应急平安屋建设，社区居民除了可以在里面免费测量血压、血糖和问诊咨询外，还可以通过有趣的形式学习急救与灾难自救技能，提高自救意识和自救能力。浦东合庆镇社区、陆家嘴江临财富社区、祝桥镇星光村社区、惠南镇惠园社区和周浦镇中金海棠湾社区等，积极开展防灾减灾示范区创建活动，组织填报《社区（居村）应急工作手册》，细致梳理“脆弱人群管理、应急队伍建设、风险隐患排查、应急物资储备”等相关信息，充分利用社区大屏、条幅及展板宣传防灾减灾科普知识，通过微信公众号、宣传手册讲解防控知识，自然灾害、事故灾难和家庭安全等各类事件的应对方法，取得了良好的效果。

围绕安全生产、消防安全、综合防灾减灾等公共安全领域，浦东持续优化基层社区应急管理体系，运用好区城运应急委、安委会、灾防委 3 个议事协调机构，推进与三级城市运行综合管理体系深度融合，实现城市管理和应急管理“平战结合”，快速转换；推进应急避难场所建设，有序完善各应急避难转移安置点位信息、图像、影像资料，形成避难场所数据库；加快建立应急物资保障体系，推进应急物资储备体系化、标准化、信息化建设，完成3个区级区域应急保障仓库建设，推动形成“1+3+36+N”的应急物资装备储备格局，还成立由社会组织共同发起、资助、运营的常设型应急物资储备库暨资源调度中心。目前浦东已完成航瑞路、康新公路、川周公路3个区级区域库建设，总面积达9200余平方米，储备各类应急物资装备18种共约22万件。这些为应对突发危机事件提供了强有力的支持和保障。

适应数字化转型的趋势及其要求，浦东充分运用云计算、大数据、智能分析报警、GIS、模块化视频等现代科技手段，集成电梯远程监测系统、建设工程智慧管理信息系统、智慧交通综合应用系统、电气火灾监控系统等专业模块，整合形成“智理浦东”专项系统等，实现了城乡社区管理各类数据和信息的一体化集成与全方位共享。例如，浦东探索开展城市安全风险综合监测预警体系建设试点，初步形成“1个区总平台+7个行业分平台+15个专项应用场景+1个临港新片区分平台+36个街镇分平台+1496个居（村）微平台”的全链条监测预警平台应用体系，不断提升社区灾害监测预警智能化水平。浦东还积极统筹街镇和村居社区各级应急救援力量，有效整合公安、网格、社区的监测资源和信息共享，提升基层应急救援响应能力，形成了防范有力、指挥统一、联动迅速、应对有序的社区应急管理工作网络。每个街镇至少设有一个急救分站，急救半径从原来的4.14公里缩短到3.34公里，急救平均反应时间从原来的13.6分钟缩短至12分钟以内，[①] 构筑了高效率的区域救治服务体系。

社区是社会治理的基本单元，也是基层防灾减灾救灾和防范化解安全风险的前沿阵地。在实现高质量发展的历史进程中，着力防范和化解各种重大

① 《平均急救反应时间小于12分钟！浦东全力构筑高质量区域救治服务体系》，《新民晚报》2021年6月17日。

灾害风险，以新安全格局保障新发展格局，对于浦东打造社会主义现代化建设引领区意义重大。在当前“全灾种、大应急”的背景下，完善社区应急治理体系建设，增强应急状态和风险压力下，社区的抗逆力、适应力和复原力等韧性特质，对于提升城市应急治理水平具有极其重要的意义。未来要以制度建设为核心，以韧性社区建设为目标，建构和完善统一指挥、专常兼备、反应灵敏、上下联动的应急管理体制机制，特别要进一步提升城市安全风险智能化防范水平，强化智能化数字化技术运用，提升多灾种应急救援的效率，全面提升防灾减灾救灾能力。

万丈高楼平地起。习近平总书记强调，“基层强则国家强，基层安则天下安，必须抓好基层治理现代化这项基础性工作。”[①] 党的二十大报告明确指出，“要健全城乡社区治理体系，及时把矛盾纠纷化解在基层、化解在萌芽状态。”可见，基层治理是国家治理的基石，社区治理则是基石中的基石。实际上，社区治理“麻雀虽小，五脏俱全”，牵涉方方面面的利益和情感，具有很强的复杂性和不确定性，既需要科学的规划和统筹，更需要精心而细致的工作。30余年来，浦东肩负着国家改革开放和攻坚克难“试验田”的重任，面对经济社会快速发展过程中的挑战，在社区治理方面持续砥砺前行，先行先试，打造了大量社区治理的典型案例，取得了良好的治理效能，为上海乃至全国的改革创新提供了大量先行先试和可复制可推广的经验。

2023年是深入贯彻落实党的二十大精神的开局之年，也是实施“十四五”规划承上启下的关键之年。三十而立的浦东再立潮头，承担起打造超大城市治理现代化样板的重要使命。良好的社区治理不是高大上的诗和远方，而是像空气和水一样普通而平凡，但却是不可或缺的。浦东要深入把握超大规模城市的内在规律，切实把牢基层治理现代化的根本遵循，继续坚持发挥好党组织的统筹协调作用，深化社区治理改革创新的探索，组织和动员社会多元力量，既要做好统筹规划，也要发挥专业的力量，实现多元协同的有效治理，切实提升管理和服务的能力，不断健全完善社区治理

① 《习近平春节前夕赴贵州看望慰问各族干部群众》，《人民日报》2021年2月6日。

的体制机制，切实有效地解决老百姓关心关切的问题，推动社区治理现代化不断树立新品牌，取得新效能，迈上新台阶，以社区治理推动城市治理，以“基层善治”夯实“大国之治”，在新起点上谱写基层治理现代化新篇章。

参考文献

中共上海市浦东新区委员会：《为探索超大城市社会治理新路贡献“浦东智慧”》，《社会治理》2020 年第 4 期。

《经验交流丨强基层绣针之功筑大城善治之基　上海市浦东新区积极探索社区治理规范化精细化路径》，澎湃新闻，2020 年 9 月 16 日。

《浦东新区在本市率先启动“加减法”为社区减负增能　让能干善干的基层干部有为更有位》，《新民晚报》2022 年 9 月 14 日。

《智库研究丨以数字化引领浦东现代化城区建设》，上观新闻，2023 年 4 月 30 日。

《城市运行“一网统管”浦东“城市大脑”4.0 上线运行》，中国发展网，2022 年 10 月 24 日。

《助力引领区建设，浦东积极打造社会组织发展高地》，《新闻晨报》2023 年 3 月 20 日。

中国共产党上海市浦东新区委员会宣传部：《构建社会组织生态链并迭代升级！升级版浦东新区社会创新孵化器启动》，浦东发布，2022 年 11 月 24 日。

《创新公共服务，浦东新区为社区治理现代化注入协同活力》，上观新闻，2023 年 4 月 14 日。

《平均急救反应时间小于 12 分钟！浦东全力构筑高质量区域救治服务体系》，《新民晚报》2021 年 6 月 17 日。

机制创新　引领善治

Institutional innovation leads to good governance

B.2

“有为更有位”:“激励关怀15条”让基层干部有干劲有奔头

刘羽晞*

摘　要： 在基层治理体系和治理能力现代化的进程中，基层干部队伍建设的重要性不言而喻。由于治理重心下移、压力层层传导以及工作任务体量大等原因，基层干部往往十分辛苦，东奔西走，也时常感到力不从心、忙而无功，没有动力，也看不到前途。为了激活基层干部队伍的活力，浦东新区于2022年9月率先出台了“激励关怀15条”，坚持新时代居村党组织书记标准，从进编力度、等级晋升、调任转任、表彰奖励、教育培训等方面进行了探索，为优秀干部给予肯定与关怀、留出上升渠道、拓宽发展空间，让干好的人更有奔头，有为更有位，激活基层干部队伍的热情与活力，促进基层用好人、留住人，从而探索打造各有激励、梯次发

* 刘羽晞，上海交通大学国际与公共事务学院博士研究生，上海交通大学社会治理创新研究中心研究人员，主要研究方向为城市治理、基层治理。

展的基层干部队伍建设一体化格局。

关键词：　基层干部　激励关怀 15 条　激励机制　队伍建设

习近平总书记强调："党的工作最坚实的力量支撑在基层，经济社会发展和民生最突出的矛盾和问题也在基层，必须把抓基层打基础作为长远之计和固本之策，丝毫不能放松。"基层处于行政的末端，而基层干部是政府与民众的重要连接点，是基层社会治理的骨干力量。他们能敏锐地捕捉当地基层发展所需、民心所盼，可以有效弥补顶层政策设计和群众现实需求的差距，[①] 还能够对突发事件快速做出反应。没有广大基层干部的积极性和执行力，再好的政策举措也将落空。基层干部是加强基层基础工作的关键，建好建强基层干部队伍，为他们创造良好的工作和成长条件，引导他们扎根基层、爱岗敬业、争创一流，才能更好发挥干部作用，为基层治理提供人才支撑。

1400 多个村居、1.4 万多名社区工作者——这是上海市浦东新区城乡治理的"底盘"。如何让这个"底盘"更为扎实，从而推动城市治理的"高速列车"跑得更快、跑得更稳，是浦东新区持续思考和探索的问题。上海市第十二次党代会提出，要打造富有战斗力的基层党组织带头人队伍。其后召开的上海市深化推进基层治理体系和治理能力现代化建设会议上也指出，要把加强队伍建设与做好群众工作结合起来，让基层力量有加强、结构有优化、能力有提升、发展有空间、奉献有关爱，切实提升做好新形势下群众工作的能力。如何为基层干部干事创业注入源源不断的干劲活力？2022 年 9 月，上海市浦东新区根据区域发展情况，出台了《浦东新区关于深入实施"班长工程"进一步加强居村党组织带头人激励关怀的若干举措》（以下简

① Lavee E., Cohen N., Nouman H., "Reinforcing Public Responsibility? Influences and Practices in Street-level Bureaucrats' Engagement in Policy Design", *Public Administration*, 2018 (2): 333-348.

称“激励关怀 15 条”），着力强化扎根基层、奉献基层的选人用人导向，营造事业留人、感情留人、待遇留人的浓厚氛围。

一 缘起与背景

作为上海乃至全国一直以来的人才高地，浦东新区始终秉持着“浦东的开发首先是人才的开发”的理念，在基层人才队伍，尤其是社会工作人才队伍建设方面先试先行、不辍创新。此前，浦东新区也出台过一些基层干部队伍建设方面的制度和安排，进行过一些典型的探索和实践，如 2007 年出台的《浦东新区社会工作人才队伍三年发展纲要》，2011 年成为全国首批社会工作人才建设试点示范区，2019 年发布了《浦东新区社会工作服务机构薪酬体系指导方案（2019 年版）》、《社会工作专业人才能力素质模型 1.0》报告以及《浦东新区关于社会工作督导人才队伍建设实施意见》等，致力于打造标准化、规范化的基层人才队伍，吸引更多的人才到基层一线服务，也更加凸显了基层人才队伍建设对于基层治理的重要作用。

广大基层干部身处联系和服务人民群众的“最后一米”，肩负着领导基层治理、动员团结群众、解决治理问题、推动政策执行等重要职责。特别是阶段性疫情期间，浦东新区 1400 多名居村党组织书记作为堡垒的“一线指挥员”，肩扛着空前的压力，带头冲锋陷阵，带领着两委班子成员、社工、志愿者和各方支援力量，应对着一次又一次的苦战。在这个过程中，部分基层干部的潜力和才干得到了充分的体现。之后，浦东新区区委更加意识到了基层干部对于社会治理的重要作用，把加强居村党组织带头人建设工作提到一个新的高度，要求区委组织部牵头研究出台激励关怀举措。通过 2 个多月的反复讨论研究、修改完善、数易其稿，经浦东新区区委常委会审议同意，针对基层干部的“激励关怀 15 条”正式出台。这次出台的“激励关怀 15 条”，整体上有四方面的背景和考虑。

一是贯彻落实习近平总书记相关重要讲话精神的必然要求。习近平总书记很重视社区工作，到地方考察时，总要走进农村、城市社区。2018 年 11

月总书记在上海考察时指出，城市治理的“最后一公里”就在社区，社区是党委和政府联系群众、服务群众的神经末梢。2022 年的 6、7、8 月，总书记先后到湖北、新疆、辽宁考察时，也都强调了社区工作的重要性。总书记还特别指出，城乡社区处在贯彻执行党的路线方针政策的末端，是我们党执政大厦的地基，城乡社区干部是这个地基中的钢筋，位子不高但责任很大。因此，浦东新区出台“激励关怀 15 条”，为的是把居村党组织带头人这一根根“钢筋”维护好、保障好，让他们强韧有力、历久弥新，更好支撑起执政大厦的地基。

二是积极推动市党代会精神和市委要求在浦东落地生根的应有之义。在 2022 年 6 月召开的市第十二次党代会上，李强书记提出了“打造富有战斗力的基层党组织带头人队伍”的新要求。市委组织部先后出台《关于加强新时代上海市居民区、村党组织书记队伍建设的若干意见》《关于进一步加强居村干部队伍建设和激励关怀的若干措施》等文件，为建设一支政治过硬、能力过硬、勇于担当、情怀厚植的高素质居村党组织书记队伍指明了方向和路径。对标对照上海市委的要求，浦东新区区委深入实施“班长工程”，结合疫情后加强居村党组织书记队伍建设的实际需要，重点针对深化激励关怀提出切实可行的办法，细化形成 15 条“政策干货”。

三是引导和激励广大居村党组织书记扎根基层、奉献社区的现实需要。在数次的基层走访调研中，不难发现，居村党组织书记“干好一阵子容易、干好一辈子不容易”。由于治理重心下移、压力层层传导以及工作任务体量大等原因，基层干部往往越忙越累、越累越忙，还存在一些忙而无功的情况，甚至“能者多劳、庸者逍遥”的怪状也不少见，容易挫伤基层干部的工作积极性。此外，考核评估机制的不精确、激励机制的模糊性以及晋升渠道的不畅通等原因，也降低了一部分基层干部的干事动力。因此，“激励关怀 15 条”的出台，为的是给广大的居村党组织书记提供充分的发展空间，多措并举营造事业留人、感情留人、待遇留人的浓厚氛围，让居村党组织书记扎扎实实、安安心心在岗位上工作，只要干得好就有奔头，只要有为就更有位，把居村党组织书记作为长期的事业来耕耘、来奋斗。

四是补齐基层治理短板、提升基层治理能力的进一步要求。党的工作最主要的力量支撑在基层，经济社会发展和民生最突出的矛盾和问题也在基层。[①] 而居村党组织书记是基层治理的带头人，身处居民区工作第一线，居村党组织书记的主动性与能动性，直接影响社区的治理成效。面对疫情防控，众多基层干部日夜辛苦，东奔西走。此外，疫情期间，一些基层治理问题凸显，比如基层社区之间的交流不紧密、居村党组织书记的综合素质和能力参差不齐等，需要对居村干部队伍的一体化建设进行进一步的推进。“激励关怀 15 条”的出台，不仅着力在短板和不足之处进行探索和突破，也及时对优秀的基层干部予以褒奖和表彰，有助于提升基层干部的获得感和认同感，进一步激励干部的整体意志，持续提升基层干部的干事动力和活力。

二　举措和机制

基层的编组与管理，一直受到国家的重视。习近平总书记提出，社区管理涉及方方面面，都要照顾到。[②] 基层工作者们承担的职能五花八门，包括政治建设、公共服务和居民自治等，根据统计，有的地方的社区居委会（党组织）要承担 200 多项具体工作，这些工作几乎涵盖了行政工作与居民生活的方方面面。2020 年 3 月 10 日，习近平总书记在湖北省考察新冠肺炎疫情防控工作时，称呼社区工作者、志愿者、下沉干部等为“临时的‘小巷总理’”，给予基层社区防疫工作者巨大鼓舞。2020 年 5 月 24 日，习近平总书记在全国两会期间参加湖北代表团审议时，再次充分肯定“小巷总理”和基层组织的作用。[③]

可见，党和国家非常关注基层治理这个“神经末梢”，关心居村党组织带头人这支队伍。然而，社区干部的身份“桎梏”，成为许多社区干部成长

① 张金豹：《把抓基层打基础作为长远之计和固本之举》，中国共产党新闻网，2014 年 11 月 13 日。

② 《总书记慰问“小巷总理”最辛苦令人鼓舞》，中国共产党新闻网，2014 年 2 月 27 日。

③ 《历史视野中的“小巷总理”和基层治理创新》，光明网，2020 年 12 月 5 日。

路上的“天堑”。除了年龄、学历、性别等阻碍，社区居村党组织书记的晋升还受到编制限制、组织结构以及环境因素等多方面的影响，以致大部分居村书记往往长期停留在同一岗位上，调任和升迁的只是极少数，晋升的机会也很不均衡。[①] 如今，上海市浦东新区率先发布激励关怀居（村）党组织带头人的15条措施，为基层干部搭建成长“通道”，让基层“班长”有为有位，传递出了鲜明的改革导向，破解社区干部成长“天花板”，激活了基层干部队伍建设的“一池春水”。具体而言，主要包括以下几个方面的内容。

（一）让优异者持续“上位”

基层干部需要源源不断的干劲和活力。基层干部长期工作于街道社区，级别较低、晋升提拔机会较少，政治激励的空间也比较有限。特别是，现行的“年龄一刀切”退休制度、干部提拔的委聘任制度以及学历限制等，加剧了这些表现。[②]“激励关怀15条”中，给优秀的居村党组织书记开辟了多元化的晋升渠道，通过等级晋升、择优选拔、破格提拔等方式，让居村党组织书记意识到，只要干得好，就会有更大的发展空间、更好的发展前景，即“干好有奔头”。具体来说，“激励关怀15条”在居村党组织书记“上位”方面，探索出了以下三个方面的举措。

一是推动岗位等级晋升。已经进了编制、属于七级职员的居民区党组织书记，可按照市、区相关政策规定，综合德才表现、职责轻重、工作实绩和个人资历等因素，择优晋升为事业单位五级、六级职员，使居民区党组织书记和全区其他事业单位管理岗位一样享受到职员等级晋升政策。截至2022年12月，浦东新区已经有5名优秀居民区党组织书记正在走晋升六级职员相关程序，未来还将有不超过进编居村党组织书记数量2%的人员有机会成为五级职员，相当于“正处级”。

① 周雪光、艾云、葛建华、顾慧君、李兰、卢清莲、赵伟、朱灵：《中国地方政府官员的空间流动：层级分流模式与经验证据》，《社会》2018年第3期，第1~45页。

② 田先红：《领导观摩：县域治理中的注意力竞争机制研究——基于“单委托多代理”的理论视角》，《华中师范大学学报》（人文社会科学版）2022年第5期，第19~30页。

二是探索破格晋升。对于重大任务、重大工作中表现特别突出的居民区党组织书记，比如有的居民区党组织书记在疫情防控、基层治理等重大任务、重大工作中表现特别突出，在干部任用相关规定的范围内，岗位等级晋升时年限可以破格，破格年限一般不超过一年，破格晋升的比例不超过20%。目前，浦东新区已经有14人得到了破格提拔。

三是实行择优选拔。在2021年镇换届时，浦东新区全区有5名优秀的村书记进入了镇领导班子。现在，“激励关怀15条”对此开展了常态化操作，即对于一些表现特别优秀的居村党组织书记，参照街镇换届调整的做法，选拔进入街镇领导班子，成熟一个、操作一个。当然，浦东新区里面还会统筹一定数量的岗位，把特别优秀的居村党组织书记选拔到事业单位六级管理岗位上。

（二）让实干者必定“有位”

很多基层社区干部往往存在身份问题，有的没有编制，想进编但又受到年龄、学历、任职年限、人数等方面的严格限制，进编的机会很少，轮到社区的就更少了。为了破解社区干部成长的“天花板”，打通社区干部的“出路”，激活基层干部队伍的干事活力，“激励关怀15条”聚焦于社区干部的身份问题，反复讨论，打破壁垒，畅通渠道，大胆改革创新，构筑了社区干部进入体制内的“通道”，给德才兼备、业绩突出、群众公认的优秀基层干部开辟出一定的“进编”空间，以增强社区干部干事创业的“获得感”。具体来说，“激励关怀15条”在居村党组织书记“有位”方面，探索出了以下三个方面的举措。

一是推进择优进编。“激励关怀15条”首先盘活浦东新区全区的事业编制资源，有重点、有针对性地加大对事业编制的保障力度，同时加大对居民区党组织书记专项事业编制名额的倾斜力度。对连续任职达到一定年限、表现优秀、群众拥护的居民区党组织书记，择优进编，从而把基层一线之中能干事、干实事的优秀居民区党组织书记固定下来，凝聚成稳定的基层社会治理队伍。

二是探索破格进编。对在重大任务、重大工作中表现特别突出的居民区党组织书记，比如在疫情防控中有突出表现、完成了重大治理任务等，在进编的时候，可以突破学历、任职年限等规定的限制，按照《上海市事业单位岗位设置管理实施办法》等规定破格进编。但是破格进编在数量和比例上有一定要求，即破格进编的比例不能超过20%。

三是创新退休前进编。在基层社区中，有一部分居民区党组织书记长期工作在基层的第一线，表现和作风一贯良好，勤勤恳恳干事，默默无闻奉献，虽然可能没有取得突出业绩，但是考虑到“没有功劳也有苦劳”，因此，“激励关怀15条”规定，只要符合连续任职满六年等一些基本条件，就可以在退休前按相关规定进编，做到退休后有保障，彻底免除书记们的后顾之忧。

（三）让潜力者有序“换位”

干部交流是提升干部能力素质的重要手段，也是加强干部思想淬炼、政治历练以及实践锻炼的有力举措。绝大多数的居村党组织书记在干部之间的横向交流、城乡与事业单位之间的纵向交流很少，通过提任实现交流的更少，普遍存在“一个岗位干到头，一个地区到退休”的状况。为了加强居村干部队伍的一体化管理，“激励关怀15条”搭建了“换位”的平台，破除干部横向、纵向、环向的交流壁垒，着力推动居村党组织书记多岗位交流锻炼，既能丰富干部经历阅历，又助推干部快速成熟成长，从而推进干部科学、有序、平稳流动，进一步提升干部队伍整体素质和工作效能。

一是畅通居村党组织书记间的交流通道。长久身处同一位置和环境，不利于干部个人成长和工作有序推动。“激励关怀15条”按照人岗相适、人事相宜的原则，提出从村党组织书记岗位选调担任居民区党组织书记，在办理进编享编时，在村的任职时间累计计算，有力填补政策衔接的“缝隙”，在统筹城乡社区工作者职业体系建设上迈出了重要一步。

二是打通进编居民区党组织书记与街镇其他事业编制人员的交流通道，连续任职满六年、已享编的中青年优秀居民区党组织书记，可以通过“一人一事一议”的方式，先办理进编，再转任街镇相应层面事业单位岗位，有效统筹街镇事业编制使用，也能拓展街镇事业单位负责人的来源，为基层干部换位交流、加强历练提供必要支撑。

三是连通国有企业、事业单位选派到居村任职干部调任街镇机关的交流通道，由国有企业、事业单位选派的居村党组织书记，连续任职满五年，可择优调任进入街镇机关，担任承担社区管理、社会管理的科级领导职务，既发挥他们熟悉居村、了解基层的优势，也能让习惯于凭老经验、老办法、老套路办事的基层干部接受新挑战，促进复合型干部队伍的培养，强化街镇职能部门工作指导能级。

（四）让有为者赢得“地位”

居村干部是党和国家政策落实“最后一公里”的服务者、执行者，虽然位子不高，但责任很大。中央多次强调，要建立健全激励机制，推动形成“能者上、优者奖、庸者下、劣者汰”的正确导向。此外，受条件和经费制约，除个别干部参加过市、县业务部门组织的专业培训以外，大多数乡镇事业编制干部只能接受零散的培训，或是低层次的培训，致使业务知识得不到及时更新、政治素质得不到有效提高。因此，“激励关怀 15 条”综合运用各种激励手段，对履责守责尽责的居村党组织书记，该奖励就奖励、该表彰就表彰、该“培树”就“培树”，让居村党组织书记受人尊崇、令人向往成为现实，成为当下职场的闪亮“名片”。

一是真干有激励。进编享编的居民区党组织书记，在为民服务、爱岗敬业、担当奉献等方面，如果表现突出、成绩显著，年度考核的时候可以被评为优秀，按照干部人事管理权限给予嘉奖、记功等奖励。一般来说，各个街镇居村党组织书记年度考核优秀的比例在 20%~25%。这样，不仅避免了让“老实人”吃亏，也让基层干部的努力和成绩能够被看到，也能够得到应有的表彰和回报。

二是善干出典型。浦东区级层面每年会选树一批优秀的居村党组织书记以及优秀“书记工作室”作为典型，同时也加大“两优一先”评选表彰向居村党组织书记倾斜的力度，且择优向市级层面推荐。“激励关怀 15 条”还提倡重点宣传典型的好人好事，比如一些受群众爱戴的典型人物、一些广为人知的先进事迹，要加大重点跟踪以及宣传力度，让一个个善干典型成为一道道亮丽的风景，激活基层干部的干劲和活力。

三是能干做示范。“激励关怀 15 条”主张把居村党组织书记的培训纳入浦东区委党校的主体班次，每年会专门举办优秀居村党组织书记的示范培训班，让能干的书记更多在区级平台参训、展示，更早进入组织培养视野。此外，相关部门还会组织聘请能干的优秀书记、老书记担任帮带导师，开办应知应会能力提升班，通过老书记引导新书记快速成长，形成先进带后进、后进争先进的良好氛围。

三　主要的成效

“上管天、下管地、中间管空气，从出生到老去，没有咱们不管的。”一位年近六旬的老干部用这样一句话形容自己在社区的工作，可见基层治理的千头万绪。基层是国家治理的“最末端”，也是服务群众的“最前沿”，其重要性不言而喻。社区是服务群众的“最后一公里”，是最接近群众的社会“细胞单元”，承担了大量的社会事务，稳定社区干部队伍非常重要。党的十九届五中全会提出，“十四五”时期我国进入新发展阶段。新的征程上，我们要不断严密党的组织体系，着力建设德才兼备的高素质干部队伍。①

作为加强基层干部队伍建设的一个重要环节，浦东新区率先出台的“激励关怀 15 条”，力求从选人用人、职业晋升、关心关爱、激励褒扬等方面进行了切实的制定和规划，激励了基层干部敢于担当、敢于作为，促进了干部干事的主动性和能动性，推进了实现基层“队伍建设有机制有平台、人才培养有标杆有后备，个人职业有目标有归属”的目标，也激活了基层干部队伍建设的“一池春水”，为深化推进基层治理体系建设凝聚起源源不断的“正能量”。

① 贾晓芬：《当前基层干部干事创业动力与信心调查报告》，《国家治理》2020 年第 38 期，第 2~9 页。

（一）畅通了基层干部的成长与晋升渠道

在实际工作中，基层干部的积极性影响着基层治理的行动，也是决定基层治理成效、推动基层治理创新的重要因素。[①]"激励关怀15条"把基层干部最关心的进编、晋升等问题都考虑进来了，有针对性地加大对居民区党组织书记使用事业编制的保障力度。目前，浦东新区全区已使用专项事业编制155个，其中，结合2022年居民区党组织书记的现实表现情况，已经一次性操作进编41人，让浦东新区全区书记队伍感到"眼前一亮"、精气神也"为之一振"。此外，对一些已经进编、核定为七级管理岗位的居民区党组织书记，还择优晋升为了事业单位五级、六级职员。2022年底，已经有5名优秀的居民区党组织书记得到晋升，未来还将有一定比例的优秀干部有机会得到晋升，成为五级职员，相当于正处级别。

"原来觉得做社区工作，干到居民区党组织书记就算到头了，现在更加有奔头了。"花木街道某基层干部感慨道。他从事社区工作已经13年，从一位普通的社工已经成长为了一名居民区党组织副书记。"激励关怀15条"抓住了影响干部干事创业、担当奉献的关键症结，积极营造了良好的干部成长"通道"，鼓励基层干部肯干事、干实事，还对优秀的基层干部破格进编、晋升以及表彰，让基层的"班长"有为有位，更破解了干部以往成长的"天花板"。更加广阔的发展前景也解决了一部分基层干部精神懈怠、心理懈怠问题，激活了干部的积极性和能动性，推动基层干部在理想信念、为民宗旨、工作进取心等方面全面提升。此外，政策对于基层的倾斜和关注，吸引了更多的人加入社区工作者的队伍，也激励更多的社区工作者积极地扎根在社区，更好地服务居民，增强了基层干部的获得感和认同感，从而在工作中实现自己的人生价值。

① 吴晓林：《"小巷总理"何以推动基层治理创新》，《人民论坛》2020年第20期，第31~33页。

（二）扩宽了基层干部的交流与发展空间

基层干部的交流与培训是使组织焕发生机活力、不断提升干部队伍素质能力的关键，也为基层干部提供了互相交流、互相学习、共同进步的平台与空间。“激励关怀 15 条”在调任、转任与岗位交流等方面进行了探索，提出居民区党组织书记可以通过提交申请的方式，转任为街镇相当层面的事业单位岗位，同样居村的党组织书记也可以选调为居民区的党组织书记，而且任职的时间也可以累计计算，免去了“换位”带来的后顾之忧。一方面，“激励关怀 15 条”通过选优配强基层干部，把优秀的干部放在了最要紧、最吃劲的岗位上，有助于治理工作的顺利完成；另一方面，“激励关怀 15 条”中的“换位”举措，也能让基层干部自己充分发挥主观能动性，通过轮岗、换岗的历练，各尽其能，各展所长，打开工作思路，创新工作方法。

自主学习是基础，交流、培训学习是关键。一个岗位就是一张文凭，多一次岗位锻炼就是多一张文凭，对个人的全面发展绝对是个机会，都是人生的积累，学习适应的过程也是提高的过程，这是花钱都买不来的。“激励关怀 15 条”通过跨区域、跨部门的交流，帮助基层干部接受新信息，开阔新视野，挑战新岗位，改变了以往基层干部“一个岗位干到头，一个地区到退休”的状况。除了“换位”之外，浦东新区还开展了“引领力赋能”培训，通过理论授课、案例分享、经验座谈等方式，对基层成功经验进行分享，对不足的地方快速纠错，进一步促进基层干部开阔眼界，启发思路，也增强了基层干部之间的交流。让潜能者有序“换位”，为基层干部提供了活起来、动起来的渠道，推动基层干部成为工作的“多面手”，转变了作风、鼓舞了士气、激发了干劲，也有效提升了工作效率。

（三）强化了基层干部队伍一体化建设

总体来看，“激励关怀 15 条”主要从以下几个方面进行了探索创新。一是落实了居民区党组织书记“事业岗位、事业待遇”政策，在岗的 1037 名居民区党组织书记全部落实进编享编政策，累计 217 名居民区党组织书记

进入了专项事业编制，居村党组织书记薪酬奖励、社会保障、医疗保险等待遇全面落实。二是建立了后备人选的“蓄水池”，落实了居村党组织书记后备人选 1∶2 备案管理机制，2700 余名后备人选纳入信息数据库动态更新。以大规模实战实训促进了基层干部综合能力素质的大幅提升。换届以来，浦东新区共举办了分层分类培训 6 次，覆盖居村党组织书记 3265 人次。三是完善了激励、表彰机制。对于在基层社会治理、乡村振兴、“家门口”服务等重点任务中涌现出了一大批优秀居村党组织书记，已经累计有 198 人获得了国家、市级以上荣誉，示范带动了全区居村党组织书记争当新时代好班长、建功引领区。

“如果不能通过一系列制度保障，在给基层‘压担子’的同时也‘给位子’，那么客观上会造成优秀基层干部的流失，不利于我们人才队伍的建设。”“激励关怀 15 条”在晋升、进编、调岗、表彰等方面都进行了标准化的规定，着力强化扎根基层、奉献基层的选人用人导向，对联系群众最紧密、服务群众最直接的实践者给予了更多的政策倾斜，对居村党组织书记给予了更多的关怀和照顾，相应也提供了更多的发展机会。针对居村干部一体化管理、村党组织书记主任“一肩挑”管理等方面存在问题，浦东新区还采取了老书记帮带新书记等切实的举措，帮助“新鲜的血液”快速适应工作，促进了基层干部的标准化、一体化、综合性建设，提升了干部队伍的综合素质与能力，也为浦东新区全区的基层干部队伍增添了活力，增加了基层干事的动力，也提升了基层干部的积极性与创造性。

四　经验与启示

基层是党的执政之基，力量之源。作为加强基层基础工作的关键，基层干部的担当作为情况直接影响着基层治理能力的提升。[①] 锻造一支结构合

① 滕玉成、臧文杰：《基层治理中党建引领力的构成及其提升路径——从基层组织能力视角分析》，《西北农林科技大学学报》（社会科学版）2022 年第 1 期，第 55~65 页。

理、素质优良、能力突出的带头人队伍，是夯实执政之基和提高基层治理水平的重要环节和重要抓手。[①] 然而，基层人才队伍的建设不是一蹴而就、一朝一夕就能完成的，而是一项长期的、艰巨的任务。基层需要人才，人才也需要基层的锻炼。目前来看，部分基层人才队伍还面临一些问题和短板，不能很好地适应社会发展要求，一是人手少，二是素质弱，三是积极性不高，四是没有形成合力，这些成为制约基层社会治理的重要因素。[②] 所以，加强基层人才队伍建设应该找准发力点，内外共同发力，既要对内革新，又要对外创新，从而形成合力，切实发挥基层干部“主心骨”和“领头羊”的作用。

其一，敞开广纳贤才的大门，海纳百川引人才。基层人才储备不足、流动性大、吸引性弱，是基层人才队伍建设曾经面临的难题。在拓宽选人渠道上，基层政府要广开进贤之门，根据当地经济社会发展需要，扩宽选拔渠道，有针对性地引进人才，坚持内培与外引并举。内部培养，就是按照人岗相适的原则，着力从本地优秀党员干部、致富能手和复员退伍军人等群体中，选拔一批政治素质好、工作能力强的全能型人才，进入当地的基层队伍。外部引进，就是打破地域、身份、职业界限，面向社会公开招揽基层组织书记的后备人员。此外，还要实行开放、积极、有效的人才政策，合理分配，打好“感情牌”，通过制度性举措留住人才，让基层干部们有归属感，也让他们感到有价值，从而激发工作热情，安心扎根基层。

其二，搭建人尽其才的平台，不拘一格用人才。“基层干部的分量更重了。让在基层、懂基层的干部发挥更大作用，在基层治理中有更强的参与权和建议权，这对基层工作人员来说，是最大的褒奖。”[③] 用好人才，就是要在实际工作中，根据不同地区基层工作的人才缺口，同时关注干部日常表现、专业背景、工作经历等，坚持人岗相适、因人施策，让基层干部充分发

---

① 李桂华、刘梦演：《“四重四实”加强农村基层党组织干部队伍建设》，《人民论坛》2021年第20期，第54~56页。

② 龚维斌：《加强基层社会治理队伍建设》，《马克思主义与现实》2020年第6期，第42~44页。

③ 《增强行政执行能力——“让在基层、懂基层的干部发挥更大作用”》，《人民日报》2021年10月18日。

挥自身的自主性和能动性，做到人尽其才，才尽其用。此外，要建立健全基层干部担当作为的激励与保护机制，形成“能者上、优者奖、庸者下、劣者汰”的正确导向，既要重视成功，又要宽容失败，从而不断激发基层人才队伍的干事动力和活力，激发基层干部干事创业、奋发进取、锐意拼搏的积极性，确保人适其岗、能尽其才。

其三，坚持束放并进的原则，多措并举育人才。干部是选出来的，也是管出来的。对基层干部队伍的建设，要从严管和厚爱两方面下功夫，从而打破部分基层干部“不实干”和“不想干”的局面。严管，就是要建立基层干部的制度化管理链条，加强政治监督、政治督查，坚持抓早抓小、防微杜渐，发现干部身上出现的苗头性倾向性的问题，及时提醒帮助，也要及时对不合格的基层干部亮“红灯”，及时约谈和调整撤换考评不过关的基层干部，防止小问题变成大问题。厚爱，就是要健全基层干部队伍的常态化保障链条，不仅要注重基础报酬的保障，包括住房公积金、各类保险、创收奖励等，还要在干部成长空间上下功夫，实施激励举措，注重基层干部的培养、提供轮岗机会、优化业务培训方式等，推动他们在实践中锻造能力，也为他们提供更多的深造机会和施展才华的舞台。

五　对策与建议

“基层强则国家强，基层安则天下安”。今天，在越来越庞大复杂的城市里，一个个优秀的基层干部被亲切地称呼为“小巷总理”，他们正在把多元主体组织在一起，共同治理社会公共事务，共同分享社会发展成果。不管是在抗击新冠肺炎疫情期间，还是在常态化治理时期，基层干部都发挥了不可或缺的作用。这正是推进国家治理体系和治理能力现代化的集中体现。眺望未来，我们可以清晰地看到，街头巷尾亦是广阔天地，“小巷总理”也大有可为。在推进基层治理体系和治理能力现代化步伐的进程中，人才是第一资源，人才队伍的建设也至关重要。下一步，浦东新区需要进一步完善基层干部激励关怀的相关举措，通过一套“组合拳”，进一步构建完善浦东新区基层干部队伍制度体系，统筹推动基层干部队伍能力素质整体提升。

第一，要进一步完善激励关怀机制。广大基层干部长期奋斗在第一线，任务重、责任大、压力大，其实，不仅仅是基层的居村党组织书记，还有广大的社区工作者也同样需要被理解和信任，也需要被关怀和爱护。因此，下一步需要扩展激励机制的适用范围，让更多的基层工作者职业有奔头，发展有方向。目前，继2022年9月出台“激励关怀15条”之后，在上海市浦东新区区委党建办的牵头下，2023年6月，浦东新区6个部门联合，进一步出台了“社区工作者15条”，扩展了基层选人用人、职业晋升、关心关爱、激励褒扬等举措的范围。未来，两个“15条”需要保持既相呼应、又相互衔接的状态，形成从居村党组织带头人到广大社区工作者各有激励、梯次发展的良好态势，且在优化基层人力资源配置、拓展队伍来源、打通城乡交流、提升队伍素质以及增强职业认同度等方面进行不断地探索和突破，同时进一步突出基层干部队伍“块属块管块用”导向，激发主动性，赋予街镇更多的用人主导权。

第二，要建立健全考核评价体系。激励机制的出台，有可能导致少数基层干部为了追求评奖评优而制定不切实际的目标，从而出现表态多调门高、行动少落实差等问题。因此在激励与关怀的同时，也需引导基层干部树立正确的政绩观，同时对干部的工作进行标准化考核，比如合理设置干部考核指标，不断优化考核方式方法，以增强考核的科学性、针对性、可操作性，调动和保护好各区域、各战线、各层级干部的积极性，切实解决干与不干、干多干少、干好干坏一个样的问题。此外，也要建立健全容错纠错的机制，比如把干部在推进改革中因缺乏经验、先行先试出现的失误错误，同明知故犯的违纪违法行为区分开来看待。对那些给予容错的基层干部，考核和考察也都需要客观，选拔任用也需要公正合理，从而帮助基层的工作者们消除顾虑，放下包袱，轻装上阵。

第三，充分重视基层社会的整体性建设。我国基层多年来的稳定与发展，得益于基层工作者的辛苦付出，基层治理精细化和现代化也有赖于这些“小巷总理”的积极性与能动性。然而，基层工作千头万绪，基层治理也并非遵循“线性逻辑”，而是受到多种因素的共同影响。所以，单靠基层工作者们的辛勤付出肯定是不够的，应当鼓励多元主体共同参与到基层治理中，构建“人人有责、人人尽责、人人享有”的社会治理共同体。对标中央“治理重心下移”的要求，在基层干部辛苦付出的同时，也要确保基层治理权责一致、人财物充足，把更多的资源下沉到基层，同时培育一些社会组织以及居民自治组织，使其成为“小巷总理”的帮手和伙伴，从而促进基层工作更加快捷地开展，也推动基层治理更加富有成效。

参考文献

Lavee E.，Cohen N.，Nouman H.，“Reinforcing Public Responsibility? Influences and Practices in Street-level Bureaucrats´ Engagement in Policy Design”，*Public Administration*，2018（2）：333-348.

张金豹：《把抓基层打基础作为长远之计和固本之举》，中国共产党新闻网，2014年11月13日。

《总书记慰问“小巷总理”最辛苦令人鼓舞》，中国共产党新闻网，2014年2月27日。

《历史视野中的“小巷总理”和基层治理创新》，光明网，2020年12月5日。

周雪光、艾云、葛建华、顾慧君、李兰、卢清莲、赵伟、朱灵：《中国地方政府官员的空间流动：层级分流模式与经验证据》，《社会》2018年第3期。

田先红：《领导观摩：县域治理中的注意力竞争机制研究——基于“单委托多代理”的理论视角》，《华中师范大学学报》（人文社会科学版）2022年第5期。

贾晓芬：《当前基层干部干事创业动力与信心调查报告》，《国家治理》2020年第38期。

吴晓林：《“小巷总理”何以推动基层治理创新》，《人民论坛》2020年第20期。

滕玉成、臧文杰：《基层治理中党建引领力的构成及其提升路径——从基层组织能力视角分析》，《西北农林科技大学学报》（社会科学版）2022年第1期。

李桂华、刘梦演：《“四重四实”加强农村基层党组织干部队伍建设》，《人民论坛》2021年第20期。

龚维斌：《加强基层社会治理队伍建设》，《马克思主义与现实》2020年第6期。

《增强行政执行能力——“让在基层、懂基层的干部发挥更大作用”》，《人民日报》2021年10月18日。

B.3

“一统两合作”：党建联建聚力个体工商户登记服务

姜　朋*

摘　要： 党建联建是各地在基层党建创新实践中涌现出来的一种新形式。以跨地域、跨行业、跨组织基层党组织统合方式，开展基层党建及其他业务合作。浦东徐路村通过党建联建实现组织统合，依托党建合作和业务合作，聚焦个体工商户“急难愁盼”问题，对接居民需求、理顺流程和保障服务多方面难题，盘活村民社会化服务资源，建立浦东首家个体工商户登记疏导点，进而优化全区入驻个体户的经营范围登记。提振村经济和财力，也促进了浦东个体工商户有序健康发展，成为浦东基层推进社会治理现代化的优秀典型。

关键词： 党建联建　党建合作　个体工商户登记　社会化服务　社会治理

党建联建就是近年来在基层党建创新实践中涌现出来的基层党组织共建形式。基层党组织跨地域、跨行业、跨组织以自发或自主形式结对，根据共同拟定的章程、协议，开展基层党建及其他业务合作。上海的基层党建联建创新始终走在全国前列，通过基层党建联盟、党建联合体等形式持续推动资源聚合、经济发展、保障服务、社会治理等，释放出“1+1>2”的叠加效应。浦东各村居通过党建联建机制，转变乡村发展受村域限制而单打独斗的

* 姜朋，中国共产党上海市浦东新区委员会党校副教授，主要研究方向为社会治理。

局面，持续盘活村民社会化服务资源，在不同环节汇聚更大的力量，开拓基层党建引领社会治理新思路。

高东镇徐路村近年来坚持党建引领，以党建联建推动农村基层治理创新，有效解决农村社区的治理问题。2022 年 9 月，徐路村在浦东新区市场监督管理局的业务指导下，积极开展个体工商户登记疏导点试点工作，10 月 18 日，浦东首家个体工商户登记疏导点在高东镇徐路村成功落地，在推动过程中，党建联建“一统两合作”创新实践依托党建合作和业务合作，从组织统合和机制创新两个层面将基层党组织套嵌的多元主体及其优势社会资源统合起来，构建了一个联建党组织统领下“集中力量办大事”的治理共同体，形成基层治理的有效合力，从而成为基层治理效能的新生长点。

一　“一统两合作”工作的缘起和背景

在我国，个体工商户占市场主体总量比重较大。截至 2022 年 9 月底，我国登记在册的个体工商户达 1.11 亿户，占市场主体总量的 2/3，其中近九成活跃在批发零售、住宿餐饮和居民服务等实体经济领域，70.3%的个体工商户仅从事线下经营活动。[①] 作为最小的市场主体，个体工商户是经济社会发展的重要组成部分，他们为社会提供便捷服务和优质商品，也是稳增长、促就业、惠民生的重要载体，更是百姓生活直接的服务者、便民利民的重要来源。

据统计，截至 2023 年 6 月底，浦东新区共有个体工商户 112481 户，约占全区各类市场主体的 1/4，涉及资金总额 60.92 亿元。仅 2023 年上半年浦东新设个体工商户 6972 户，同比增长了 119%。既带动了 20 多万人就业，也保障了广大市民日常生活需求，是“烟火气”的重要主体。近三年来，受疫情等因素影响，个体工商户生产经营面临一定困难，发展信心不足，迫切需要切实有效的扶持政策。高东镇徐路村结合本村域个体工商户发展情

① 人民时评：《促进个体工商户持续健康发展》，《人民日报》2022 年 11 月 14 日。

况，通过党建联建盘活村民社会化服务资源，助推个体工商户持续健康发展，为市场带来更多生机活力，为实体经济发展打底筑基。

高东镇徐路村共有人口1200余人，其中户籍常住人口只有180人，外来务工人员占到了80%左右。村域内的一条百年老街，是村民的主要生活场所，也是个体工商户聚集场所。一部分个体工商户有经营场所，经营种类涵盖了小吃、百货、水果和服装销售等常规类型。也有一部分人无经营场所，主要从事服装缝纫及修补、配钥匙、编织、自行车修理和殡葬服务，这些传统手艺人加入流动摊点的队伍中，他们所售卖的商品多数为居民日常生活所需物品，为居民提供了便利和优惠的服务。个体工商户和居民已经建立起了密切的利益联系，深受居民的认可和欢迎。

个体工商户在发展中面临一些共性的问题和挑战，如登记注册服务、经营场所供给、数字化发展、财税、金融等。徐路村的个体工商户，特别是小本生意经营者最主要的难题是无法注册登记、规范经营。

一是租金高。近三年徐路村个别地段房租上涨幅度在30%左右，增加了生产经营成本和生活成本，小本生意经营者饱受房价上涨之“痛”。

二是场地难找。个体工商户在办理营业执照时，需要按照要求填写经营注册地址，并且准备租房合同或房屋产权证作为地址证明。从事小本经营和创业资金有限者无固定场地，因而无法注册登记，只能选择流动摊点经营。而流动经营又相应造成诸多城市管理难题，集中表现为占道经营、损害市容、污染环境。因此，既影响城市管理又阻碍个体工商户自身发展壮大。

从农村治理角度来看，一方面，个体工商户必须依法经营，无登记注册属于违法经营，影响城市交通，破坏市容环境，不能采取“放纵”的方式不加管理约束。另一方面，乡村振兴需要吸纳就业，便民利民满足民生需求，这是关系民生的大问题，因此对个体工商户不宜采取“一刀切”的方式全面取缔。社会治理工作中的多重诉求必然要求农村治理要有创新的思路和模式。

从长远角度看，外部环境的不确定性，导致创业者信心不足。大多数创业者有一个创业预估，在无法注册登记、场地问题未完全解决的情况下，对租金、人工成本、物流等方面的成本以及客流、营业收入进行估算后，部分创业者选择观望。因此，徐路村如何利用乡村振兴这一前所未有的发展契机，发挥地理优势，盘活社会化服务资源，优化创业环境，吸引创业人才入村，争取一个个创业项目落地就成为当务之急。

面对这种情况，高东镇徐路村积极探索以党建联建为核心引领，依托党建合作和业务合作，从组织统合和机制创新两个层面将村民社会优势资源统合盘活起来，推动个体工商户健康有序发展。

二 “一统两合作”工作的举措和机制

徐路村强化党建引领，激发治理活力，以思想转变推动工作取得突破，依托党建合作和业务合作，强化法治思维，综合施策、源头治理，在区委、镇党委支持下，充分调动镇市场监管所党组织和村党组织共同协商、投入、参与治理。

（一）主要举措

徐路村聚焦个体工商户急难愁盼问题，针对供需对接、理顺流程和保障服务等多方面，解决焦点、堵点和盲点问题。

1. 问需于民，直面焦点

在推进基层治理工作的过程中，徐路村党支部发现了村域内便民服务在需求与供给方面，存在明显的不平衡。

在需求方面，产业工人集聚带来便民服务需求日益增大。近年来，随着外高桥港区的发展，徐路老街也承载着服务港区产业工人和物流集卡司机的重要职能。据不完全统计，每天途经徐路村域范围内的集卡车辆高峰时可达1.5万辆，而选择在徐路老街就餐、休息的外来务工人员接近3000人。随着外来务工人员特别是港区产业工人的不断增多，村域内群众对修理、缝补、保洁等便民服务的需求也越来越大。

在供给方面，传统手艺人“上户难”影响便民服务的覆盖面与质量。

在日常的工作走访中发现，徐路老街上有一些民间手艺人，因为受限于场地问题，没有办理营业执照，只能通过流动摊点的形式，为村民提供裁缝、配钥匙、修理自行车等便民服务，同时，这类群体在办理落户、社保、子女教育等事务上都存在障碍，他们对获取营业执照有着迫切的需求。

为此，徐路村党支部主动跨前，以党建引领村民自治共治为抓手，紧紧围绕村中个体工商户登记难、场地难的困境，聚焦群众对于就近享受裁缝、配锁等生活服务的期盼，全面排摸个体工商户登记注册需求，形成需求服务匹配清单。

2. 优化服务，打通堵点

在区市场监管局的业务指导下，徐路村全面梳理村域内个体工商户的服务类别、基本情况和辐射半径，按照便民、利民的导向，积极协调场地资源和管理力量，明确工作流程，畅通沟通机制，将政策服务送到个体工商户手中。比如，在梳理过程中，徐路村了解到，“陆川明师傅是村中一名从业 40 年的老裁缝，一毕业就到村大队服装厂工作，后来在某服装公司任车间组长，工作了十余年，积累了丰富的服装制作经验，家中各种各样的缝纫、修补器材也是一应俱全。2004 年服装公司倒闭后，陆川明一直想开一家自己的小店，但因为店铺租金太贵，一直没有找到合适的场地，所以只能在家里接一些邻里间加工西裤、衬衫的活。胡其忠师傅从老家四川到上海生活已经 30 个年头有余，2004 年到徐路村后，一直从事自行车修理、上锁配钥匙等工作，这些年来积攒了丰富的维修经验，深得附近村民的信赖认可，但由于没有合适的经营场所，他只能选择沿街摆摊，经营条件差的同时还面临违法占道经营的风险。”①

在了解到个体工商户的具体情况后，徐路村第一时间上门开展政策宣传，指导他们准备办理营业执照所需的相关材料，帮助他们顺利完成了营业执照办理，给他们提供了一份从业的保障，让他们能够安心经营，更好地服

---

① 唐玮婕：《村委会有了个体工商户登记疏导点，浦东为小微市场主体提供发展助力》，《文汇报》2022 年 10 月 18 日。

务村民。

3. 强化管理，消除盲点

为了更好地发挥政策的作用，让更多小微个体户受益，徐路村积极探索建立相应的配套管理制度，形成规范化的管理模式。一是在村委会“家门口服务中心”设置“徐路村个体工商户服务经营点”，搭建好“上级部门-小微个体户-村民”的沟通、服务平台，让小微个体户能够顺利“上户口”，让村民的需求能够更快、更畅、更优地得到满足。二是落实提高服务质量，徐路村落实专人管理，有困难者采取帮办服务，做好个体户“一户一档”的经营台账，协助监管部门加强事中事后管理，促进个体工商户健康发展，进一步发挥其在提升技能水平、推动创业创新、对接群众生活需求等方面的重要作用。三是加强自治化推进，对后续申请的小微个体户，通过“职能部门认可+村民代表会议讨论通过”的形式进行准入确认，从而充分发挥党建引领、基层自治的优势，真正让个体工商户和村民共享试点红利。

（二）完善机制

在徐路村社区服务个体工商户集中登记试点工作开展过程中，徐路村紧紧围绕区委、区政府关于促进个体工商户发展的各项决策部署，在高东镇、区市场监督管理局大力支持下，主动履行属地职责，发挥党建联建引领作用，依托党建合作和业务合作，从“一统两合作”机制创新层面盘活村民社会化服务资源，助力个体工商户登记注册。

1. “一统”：推进党建联建统合方式引领乡村治理

为推动个体工商户健康有序发展，徐路村一直在思考如何通过优质的党建联建工作，盘活村民社会化服务资源。特别是针对个体工商户注册登记的棘手问题，健全了党建联建的工作体系，为推进乡村振兴提供了强有力的组织保障。

优化徐路村自身党组织架构。在原有基础上通过“五个机制”优化组织架构。一是党支部会提议，巩固村党组织的领导机制。由党支部率先提议，把方向、谋大局、定政策，在整个盘活村民社会化资源过程中，党支部始终居于主导地位，强化了村级党组织的领导核心地位。二是“两委”会商议，实现村“两委”协调机制，严格按照村既定的规章制度办事。三是党员大会审议，健全村级党内民主机制。四是村民代表会议或村民大会决议，保障村民自治机制，尊重村民权利，以严格的程序保证民主决策和公开监督，调动农民群众的积极性。五是决议公告和实施结果公开，落实村务公开机制。公开信息包括：任务明确责任到人，事后有监督检查、信息沟通、资料收集等党建日常工作。

推进党建联建全覆盖。按照市基层党建“全区域统筹、多方面联动、各领域融合”整体格局，持续推动党建工作和乡村振兴发展互融互促，牢固树立抓党建就是抓发展理念。徐路村党组织通过自发组建和高东镇党委自上而下有组织地动员，自主结对开展党建联建。在这个过程中，各个基层党组织基于自愿原则，通过签订共同拟定的章程或者协议，自发地与其他基层党组织联合开展党的建设。目前，村党支部先后与杨园派出所党支部、高东镇市场监督管理所党支部、高东镇机关事业综合行政执法队党支部签署了《高东镇区域化党建共建协议书》，与浦东新区烈士纪念设施保护中心党支部签署了《红色教育联盟爱国主义教育共建协议》。

徐路村开展党建联建后效果明显，优化了基层组织形态，通过基层党组织之间的融合带动了乡村发展，促进了资源的有效配置，从而打造了全区首家“个体工商户登记疏导点”。疏导点加强了个体工商户与社区、居民委员会的联系，也促进个体工商户提升服务质量，增强社会影响力，更好地服务于社区居民。

2.“两合作”：依托党建合作和业务合作两个层面

自浦东首家个体工商户登记疏导点在高东镇徐路村成功落地之后，徐路村持续找准熔点，完善推进机制、工作路径，加强党建合作和业务合作，盘活乡村治理这盘“大棋”。

第一个层面，依托党建合作在覆盖广度上实现“线下+线上”同步扩容。

徐路村党支部与高东镇市场监督管理所党支部党建合作的成功经验，在全高东镇得到迅速推广，目前已经实现全镇范围内各村与高东镇市场监督管理所党建合作。这种扩容，使徐路村在建立健全党建合作相关制度和机制的基础上，能够从全镇的视域一起谋划、一起部署、一起落实、一起检查，共同推动个体工商户登记服务。

针对线下，做好需求调研。高东镇党委着眼将“个体工商户登记疏导点”打造成为“高东旗舰店”的目标，组织高东全镇各居村，在市场监督管理所指导下，开展需求排摸，特别是对新就业群体的情况进行排摸梳理，为符合条件的、有需求的小微个体工商户提供服务支持，目前，已排摸到有需求的小微个体工商户 5 家，涵盖自行车修理、绒绣、动漫配音等行业。

针对线上，依托“服务高东”小程序、大众点评 App、58 同城等多元化途径，开辟便民综合服务“微平台”，以点带面促进更多个体工商户就业。同时，也让周边群众可以足不出户地享受到“民间工匠”的贴心服务。

第二个层面，依托业务合作在服务内涵上不断增能。

一是提供专业化服务。徐路村结合“家门口就业服务站”建设，联合镇社区事务受理服务中心和浦东人社创业指导专家团队，对个体工商户提供多方面咨询服务，如不同的注册资本要求、工商登记办理所需手续、税收优惠政策、不同的纳税和税收计算方法、开立个体工商户的流程、如何申报纳税等。特别是对于个体工商户关心的规范用工、社保缴纳、财税政策等方面多次开展线下线上的服务，并对个体工商户的经营和将来的创业规划提供针对性的建议，使个体工商户能够依法经营、诚实守信，自觉履行劳动用工、安全生产、食品安全、职业卫生、环境保护、公平竞争，使个体工商户能够落得下、经营好。

二是优化监督管理。对于已纳入和拟纳入徐路村疏导点的个体工商户群体，在做好相关服务保障的同时，也要严格依照市区两级市场监督局相关政策文件精神，把好“入口”和“出口”的监管关。在镇市场所的具体指导配合下，徐路村做好经营户档案的日常更新及年报审核工作。涉及经营范围、经营者信息变化的情况，及时提醒个体工商户进行备案审查，坚决遏制违法经营现象。疏导点将积极寻求与镇政府相关公示信息平台进行联网，将个体户经营者信息、纳税情况、年报审计、举报监督电话予以公示，为百姓提供便捷查询渠道的同时，也开辟出一个政府背书、全民参与、共同监督的监管平台。

三是制定规则。最新修订的徐路村《村民自治章程及实施细则》，实施细则内容包括：村级组织相关职责、工作制度和村干部的行为规范；村民的权利和义务；经济管理以及社会秩序等方面。涵盖了社会治安、村风民俗、邻里关系、合法经营，等等。通过发挥实施细则的作用，以个体工商户登记疏导点为平台，以强化党建引领自治共治为手段，畅通民意反馈渠道，进一步激发了村民参与疏导点动态管理的自治活力，不断实现全村人民对美好生活的向往。

三　党建联建服务个体工商户的经验和启示

继高东镇徐路村设立首个个体户登记疏导点，为一些走街串巷的社区便民服务从业者解决了注册登记“场地难”的问题以后，浦东结合各街镇的实际需求，积极探索试点登记点提质扩容，以徐路村为中心管理点，联合徐路村周边的欣连苑居委、先锋居委等 3 家居委会，共同成立徐路村社区服务个体工商户联合登记点。截至 7 月底，已有 7 家个体工商户成功登记，经营范围涉及修补缝纫、钥匙配制、自行车修理等，大大方便了徐路村及周边村民的日常生活。

2023 年浦东又新增了 6 个个体工商户登记疏导点，分别位于祝桥镇、陆家嘴街道、东明路街道、北蔡镇、航头镇、宣桥镇相关村居委，实现了由点及面的拓展，并进一步优化入驻个体户的经营范围登记。切实帮助更多的便民服务从业者规范经营、健康发展，也为社区居民提供更便捷优质的服务。在推进个体工商户登记和经营过程中，党建联建发挥核心作用，主要有以下经验可供借鉴参考。

（一）将党的全面领导落实到乡村治理中

支持和引导个体经济持续健康发展，是乡村治理重要内容。为此，徐路村把党建引领内嵌于个体经济发展的各环节、全过程。为盘活村民社会化服务优势资源，徐路村以全域思维构建党建联建格局，以党建合作为基础，以组织统合为抓手，围绕外来务工人员、个体工商户和传统手艺人等重点群体，建立了由村党组织直接领导的党建联合体，形成了党组织统一领导、多元主体共同参与的工作格局。

实践推进中，强化与镇市场监管所联动，通过党建联建打造了全区首家“个体工商户登记疏导点”，充分考虑了个体工商户的需要和实际困难，加强引导和帮扶，盘活存量、拓展增量。为个体工商户提供稳定可预期的经营环境，提升个体工商户的经营能力。同时通过分片包干跟踪服务机制，有针对性地提供居民需求对接、政策解读、环境测评等环节上的合理、合法支持，及时协调解决个体工商户在经营中存在的问题。

（二）以成熟的组织架构确保党建联建落到实处

徐路村党建联建的实现形式多样，联建成员单位多元，但都建立了相应的组织架构。不仅包括联建的组织设置、运行管理、作用发挥、工作保障等机制建设，而且包括健全联盟章程和议事规则，建立沟通联络、双向服务、项目化推进等制度机制，将“1+1”或“1+N”结对联建，统合成紧密型党建共同体。

在打造“个体工商户登记疏导点”过程中，徐路村与高东镇市场监管所在内部均设立联建负责人，通常由两家成员单位轮流担任，负责联合党建、业务合作等具体事宜。定期通过联席会议、联系员等制度，以组织共建、业务合作等多种载体开展非实体性互利合作。两个党组织各有各的资源优势，只有成熟的组织架构才能确保各组织相互取长补短，实现资源共享、经验共用等统筹各方资源，充分发挥党组织在价值引领、资源整合等方面的优势。2023 年上半年，联建单位已召开协商会、推进会 7 次，开展排摸、走访、媒体对接、工作汇报等 11 次，形成问题清单 3 项、排摸需求清单 5 项。

（三）以紧密的上下联动机制推动个体经济发展

个体工商户注册登记涉及个体工商户的服务类别、基本情况和辐射半径；涉及场地资源和管理力量；涉及工作流程和畅通沟通机制等多方面的问题。为理顺各方关系，只有区、镇、村与多元联动单位形成紧密的上下联动机制，才能明确各自职责、形成工作合力。比如，新区市场局、镇市场监管所要持续落实好后续的监督管理，需要及时会商相关工作，协调解决推进事宜。

为加强上下联动、畅通镇村联系渠道，一是建立沟通协商机制，由镇、村和镇市场监管所协调联动，由高东镇制定每月工作例会制度、重点工作专项协商制度，统筹推进，协同解决，确保大事共议、难事共解、实事共办。如徐路村外高桥港区工人与物流集卡司机需求与村内供给对接，就是通过联动机制，由高东镇及时调整治理举措组织开展的，徐路村重点调研村内居民需求。二是建立分级联动机制，形成重大事项党委专题研究、一般事项各联建单位研究解决。三是建立问题处置机制，按照“问题发现—利益协调—资源整合—责任落实—信息反馈”的闭环处置流程，确保项目推进和问题解决。

（四）以多元合作机制推进乡村治理的整体效应

党建联建的实质是合作行动，也就是围绕共同目标而形成的基层党组织的合作行动策略。合作过程中，党建联建既要靠自上而下的党建统合，又要靠横向的合作机制，搭建多元主体的协同合作，形成共同治理的格局，徐路村在推进乡村治理的过程中，不仅依托了镇、村两级协同的机制，也横向梳理整合了各类资源。通过党建合作推动治理联盟，通过业务合作盘活村民社会化服务资源。

社会化服务资源是业务合作的基础。以往的资源无法按村居的发展意愿和能力精准匹配，主要原因在于供需信息不对称。再加上租房成本上涨压缩

了利润空间，推高了个体工商户经营成本。在场地、资金等资源有限的情况下，对服务供给与居民需求对接就显得更加迫切，通过多元合作机制才能精准对接供给与需求。徐路村主要负责收集村域社会治理问题、经济社会发展难题及群众诉求困难，区、镇党建联盟共建活动平台，充分发挥他们专业指导中的积极作用。

四 党建联建服务保障工作存在的问题和不足

徐路村党建联建在联盟方式、组织架构和作用发挥上都具有较大发展空间。应在大力推进基层党组织建设中，有针对性地抓基础、强功能和补短板，推动村党组织全面进步、全面过硬。

（一）党建联建的范围还需拓宽

党建联建意义深远，通过强化联建党组织的政治功能和服务功能，可优势互补、共建共享。特别是开展不同层级、不同类别、不同地域的党建联建，更能落实发挥党组织战斗堡垒作用，以党建引领助推生产经营健康发展。

目前徐路村党建联建从类型上看，多为执法部门和红色教育基地，如杨园派出所党支部、高东镇市场监督管理所党支部、高东镇机关事业综合行政执法队党支部和浦东新区烈士纪念设施保护中心党支部等。从涉及范围上，党建联建多为本村域内、本镇域内。

立足当前，为更好推进个体工商户健康有序发展，徐路村从登记注册服务、年度报告服务到各类信息服务；从对经营困难个体工商户的精准帮扶、经营场所供给，再到他们的资金、财税、社保、创业就业的全方位支持；从社区便民的有序引导到线上经营的技术培训等多个方面，都需要徐路村党建联建范围的进一步拓展。如与智慧监管部门（镇城运中心）、与外高桥港区、与物流集团等单位的联建，将有助于发挥党建联建最大效能。

着眼长远，未来乡村要产业振兴、人才振兴、文化振兴、生态振兴和组织振兴，“五大振兴”中其中任何一个都是一篇大文章。徐路村未来聚焦目标是经济繁荣、文化荟萃、治理有序、环境优美、生态宜居，涵盖了经济、政治、文化、社会、生态文明等方方面面。对党的领导相应提出了更高的要求，党建联建的范围需要进一步拓宽。围绕乡村振兴，构建以村居党组织为核心、驻村单位党组织以及群团组织等社会力量共同参与的党建联建工作格局。

（二）特色经验还需上升为法规

继 2022 年 10 月在高东镇徐路村设立首个个体工商户登记疏导点开局破题之后，2023 年“徐路村个体工商户登记疏导点”已更名为“徐路村个体工商户联合登记点”，在浦东已经形成可复制和推广的创新经验。但是很多新进外来务工人员还存在对相关政策不了解或担心政策上出现变化而观望的现象，因此需要通过制定法规给固定下来，宣传推广，广而告之，特别是在经营范围、落户、税收优惠等广大创业者亟须解决的问题上加大政策支持，才能更好地改善营商环境，吸引更多的创业人才。

（三）服务保障还需进一步升级

优质的服务保障是吸引外来务工人员的重要因素。徐路村村域内的百年老街吸引着很多个体工商户入村经营；同时又毗邻外高桥港区，外来从业人员数量庞大。其地理位置特殊性对营造良好的创业环境提出更高要求。一是需求对接要更加精准。个体工商户和外来从业人员流动性大，多样化的消费需求与日俱增，经营者服务类别不断更新，党建引领必须在供需两端同时发力，及时对流动人员信息进行收集整理更新。二是全周期服务要更加优质。徐路村个体工商户，特别是传统手艺人整体年龄偏大，在获取营业执照后，如何更有效实现与居民需求连接和对需求变化的适配性？如何以消费需求引导供给创新？这既有赖于个体工商户积极创新，也离不开相关部门的监管和规范，改善优化消费环境，进一步激发消费活力。三是要充分挖掘潜力。徐路村未来如何推动吸引更多的创业人员，更好满足居民的多层次、多样化的需求消费升级，还要久久为功。

五　优化党建联建服务工商户的对策和建议

在浦东推进党建引领乡村振兴发展的背景下，徐路村要紧紧抓住时代机遇，按照乡村治理的要求，加快盘活社会化服务资源，将个体户经济放在便民利民大局之中，不断推动个体工商户健康发展。

（一）拓展党建联建合作机制与范围

徐路村党建联建的创新实践说明，通过上下联动、业务指导、法律法规咨询为代表的合作机制，非常契合基层治理的实践需求，同时也完全符合联建成员的各自需求。今后，党建联建要探索更加丰富多样的合作机制，如人员委派、信息共享，等等。这些机制可以适应于不同性质的组织，为更多的组织提供可以彼此联结的中间介质。真正做到业务工作开展到哪里、党建工作就延伸到哪里，充分体现党建联建这一创新实践具有更为强劲的活力。

党建联建这一创新实践还要具有更为广泛的适用性。未来要探索形成多种类型的党建联建。一是拓宽联建的地理空间的覆盖面。既有区域内基层党组织全员参与的党建联建，即区域化党建联建，也有跨区域的党建联建，如跨村社、街镇、县区，2023 年 2 月浦东村级党组织与福建多个市县乡村级党组织建立了跨省党建联建。二是拓展联建所涉及领域。如探索行业性党建联建（如文旅行业党建联建、有机农业党建联建等）、功能性党建联建（如乡村振兴党建联建、共同富裕党建联建）、互动交流性党建联建（如对口交流党建联建、资源共享党建联建）等。三是统合不同性质的联建单位。不仅要开展农村党建联建、银企村党建联建，也要有医村党建联建等多种组合类型的党建联建。四是灵活增加联建单位的数量，既有两个基层党组织结对的一对一式党建联建，又有三个甚至更多基层党组织共同结对的多成员党建联建。伴随党建联建范围的拓展，不论是自发性结对还是有组织的自主性结对，都有利于激活村民主体活力、盘活村资源配置、提升乡村治理方式。

（二）细化和优化经营范围登记政策

促进个体工商户的发展，需要法律法规上的保障。2022 年国务院颁布的 11 月 1 日起施行的《促进个体工商户发展条例》，进一步明确了个体工商户的法律地位，统筹发展和安全，纾困和培育，活力和秩序，将“放管服”改革成果制度化、规范化，促进了个体工商户持续健康发展。浦东新区在 2022 年 3 月发布实施的《上海市浦东新区市场主体登记确认制若干规定》第二十四条明确，“县级以上地方人民政府应当结合城乡社区服务体系建设，支持个体工商户在社区从事与居民日常生活密切相关的经营活动，满足居民日常生活消费需求。”以两部法规为依据，浦东市场监管局在上海市市场监管局支持下，以社区服务个体工商户登记疏导点为切入口，已经将优化经营范围登记政策由企业拓展到个体工商户。

下一步，浦东要对个体工商户的经营范围登记政策进行细化。浦东市场监管局借《促进个体工商户发展条例》实施契机，加大复制推广个体工商户登记疏导点政策的力度，尤其要探索扩大优化个体工商户经营范围登记的覆盖面，开展分型分类帮扶，优化营商环境，加强权益保护，从而使个体工商户更为便捷地开展各类居民服务，降低制度性交易成本。

对入驻疏导点的个体工商户，根据本人意愿，可申请将经营范围表述为“不涉及行政审批事项的居民服务业”，登记机关不再核定具体经营项目。个体户取得该营业执照后，即可直接从事不涉及许可的诸如洗染、礼仪服务、日用电器修理、保洁、咨询策划、乐器维修调试、美甲等近 40 项居民服务业项目，便于其灵活机动转变经营模式，提供更多样化的居民服务，不断扩大经营规模。通过优化入驻个体户的经营范围登记，真正实现一照在手，即可经营不涉及许可的所有便民服务项目。

（三）提升全周期服务能级

浦东各村居坚持党建引领，在乡村振兴建设工作中，不断探索“党建+各地实践”基层治理模式。各街镇、各村个体工商户登记疏导点配套制度

要更加完善，为入驻个体户提供优质管理服务。在帮扶个体工商户发展的同时，还要对纳入登记疏导点的行业进行规范，以修理、缝补、保洁等满足社区居民日常生活需求的行业为主。要落实专人管理和帮办服务，村居协助监管部门加强事中事后管理，帮促其健康发展。从注册到监管再到培育，实现全周期提升服务能级。未来主要抓好三方面工作。

1. 疏导点的规范管理

在复制推广个体工商户登记疏导点政策的基础上，浦东市场监管局专门研究制定了《关于开展社区服务个体工商户登记疏导点（集中登记）工作的指导意见》，对登记疏导点的适用范围和对象、认定条件与流程、各单位的职责分工等予以明确。该《指导意见》要求登记疏导点管理方制定完善的《登记疏导点管理办法》，对内做到专人落实帮办、分工职责明确，档案台账齐全、信息更新及时。对外设置咨询服务窗口，指导入驻个体户办理相关证照，完成年报公示，配合市场监管部门加强管理等。

2. 入驻个体户的后续保障

一是党建联建合作具体化，协调属地街镇发挥联勤联动功能。比如依托浦东新区“家门口就业服务示范站”建设体系，定期邀请镇社区事务受理服务中心和浦东人社创业指导专家志愿团开展政策指导宣传；依托高东镇创业孵化实验基地，为入驻中心登记点的个体工商户建立创业档案，持续跟踪指导。二是党建联建业务合作常态化。镇、村与各基层市场监管所对个体工商户开展分型分类帮扶。比如对自身条件成熟、有转型企业需求的个体工商户实行“一对一”帮办服务，帮助他们拿到“个转企”营业执照，为个体工商户发展壮大做好政策指引和指导服务。对于刚刚起步的个体工商户，结合实际开展日常监管，全方位帮促他们诚实守信、规范经营、持续发展。三是深化全方位服务保障精准化。比如利用“互联网线上服务模式”和个体工商户便民服务“微平台”及时把握个体工商户线上需求；依托“15 分钟社区生活圈”，让群众需求与服务供给能够精准对接。

3. 传统手艺人与新业态的培育

根据个体工商户行业类型和经营特点，对个体工商户实施分型分类培育和精准帮扶。如支持和培育长期在徐路村服务的老手艺人，通过诚信经营，打造出更广泛的影响力，线上成为深受群众喜爱的“网红店铺”。所谓新业态，就是鼓励个体工商户积极参与创新科技、夜间经济等新经济形态的线上线下一体化经营。努力帮助遇到困难的经营户“活下来”、已经生存下来的经营户实现持续经营、有发展意愿和能力的经营户不断发展壮大。

参考文献

魏涛：《党建联建：统合治理视角下的基层治理效能提升路径——以S省为例》，《中共杭州市委党校学报》2023年第3期。

陈念平：《探索基层治理现代化的中国经验——党建引领基层治理的研究回顾与展望》，《党政研究》2022年第5期。

刘志平：《乡村振兴背景下的农村基层党建：目标、问题与对策》，《农村·农业·农民（A版）》2023年第7期。

谢琦、李亮：《党建引领基层数字化治理的运作逻辑与优化路径——基于“结构—过程—功能”的整体性分析》，《探索》2023年第3期。

韩瑞波：《使组织机制运转起来：党建引领基层治理创新的着力点》，《内蒙古社会科学》，2023年第5期。

魏来、徐锦杰、涂一荣：《党建引领基层治理：实践机制与组织逻辑》，《社会主义研究》2023年第2期。

石东伟、肖立辉：《助推式耦合：党建引领基层治理的效能互促——基于C市Y区“党建联合体”的分析》，《中共天津市委党校学报》2023年第1期。

B.4

精品社区：浦东陆家嘴街道高品质社区治理的经验

鲁月棉*

摘　要： 提高社区治理品质是提升人民群众生活品质的必然要求。本报告以陆家嘴街道为研究样本，在分析陆家嘴街道空间特征和社区治理目标的基础上，总结了其在党建引领基层治理中严密组织体系、创新治理机制、优化服务体系和加强队伍建设等实践举措，剖析了其在组织作用发挥、服务效能提升、治理难点突破等方面存在的问题，提出要夯实高品质社区治理的思想基础、组织基础、制度基础、队伍保障等方面的对策，阐明党建引领是根基、协商治理是要义、生活治理是本质等高品质社区治理的思考。

关键词： 党建引领　社区治理　高品质生活　陆家嘴街道

习近平总书记在参加第十四届全国人民代表大会第一次会议江苏代表团审议时指出："基层治理和民生保障事关人民群众切身利益，是促进共同富裕、打造高品质生活的基础性工程，各级党委和政府必须牢牢记在心上、时时抓在手上，确保取得扎扎实实的成效。要健全基层党组织领导的基层群众自治机制，加强基层组织建设，完善网格化管理、精细化服务、信息化支撑

* 鲁月棉，中国共产党上海市浦东新区委员会党校党史党建教研部副主任、副教授，主要研究方向为执政党建设。

的基层治理平台，健全城乡社区治理体系，为人民群众提供家门口的优质服务和精细管理。”习近平总书记的这一重要论述，既明确了社区治理的要求，也强调了社区治理的重要性。

社区是人类生活的基本单元，让社区既充满活力又和谐有序，确保居民获得感、幸福感、安全感，是人民群众对社区治理的重要期盼。高品质社区治理是人民群众高品质生活的重要组成部分，在推进社区治理现代化进程中具有典范性意义。本报告将以浦东新区陆家嘴街道为样本，对近年来陆家嘴街道通过加强社区治理、提升人民群众高品质生活的实践进行梳理，总结相关经验，以期更好地促进浦东引领区城市治理的高水平发展。

一　陆家嘴街道精品社区建设的背景和目标

陆家嘴街道地处金融城核心区域，被黄浦江水两面环抱，总面积 6.89 平方公里。作为成熟的中心城区，呈现多形态、高密度、大流量的城市生命体征，给社区治理带来了巨大的挑战。

（一）“高楼大厦”和“老旧公房”反差

众所周知，高端商务楼宇集聚、高楼大厦林立是陆家嘴最为直观的空间特征。1.7 平方公里的国际金融中心核心区域均在陆家嘴街道行政区域内，经济能级极高。以 2022 年为例，全年完成税收 255 亿元，同比增长 5.2%，经济总量位列上海市第一。区域内共有 122 幢商务楼宇，其中，百亿元楼 1 幢、亿元楼 50 幢。与此同时，辖区内还有 408 万平方米的居住社区。这当中，既有沿黄浦江岸线分布的高端住宅，也有 175 万平方米老旧小区、30 万平方米“小梁薄板房”以及近 3 万平方米非成套住宅。尤其是建成于 1950 年代的“小梁薄板房”，不仅房屋面积小、房梁小、楼板薄，而且治理隐患突出，如小区人户分离比例高、房屋出租率高、人口密度高、流动频繁；高空抛物、宠物伤人等安全事故时有发生。

（二）“都市繁华”和“市井烟火”融合

在陆家嘴街道区域内，矗立着被称为“三件套”的上海中心大厦、环球金融中心、金茂大厦以及东方明珠等城市地标，高端商务楼宇中共有各类企业9800余家、跨国总部28个。这里也是上海著名的陆家嘴商圈，国金中心、正大广场等著名商场坐落与此，大量游客、顾客穿梭其中，单日客流曾突破140万人次；奔波于区域内的快递外卖骑手超过1500人，日均派单数高达5.6万件，区域的“都市繁华”彰显无疑。同时，在居民区周边的街头巷尾，分布着900余家餐饮服务、房产中介、水果零售等满足居民日常生活需要的充满“市井烟火”气息的沿街商铺。这些街区同样存在治理的薄弱环节，如道路平整、景观绿化、有序经营以及便利化措施配置等，均存在改进空间。

（三）“活力需求”与“深度老龄”并存

作为上海乃至全国经济最活跃的区域，辖区内从业白领超50万人，其中，博士研究生约占30%，30%左右拥有海外教育或工作经历，平均年龄约为30岁，呈现鲜明的高学历、高收入、低年龄特征。这些青年白领活力四射、开放包容，带来新的思想、新的理念和新的生活方式。他们不仅期待优质的生活生产服务，也期待高质量的文化产品供给，更积极投身于城市社区治理的实践之中，踊跃参加听证会、协调会、评议会，积极推动小区车位改造、社区公共空间优化、区域环境综合治理等，基层协商民主氛围十分浓厚。同时，街道11.7万实有人口中60岁以上老年人口约占35%，他们对优质老龄生活充满迫切期待。此外，数量庞大的游客、顾客同样希望能够在国际金融中心体验高大上、国际范儿。

正是在这一背景下，陆家嘴街道精心谋划，将推动“璀璨陆家嘴精品社区”建设作为高品质社区建设的目标。“璀璨”意为“光彩夺目、非常绚丽”，“璀璨陆家嘴”既指城市呈现的直观景象：白天，鳞次栉比的高端商务楼宇在蓝天白云的映射下，其玻璃幕墙熠熠生辉、绚烂夺目；晚上，楼宇的霓虹灯大放光明，在黄浦江的映衬下，整个城市流光溢彩、五彩缤纷，彰显出国际化都市的活力与繁华；更指城市社区治理要追求的内核：实现高品质社区治理，让每一位居民生活得更加多姿多彩，更加放心、安心和舒心。

“璀璨陆家嘴精品社区”建设的具体目标如下。首先，更加安全。这是居民对社区生活的底线需求，指的是在高楼大厦和老旧小区并存、人流客流密集的城市空间中，确保城市能够安全有序运行，让人民群众能够安心地工作、生活和休憩。其次，更加舒适。这是居民对高品质社区治理的基础要求，指的是通过城市街区环境全面更新、家园治理更加精细等举措，努力打造宜业、宜居、宜乐、宜游的现代化精品城区。再次，更加丰富。这是居民对高品质社区治理的更高要求，指的是通过构建立体化的服务体系，供给居民多维度、多样化、全方位的服务，最大限度满足各类人群的需求。最后，更具活力。这是打造社区治理共同体的要求，指的是有效践行人民城市重要理念，贯彻落实全过程人民民主，最大限度激发和调动各类力量、各种资源参与社区治理，打造共建共治共享的高品质社区治理共同体。

二　陆家嘴街道精品社区建设的举措和机制

近年来，陆家嘴街道通过体系构建全面联动、机制融合全程畅通、服务资源全域供给、队伍建设全员提升等实践举措，走出了一条以一流党建引领高品质社区治理的新路。

（一）构建全面联动的组织体系、网格体系和阵地体系

严密的组织体系是党建引领城市社区治理的基础，陆家嘴街道通过建强织密组织体系、网格体系和阵地体系，让党的组织触角延伸到治理空间的最末端、最前沿，把党的组织优势转化为治理优势。

1. 构建层级清晰、职责明确的组织体系

总体上，形成了街道党工委把关定向，社区党委整合资源，行政党组协调解决，居民区和“两新”组织等基层党组织动员凝聚的工作格局。街道党工委起领导核心作用，把好区域治理的方向；社区党委统筹推进居民区党建、“两新”党建、区域化党建；行政党组积极整合专业执法力量，赋能治理效能提升。此外，居民区和“两新”党组织吸收民警、物业公司党员负责人等兼任班子成员，形成治理合力。

2. 构建边界清晰、覆盖全面的网格体系

按照全覆盖、无缝隙、精细化原则，构建“街道—居民区/商务楼宇区网格—片区—楼组/楼宇”四级网格体系。在居民社区，以小区周边街巷的中线作为边界，把空间内的学校、宾馆、集贸市场等各类单位纳入网格之中，将居民区细分为252个网格，做到“打破围墙边界、内外一网覆盖”；在商务楼宇区域，以“业态相近、楼宇相邻”为原则，将商务楼宇细分为15个网格。

3. 构建布局合理、功能完善的阵地体系

按照“15分钟社区生活圈”规划，构建“街道中心—区域性中心—网格站点”三级服务阵地网络，形成“1+1+6+36+N”[①] 全域党群服务阵地体系。各类阵地实行“全年无休、延时开放”，服务内容包括党群、政务、健康、文化、生活、法律、创业等多个门类，确保全面覆盖老人、白领、儿童等各类人群。

（二）构建有效融合、全程畅通的治理机制

有效管用的治理机制是高品质社区治理的关键，陆家嘴街道通过创新党

---

① “1+1+6+36+N”：第一个“1”指的是街道党群服务中心，突出多功能融合、一站式服务；第二个“1”指的是金融城党群服务中心；“6”指的是楼宇商圈党群服务站，合力打造服务楼宇企业职工的“店小二”综合体；“36”指的是居民区党群服务站，提供218项远程帮办事项，打造居民身边的服务站；“N”指的是具有党群服务功能的各类公共空间和自助服务终端。

组织引领机制、资源整合机制、居民参与机制、智慧赋能机制，汇集治理合力。

1. 让党组织成为社区治理的引领者

其一，将党的组织体系嵌入社区网格。通过“总支抓总—支部包网—楼组党小组包楼”三级组织体系，实现对社区网格的全面覆盖。同时，通过“1+3+N”制度①，发挥居民区党组织的引领作用。通过联合巡查、轮值接待、工作例会等举措实现对“三驾马车”的制度化引领，与周边单位开展“互享资源、双向服务”共建模式，持续做大“N”的数量。其二，推进党建引领物业治理。推动物业企业中党的组织覆盖和工作覆盖，在居民区党组织的引领下，建立物业质量监督考核小组，通过“红黑榜”动态考评机制，提升物业服务质量。探索党组织对业委会的“结构建议权、人选建议权、资格审查权”，提高业委会党员比例。目前 36 个居民区的业委会中，党员占比均超过 50%。

2. 让各方联动把问题解决在一线

其一，整合各方面力量，建强网格工作队伍。在居民区，党组织书记担任网格长，社工担任专职网格员，业委会和物业成员以及志愿者担任兼职网格员；在商务楼宇，楼宇党组织书记和城管队员共同担任网格长，并把城管、市场、市容、房管等部门纳入治理网格，在整合资源的同时提升治理的法治化水平。其二，让部门与网格“双向奔赴”。建立“网格出题、部门答题”“部门出题、网格破题”制度，各条块部门要按照基层网格的诉求快速响应，鼓励基层网格积极破解治理的疑难杂症，形成典型示范，推动治理创新。

3. 让各类力量参与社区治理

基层党组织以解决居民需求为出发点，以优化参与机制为着力点，激发全体居民和各方力量有序参与社区治理。其一，优化“三会”制度，建

---

① “1+3+N”制度中，“1”指的是居民区党组织，“3”指的是居委会、业委会、物业公司三驾马车，“N”指的各类驻区单位、各种治理力量。

立“自下而上民意征询—多元主体共同听证—各方力量全面协调—居民群众积极评议—自上而下结果公示”的闭环结构，使之成为最简洁有效的民主协商机制。其二，探索参与式治理。以“参与式规划”为载体，组建“1+1+N”[①] 社区规划师梯队，通过“征询居民意愿建议—规划师提出设想—集体讨论设计—制定实施方案—实施项目建设”的“五步工作法”，破解社区公共空间微更新、加装电梯等治理难题。如东昌大楼的“星梦”停车棚、崂山三村小区的“逗乐园”和“不任意的任意门”等多个微更新项目落地，让老旧小区面貌焕然一新。其三，探索自治金制度。通过多种渠道，优化社区自治金的募集、使用和管理，激发居民区尤其是楼组的自治活力。如东一居民区通过自治金项目建成了上海第一个楼道美术馆；仁恒居民区通过自治金项目建成了“国际议事厅”，成为全国国际化社区治理的样本。

4. 让数字说话使治理更加智慧

其一，构建一个“最强大脑”。通过优化智能感知网络，整合城管、公安、市场、人口管理以及商超、共享单车平台等多方数据 62 万余条，夯实街道数治平台的智慧要件。其二，打造三个“智联平台”。按照不同空间的治理要素，设置居住区、街区和商务楼宇区三大治理平台。其中，居住区治理平台聚焦小区环境综合治理、违规户外广告等 15 个事项进行全流程闭环管理；街区治理平台聚焦乱设摊、乱停放等事项实现智能发现、快速处置；楼宇治理平台主要聚焦金融城重大保障任务和常态事项进行治理。其三，形成 X 类“智治场景”。聚焦社区治理中热点难点问题，建立了社区事务远程帮办、独居老人分级管理、无人车棚管理、消防救援综合感知、陆家嘴商圈大客流管理等应用场景。如居民不出小区就可在家门口的党群服务站快捷办理 208 项远程政务服务。

① “1+1+N”社区规划师梯队，第一个“1”是指全体社区居民，包含社区干部、社区志愿者、小小规划师等；第二个“1”是指具有专业知识的居民社区规划师；“N”是指学校、企业、商户等辖区内的社会力量。

（三）构建资源优质、全域覆盖的服务体系

服务是最好的治理，陆家嘴街道充分调动各类资源，立足空间特点和人群实际，形成“横向到边，纵向到底”的全覆盖、多维度的服务网络。

1. 最高的楼宇“善治理”

街道依托“楼事会”平台，把城管、市场等相关职能部门纳入“楼事会”联席会议成员单位，共同推出“楼宇集成服务商计划”，打造一流营商环境。聚焦楼宇治理的难点和楼宇职工群众的诉求，按照“楼事楼议、楼事楼办、楼事楼管”的“楼事会”工作制度开展协商共议，形成涵盖政治理论学习、青年社交娱乐、各类政策咨询、政务服务以及综合环境优化等6大服务板块、200余项服务清单，全方位服务楼宇企业和员工，提升商务楼宇的治理品质。

2. 最新的人群“聚活力”

目前，浦东全域共有注册骑手、司机等新就业群体5.5万余人，在全区层面已建立快递外卖群体党建工作联席会议①和快递外卖群体流动党员党委，加强对新就业群体的政治引领和服务。街道党工委积极推进辖区内新业态平台企业成立党组织，立足快递外卖站点与社区网格重合的特点，组建新就业群体陆家嘴党支部，并派驻专职党建指导员指导各项工作。推动“红色加油站”与“户外职工驿站”等阵地资源全面融合，推出交通安全与应急救护、法律咨询与心理疗愈、学历教育与技能培训、新就业群体特别保险等多项针对性服务，增强其城市归属感。通过开展“先锋骑手”争创行动、打造“金头盔”先锋示范岗、组建“随手做公益”志愿服务队等举措，引领新就业群体融入城市治理，成为城市发展的新市民、社区百姓的新邻居。

---

① 党建工作联席会议由区委组织部牵头抓总、协调各方，区商务委、区市场监管局、浦东邮政管理局负责对接平台企业，区公安分局开展骑手群体管理，区委组织部、区总工会、团区委、区党建服务中心建立组织阵地，明确责任分工，协同推进落实。联席会配套建立工作会议、走访调研、项目化运作和协调反馈等常态化工作机制，集中汇总各条线要求，梳理整合各部门资源，实现对快递外卖骑手群体的组织覆盖和工作覆盖。

3. 最美的社区“有温度”

基于区域内商务楼宇多、资源禀赋强的实际，街道党工委探索以居民楼组和商务楼宇“两楼联动”为核心的“金色纽带”区域化党建模式。通过建强居民区的楼组党建、商务楼宇的楼宇党建，把居民区、商务楼宇、区域单位等联合成片，以组织共建联建实现区域资源的有效联结，把组织优势转变为城市社区治理的优势，进而实现区域化党建的提质增能。同时，通过项目化方式推动“金色纽带”区域资源有效服务于社区治理。如以“陆家嘴公益城”为载体，形成了“午间公益一小时”“民生民心公益助学”“社区大管家”等 17 个公益项目，200 余家单位、3000 多名党员参与，逾万名社区居民受益。

4. 把最炫的滨江交给人民

街道持续提升滨江空间服务品质，助力打造“望江驿”。每隔一公里建设“望江驿”，在其中标配卫生间、触摸屏、微波炉等设施，划分休息区、阅读区、服务区等空间，满足游客、市民的休闲观光需求。同时，依托“一城一圈一带”① 建设，将不同的城市景观与船厂 1862、浦东美术馆、东方明珠公园等特色点位有机融合，构筑起岸线生态文化的新格局。此外，继续打造陆家嘴金融城国际咖啡文化节、金融城足球联赛等系列活动，展示“城市会客厅”形象。

（四）打造高素质、专业化基层治理队伍

干部是实现高品质社区治理的重要保障，陆家嘴街道通过优化选聘、培育使用等重点环节，打造一支高素质、专业化的基层治理队伍。

1. 广渠道“选”

面向国企外企员工、教师队伍等选聘政治素养优、实践能力强的人选担任居民区党组织书记，街道 36 位居民区党组织书记中，12 位党组织书记曾

① “一城一圈一带”：“一城”即陆家嘴金融城，“一圈”即新上海商业城商圈，“一带”即滨江岸线陆家嘴段。

就职于宝武集团、花旗银行等大型企业和中小学教师岗位。面向优秀大学毕业生、退役军人、社区志愿者等招聘社工，街道 288 名社工中，196 人具有大学及以上学历，占比为 68%；党员 109 名，平均年龄 43 岁，总体呈现高素质、高学历、年轻化特征。

2. 多路径“育”

突出分层分类，建立“头雁、后浪、青苗”梯队培养方案。对居民区书记实施“头雁计划”，使之成为“党建专家、善治专家、社区达人”；对社工骨干实行“后浪计划”，使之成为治理能手、社区达人；对新进社工实行“青苗计划”，力争实现“1 年快上手、2 年能独立、3 年是骨干”的成长目标。突出针对性及有效性，建立“大覆盖、中聚焦、小基地、微结对”的梯队培训体系。“大覆盖”突出常态化全员培训；“中聚焦”针对不同岗位开展分类培训；“小基地”突出实战训练；“微结对”以“师带徒”的方式实现“一对一”指导培养。

3. 大力度“用”

用好浦东新区“激励关怀 15 条”“班长工程 50 条”等政策，破除论资排辈、平衡照顾，常态化开展优秀人员的职务职级晋升和薪酬工作晋级工作，对于符合条件的优秀居民区书记，做好享编入编工作。同时，不断给予更高激励和更高平台。近三年来，居民区党组织书记队伍中先后有 2 人次荣获国家级荣誉，2 人当选为市、区人大代表；40 人次先后获上海市优秀党务工作者、浦东新区好干部、优秀共产党员等荣誉。

三　陆家嘴街道精品社区建设的成效

陆家嘴街道通过治理手段、治理模式、治理理念的创新，推动城市社区治理向高质量迈进，呈现了规则秩序与蓬勃活力相互融合、国际风范与东方神韵紧密共生、各美其美与美美与共同步彰显、美好生活处处可见的生动图景。具体而言，取得成效和可供借鉴的启示主要有以下四个方面。

（一）深化了高品质社区治理的思想认识

思想是行动的先导，高品质社区治理需要党委、政府、社会、市场、居民等多元主体在达成思想共识后共同推进。街道党工委把加强思想建设作为首要任务，让高品质社区治理的认识深入人心，夯实统一行动的思想基础。

1. 形成推动高品质社区治理的自觉

在推进基层社区治理中，各级各类党组织充分发挥党的思想教育的优势，引领多方治理主体加强对习近平新时代中国特色社会主义思想尤其是关于党建引领城市基层治理的重要讲话精神的学习，在学深悟透新思想中达成共同推进城市社区高品质治理的共识。

2. 形成推进高品质社区治理的合力

在治理实践中，街道党工委按照“区域统筹、条块结合、上下联动、融合发展”的总体思路，把党的领导贯穿基层治理的全过程，在把好“人民城市人民建、人民城市为人民”正确治理方向的同时，发挥好居民区党组织书记、社工骨干等基层骨干治理队伍的作用，通过率先示范、创新理念机制等举措，引领业委会、物业公司积极作为，激发区域单位、居民群众主动参与。

（二）完善了有效管用的基层治理制度

陆家嘴街道始终把创新治理机制作为提升治理效能的着力点，形成了一整套具有区域特色、适应地方实际的制度体系。

1. 建构了“一核多元”的基层社区治理架构

在基层社区治理体系中，党的领导始终是核心和关键。在陆家嘴街道的实践中，把“街道党工委—片区党组织—居村党总支—微网格党支部—楼组党小组”这一横向到底、纵向到边的组织体系有机嵌入基层社区治理的网格之中，让党的组织在基层治理的重要枢纽节点和治理的最末端发挥把关定向的领导作用，进而成为基层治理最核心的力量。同时，让党的组织体系进入业委会、物业公司等各种治理力量之中，引领各方朝着高品质社区治理共同发力。

2. 建立了一系列基层社区治理机制

基层党组织积极搭建各类平台、创新治理机制，让政府、社会、市场、居民等各种治理力量和治理资源各司其职、取长补短。在陆家嘴街道的实践中，有效发挥作用的制度主要有以下几项。以区域化党建联席会议制度凝聚区域资源；通过党组织引领“三驾马车”联动机制让业委会和物业公司同向发力；建立联勤联动制度让城管、民警等执法力量在社区集聚；建立部门与治理网格双向互动机制，实现问题和诉求在一线解决；通过智慧治理机制实现治理的敏捷高效。

（三）初步建立了共治共享的社区治理共同体

陆家嘴街道坚持民生导向，积极动员居民群众和各方面力量参与公共政策、公共事务的讨论与决策，积极推动“社区治理共同体”的打造。

1. 坚持民主参与的民生导向

民生是最大的政治，改善民生是最大的政绩，陆家嘴街道推动精品社区建设，一切民主参与均围绕“民生议题”展开。通过做优“三会”制度，探索参与式治理、自治金项目等一系列行之有效的制度，广泛倾听居民意见、形成符合居民意愿的治理议题、采取得到居民认可的解决方案和评价方式，最大程度实现问需于民、问计于民和问效于民，以民主参与的有效性实现基层社区治理的高品质。

2. 重视民主参与的主动培育

构建共建共治共享的社会治理格局，需要党组织培育居民参与社区治理的意识。陆家嘴街道主动将各种力量、资源下沉至居民区，让居民参与并决定停车位改造、绿化更新、加装电梯等与其自身生活紧密相关的各类公共事务并赋予其调动各类资源的能力，最终让居民看见并共享治理成果。居民在实践中深刻体悟到“社区的事情和我紧密关联”“我想参与、我要参与”，参与意识得以培树。

（四）基本形成了高效而便捷的服务体系

为人民群众提供家门口的优质服务，是城市基层社区治理的本质要求，也是打造高品质生活的基础性工程。在陆家嘴街道的实践中，精品社区建设有效实现了服务的全域覆盖和便捷多样。

1. 实现服务全方位、全覆盖

通过“15 分钟生活圈”服务阵地建设，实现服务供给网络的全域覆盖，并确保服务内容的丰富多样和针对有效。既有契合楼宇、商圈企业的各类营商服务，也有针对社区居民的行政事务和日常生活服务；既有针对老人的为老养老服务，也有针对儿童的托幼教育服务；既有针对青年白领的职业成长和健康娱乐服务，也有针对新就业群体的关爱凝聚服务，等等，在推动服务全域覆盖中，提升人民群众的获得感、幸福感。

2. 实现服务近距离、在身边

其一，服务手段更智能。运用智慧化手段，实现全域城市运行管理服务平台智能化；运用智能设施设备，确保服务全天候；使用智慧技术，链接社区周边生活性服务业资源，建设便民惠民智慧生活服务圈。其二，服务延伸到家门口。围绕楼宇、居民区以及公共空间中的党群服务站点建设，进一步缩短服务的距离，让居民能够在工作的楼宇、居住的小区获取丰富多彩的服务项目和服务内容。

四　陆家嘴街道精品社区建设存在的问题

在推进高品质社区建设中，陆家嘴街道进行了有益探索，取得了阶段性成果和成效。对照中央、市委关于加强城市基层治理体系和治理能力现代化的要求和引领区现代化城区建设的目标，目前的工作还存在如下方面的问题。

（一）基层党组织作用发挥还不够充分

其一，组织覆盖还有“空白点”。如业委会中党员的比例和党组织覆盖尚有待提升，物业公司中党组织的力量也有待加强。其二，组织功能发挥还需加强。基层党组织自身建设存在薄弱环节，如居民区党组织对党员的教育管理和凝聚有待提升，尤其是调动在职党员参与社区治理的作用还不够明显；党组织引领作用发挥存在薄弱环节，如居民区党组织书记的政策理论水平、主动意识以及组织动员能力、沟通协调能力、整合资源能力等均有待提升；在动员区域单位参与社区治理时，存在“畏惧心理”和“懒惰心理”，缺乏积极主动联系的“韧性”。

（二）服务效能和服务质量有待提升

其一，服务阵地的利用率有待提升。如各街镇党委均投入较大的人力物力加强党群服务站点建设，但在实际使用中利用率不够理想。随机访谈显示，半数以上在职居民并不知晓居住社区周边有“党群服务阵地”。其二，服务内容和参与人群存在冷热不均现象。如街镇党群服务中心开办的寒暑假托班报名火爆，有居民表示“常常是秒杀，没有机会参与”；光顾党群服务站点的人群以 60 岁以上老人居多，约占总人数的 90%，青年人较少；“红色加油站”中的加热饭菜以及娱乐类设施使用率不高，小哥们表示“一般不会带着饭菜跑，天热容易坏，也碍事”“没有时间玩”等。其三，重点领域的服务有待突破。如在 12345 平台投诉信息中，乱停车、环境卫生差、噪音扰民、楼道堆物、房屋维修装修以及“三驾马车”之间的矛盾等成为社区治理的高频词汇。

（三）治理机制建设上还不够顺畅高效

其一，党组织引领多元主体参与治理机制有待优化。调研显示，除加装电梯、停车管理等事项居民主动参与的比率较高之外，其他治理事项的参与度略显不足，尤其是青年人群、区域化单位参与率不高。如在街区治理中，除体制内单位和少数规模较大的商户外，诸多商户表示“生意很忙，没时间参与”。其二，党组织引领联勤联动机制有待优化。联勤联动机制在文明创城、重大活动保障中作用发挥明显，但在常态化和长效化上存在差距。调

研显示，较多的社区民警下沉到居民区兼任党组织副书记，房办、绿化市容、市场监管也有专人负责，而城管力量则相对薄弱，快速响应能力有待提升。

（四）相关领域的治理效能尚有待提升

目前，尚有一些领域需要明确治理规范。如在“类住宅”公寓治理中，商业和人居混杂，存在非法经营或非法居住、随意改造、乱拉电线等乱象，消防安全隐患突出，治理难度比较大，还容易反复和回潮；又如，在街区治理中，如何保障街区商铺既能提供便捷安全的生活服务，又能避免违章搭建、乱设摊位、环境脏乱、噪音扰民等问题的发生。

五 持续推进陆家嘴街道精品社区建设的对策建议

精品社区建设需要长期坚持，久久为功，提升实效，获得认同。立足已经取得的治理成效与存在问题，进一步推进高品质社区治理，应重点突出以下五个方面。

1.夯实高品质社区治理的思想基础

政治思想引领既是我们党百年奋斗的历史经验，也是我们党治国理政的鲜明特质，更是新时代社会治理的重要方式。推进高品质社区治理，要紧紧抓住党建引领这一关键要素，发挥党组织的政治引领凝聚治理共识，夯实高品质社区建设的思想基础。其一，要学深悟透习近平总书记关于城市工作的重要论述，牢牢确立“人民城市”重要理念，增强队伍的使命感和责任感。其二，要学深悟透习近平新时代中国特色社会主义思想的世界观和方法论，用新思想的钥匙去破解工作中的困惑，用新思想的方法去解决实践中的问题，把学和做结合起来，把查和改贯通起来，把破和立统一起来，持续推进城市治理体系和治理能力现代化。

2.优化高品质社区治理的组织体系

坚持党的领导是中国特色基层治理的显著特色，通过设置模式创新，让党的组织体系有效嵌入治理网络之中，成为社区治理的引领者。其一，聚焦有效覆盖，让党的组织体系全面引领网格体系。进一步推进楼组党小组、业委会和物业公司中党的组织覆盖，消除社区治理微网格中组织“空白点”。规范党组织设立标准、设置要求和设置程序，严格执行任期年限、职数设立、委员会产生方式等各项组织建设要求，以形式流程的“严”促组织作用的“强”。其二，聚焦共建共享，让党的组织有效引领区域治理力量。进一步优化上下联动机制，确保街镇党组织拥有统筹协调能力，保证居民区党组织能够调配相关资源。进一步优化区域融通机制，激活各街镇党建促进会和党建联席会在促进区域治理中的独特作用，整合区域单位资源。

3. 健全高品质社区治理的制度机制

强化制度引领的重点在于践行全过程人民民主理念，最大程度引领各类力量参与基层治理，最大程度凝聚治理资源，最大程度提升服务凝聚的效能，建设人人有责、人人尽责、人人享有的社会治理共同体。其一，深化社会参与机制。以治理事项为牵引，拓展多方参与的广度、深度和专业度，优化参与式治理。深化民主协商机制，围绕议题形成、项目实施推进、监督评价等重要环节，进一步明晰“民意征询—听证会—协调会—评议会—结果公示”等民主协商流程，引领群众养成“有事多协商、遇事多协商、做事多协商”的行动方式。同时，用好居民代表会、党员议事会、楼组议事会等平台，最大程度吸纳群众参与治理的全过程。其二，健全网格管理机制。建立网格运行规范。按照中央要求，在现有实践探索的基础上，形成清晰规范的网格划分要求和网格工作手册，明确网格内工作力量的职责，做到“小事不出楼组，大事不出网格，难事不出居民区”，全面提升治理的精细化和精准化。其三，优化联勤联动机制。进一步优化城管执法、市场监管、公安消防等执法力量在社区内的联防预警、联勤发现、联动处置，推广陆家嘴街道的“网格出题、部门答题，部门出题、网格破题”的双向举手机制，实现部门与社区的“双向奔赴”。

4. 彰显高品质社区治理的价值追求

治理的本质是服务，有效的服务是各级各类党组织践行“以人民为中心”理念的具体表达。其一，深化联系服务群众机制。深化领导干部联系群众机制。持续开展“走百家门、知百家情、解百家难、暖百家心”活动，深化领导干部的日常走访服务。健全领导干部现场办公制度，协调解决基层治理突出问题。健全在职党员常态化服务社区机制。严格执行机关党员干部到居村报到制度和街镇党员干部分层包联网格制度，并通过担任兼职楼长、志愿者等方式，让在职党员成为居村治理的重要力量。健全服务引领新就业群体机制，推广部分地区的“街边恳谈会”“小哥议事会”的做法，在有效征集诉求的基础上，发挥服务阵地的作用，形成新就业群体服务体系。其二，创新重点领域服务机制。在现有实践探索的基础上，进一步优化党建引领高质量物业服务的制度规范，引领业委会、物业公司实现良性沟通、同向发力。研究制定“类住宅”管理规范，明确队伍配置、管理模式、物业标准等，推动“类住宅”纳管服务规范化，提高“类住宅”的治理质量。

5. 强化高品质社区治理的队伍保障

要紧扣基层治理的实践要求和干部成长的“全生命周期”，加强队伍建设。其一，突出拓宽渠道，选好“领头人”。优化选人方式，多渠道拓宽基层党组织书记的来源，变“在少数人中选人”为“在多数人中选人”，把一批有能力、有热情、被认可的优秀党员纳入基层党组织书记队伍。着眼人才梯队建设，结合集中换届和届中调整，加强后备队伍建设。其二，突出育优育强，增强治理本领。坚持分层分类，在实现队伍整体能力提升的同时，让优者更优、强者更强，持续加强基层治理队伍的综合实战能力。坚持减负增效，最大限度为基层干部腾出时间精力，淬炼基层治理硬本领。其三，突出激励关怀，让优秀人才扎根基层治理。用好用足浦东新区“居村书记激励关怀 15 条”“社区工作者 15 条”等政策红利，对优秀居民区书记破格晋级晋升，最大程度激发干事热情。

习近平总书记指出，“做好城市工作，必须加强和改善党的领导，提高党把方向、谋大局、定政策、促改革的能力和定力。”党建引领是城市社区治理的根基，通过严密党的组织体系，将组织优势转化为整合治理资源、凝聚治理力量、搭建治理平台、供给优质服务的治理优势。协商治理是城市社区治理的要义，通过机制创新，有效引领自治组织、社会力量、市场主体和政府部门等多元主体共同参与，形成治理合力。生活治理是城市社区治理的本质，要让“安居”与“乐业”相互赋能，不断提升人民群众的幸福感和获得感。

参考文献

习近平：《高举中国特色社会主义伟大旗帜　为全面建设社会主义现代化国家而团结奋斗——在中国共产党第二十次全国代表大会上的报告》，人民出版社，2022 年 10 月。

习近平：《论党的自我革命》，中央文献出版社、党建读物出版社，2023 年 4 月。

中共中央党史和文献研究院编《习近平关于城市工作论述摘编》，中央文献出版社，2023 年 2 月。

编写组：《中共中央关于坚持和完善中国特色社会主义制度、推进国家治理体系和治理能力现代化若干重大问题的决定》，人民出版社，2019 年 11 月。

刘须宽：《国家治理体系和治理能力现代化》，人民日报出版社，2019 年 11 月。

B.5 多元共治：党建引领赋能联洋国际社区治理新模式

张雯琪*

摘　要： 社区是城市治理体系的基本单元，也是展示城市形象的重要窗口。联洋社区是顺应浦东新区建设发展的需要而创建的多元国际社区。花木街道以创建高品质国际化人才社区为导向，率先探路破局，为联洋社区治理提供组织保障、人才支持、理念支撑，助推联洋国际社区建设。在党建引领下，建平台、引资源、育项目，打造多元参与共建共治协同治理格局：“境外人员服务站”做实做强涉外型服务；“四色花”党建联盟做新做亮就业创业服务；文化纽带和桥梁作用，促进中外居民融合。围绕“党建+治理+服务+公益+文化”，联洋社区初步打造出具有新区特色、国际视野、开放包容、美丽幸福的国际社区样板。

关键词： 国际社区　党建引领　多元共治　科技赋能　文化桥梁

精细化治理是城市治理现代化的必由之路，更是上海城市治理的基本底色。2018 年 11 月，习近平总书记在上海考察时就强调“一流城市要有一流治理，要注重在科学化、精细化、智能化上下功夫。既要善于运用现代科技手段实现智能化，又要通过绣花般的细心、耐心、巧心提高精细化水平，绣出城市的品质品牌。上海要继续探索，走出一条中国特色超大城市管理新路

* 张雯琪，中国共产党上海市浦东新区委员会党校讲师，主要研究方向为社会发展理论。

子，不断提高城市管理水平”①。国际化社区治理工作既是拓展城市功能定位，吸引海外人士创业就业的需要，也是提升城市管理与服务，参与全球化治理的重要途径。

浦东作为改革开放的排头兵、先行者，开发开放过程中产生了一系列国际社区，随着引领区建设进程的加快推进，浦东的开放性会越来越强，国际化特征越来越突出，外籍人员服务管理任务也会越来越繁重，与之相应的国际社区治理也提上日程。国际社区治理不仅关系到当地经济社会发展，还关系到城市形象和对外交往，也关系到社会和谐与稳定，而创新国际化社区治理模式，既是实现世界城市目标的有力助推剂，又是建设世界一流城市必须面临的重大课题。

一　党建引领联洋社区治理的缘起和背景

30 多年前，国际形势风云变幻，国内改革风起云涌，党中央全面研判国际国内大势，统筹把握改革发展大局，做出了开发开放上海浦东的重大决策，掀开了我国改革开放向纵深推进的崭新篇章。进入 20 世纪 90 年代，全球经济一体化的进程加速，上海加快了发展外向型经济的速度和与世界经济接轨的步伐，为了搞活地方经济、支持产业发展，配合大规模先进制造业在浦东地区的集聚，1992 年，金桥区域内的碧云国际社区开工建设，碧云国际社区是按照外向型、多功能、现代化国际新城区的功能定位，参照国际标准和惯例而建成的一个新型国际社区。1993 年，毗邻碧云的联洋国际社区启动开发，碧云、联洋国际化社区的建设均引入了社区规划理念，突出生态文化理念，布局大型开放绿地，设施配置更具有针对性，如国际学校、国际医院、西式教堂等。以碧云、联洋为代表的新型国际化社区的形成，依托的是浦东开发开放的时代大背景，也是上海接轨全球经济一体化的必然结果。因此，创建国际化居住社区既是浦东开发开放发展的大势所趋，也是改善浦

① 本书编写组：《当好改革开放的排头兵——习近平上海足迹》，人民出版社，2022，第 193 页。

东人居环境、投资环境和提升综合竞争力的必然要求。

2001年，随着中国加入WTO，上海迈入国际化发展新阶段，国际化社区成为城市国际化程度和竞争力的重要发展指标。浦东成为上海郊区城市化发展最快的地区。浦东金桥、花木、外高桥、陆家嘴、张江等核心园区和办公区的形成发展催生了一大批高档的国际化社区，这些国际化社区吸引了大批来自欧美、日本的外籍人士。来自不同国家和地区的数量众多的移民，在文化和社会方面为城市增添更多国际化色彩，同时也会产生对城市建设和治理的新需求，其中最基本的就是居住空间需求。因此，如何打造宜居宜业居住环境，如何吸引并留住国际高端人才，是摆在现代化城市治理面前的重要议题。

联洋社区是上海浦东外籍人员高度集中地区，地处浦东新区文化行政中心区，社区辖区面积4.4平方公里，规划户数1.6万户，居住人口约5万人，其中外籍人口约0.5万人，主要来自78个国家和地区，成为闻名上海的国际化社区，也是目前上海规模最大、功能最齐全的国际社区之一。作为一个中外居民混居的大型国际社区，其居民关系、组织管理、资源配备等有着诸多不同于国内一般城市社区的特殊属性，社区居民构成的多元化和复杂性无疑增加了治理的难度，这就决定了其治理方式也必然不同于传统社区。联洋社区，先行先试，大胆探索“大社区”治理体制，在党建引领下，统筹原有分散的基层党组织、社区居委会和专业社工力量，创新国际化社区的治理模式，首创国际社区“境外人员服务站”，营造共建、共治、共享的国际社区治理新格局，在国际社区治理上探索出了一套经验和有效方法，为解决多元化国际社区治理难题提供了地方样本和实践参照。

二 党建引领联洋社区治理的举措和机制

花木街道联洋社区党委坚持国际化、精准化治理理念，以“引领、服务、创新、融和”为抓手，打造区域化党建品牌，形成了“共治联洋、文化联洋、睦邻联洋、国际联洋”新格局。

（一）强化党组织的战斗堡垒作用

“社区治理得好不好，关键在基层党组织。”① 在治理基础方面，联洋社区强化基层党组织战斗堡垒作用，发挥党群服务阵地功能，整合辖区资源，凝聚各方智慧，夯实国际化社区治理的根基。

1. 深化区域化党建

联洋社区强化“大党委”作为社区党组织在区域内各项事务领导统筹协调能力的重要抓手，强化并不意味着所有“小事”由党来包揽，更多的是要充分发挥党的思想、政治和组织优势，更加集中精力聚焦在社区治理和组织形式创新的工作中去。花木街道于2004年成立联洋社区党委，是统筹区域化党建、延伸政务服务、深化社会治理的基层党组织，下辖8个居民区党总支、1个居民区党支部和1个直属党支部、160余个楼组党小组，2136名党员，形成社区党委—居民区党总支—居住小区党支部—楼组党小组的组织体系。同时下设多个非公企业党组织，充分整合党建联盟资源，同时与区域内36家单位开展党建联建，做好党建联盟资源充分整合，扩充党建资源力量。依托区域化党建共建机制，梳理“资源、需求、服务”三张清单，通过“1+8+1+1”的组织架构，加强党的组织引领、资源引领和机制引领，探索新时代国际社区联系服务群众的长效机制，把基层党建和社区治理紧密结合，优化社区服务、推进社区共治、促进居民自治，打造多元共治的新格局。

2. 培育高素质队伍

提供优质高效的公共服务，治理队伍是关键。高素质的人才，也需要与之匹配的高素质的管理者。为对标国际化社区的建设，在街道的支持下，联洋社区党委高度重视书记队伍、社工党员、居民区党组织班子的选拔培育，建立起具备国际社区管理能力的工作队伍。对标国际化社区建设，社区党委采用“三三工作法”，即争当“三力”（凝聚力、掌控力、执行力）书记、

① 《习近平：社区工作连着千家万户》，中青在线，2022年7月19日。

争做“三格”（一年入格、三年定格、五年形成自己的风格）社工、争抓“三型”（学习型、创新型、服务型）班子。2023 年，针对社区内户数超过 2000 户的两个居委进行拆分，联洋社区党委在此过程中落实各项保障工作，配齐配强工作队伍，针对实际问题，对接需求，为居民提供精细化服务。

（二）打造多元协同治理的新格局

创新基层治理，关键是创新治理理念。面对多样化的中外居民诉求，协调专业化的社会、企业和志愿服务组织等力量参与到社区治理之中，形成多元共治格局，是提升治理能效的有效途径。

1.“建平台”，探索公益融入治理

在社区党委引领下，搭建“微公益、微自治”行动平台，紧紧围绕“治理+公益+服务+文化”，积极动员社区、政、企、社、校、医等多方跨界合作，有效集聚多方能量，旨在通过板块集合、服务整合、文化融合，推动多元主体参与社区治理，实现社区齐建、共治、共融的目标。

自 2015 年起，社区以“两微”活动为切入点，以居民需求为导向，精心推出种类多样的“服务菜单”，包括“睦邻荟”“自治荟”等六大类 100 余个“项目菜单”，70 余个涵盖便民服务、民间艺术、文化生活的“企业菜单”，25 个包含母亲节、重阳节、公益跑等的“主题菜单”，通过《“两微”热度》宣传册、《行益联洋》专刊、《联洋社区报》、“联洋两微”公众号等进行广泛宣传，鼓励各方资源积极认领项目，最终形成中外居民携手共建、和谐共进的良好局面。“两微”平台搭建和运作，实现了社区运转有机制、服务群众有资源、文化生活有平台、社会参与有渠道的良好运行机制，“微公益、微自治”行动充分体现了“大党建，小联建，共治联洋”的理念，展示了联洋人公益奉献的新风采，成为联洋积极开展社区治理的一个品牌项目。

2.“引资源”，提升社区参与度

一是在组织保障上，发起初期，社区党委及时成立了领导小组、工作组及各居委工作小组、“行益联洋”基金管委会及工作小组、居民监督组及各居委监督小组，提供了坚强的组织保证。二是在外部资源上，社区党委累计与社区内60家共建单位进行签约。2019年底，“党建联建联洋幸福家园建设者联盟”成立，力促党建联建活动更多元、视野更开阔。三是在团队培育上，培育发挥联洋社区50余支特色文化团队的力量，如书画社、文学沙龙等，开展群文活动。同时，邀请国际友人参与中国传统文化活动，开展联洋社区“两微”活动优秀志愿者评选工作，提升国际友人在社区的价值感与获得感。

3.“育项目”，展现国际社区风采

通过育项目提供优质的服务达到管理的成效。“两微”项目自开展以来，活动项目逐年大幅增加，孕育了一批品牌文化融合项目。从2016年的41个项目逐年递增，提升到2019年的100余个项目，2022年对项目进行了升级重启，孕育了一批品牌文化融合项目。如：在中英文对照的《联洋新社区报》名牌栏目中新开设“老外话联洋”专栏，图文并茂，广泛宣传国际友人入住联洋社区后的切身感受；“汉语廊”社区教育项目，组织丰富多彩的社区教育活动，外籍人士通过这些活动了解和感受中华文化，走进上海社区生活；“一桥一路”社区文化项目将区域内丁香路和芳甸路天桥一带的名校、广场、公园等串联并互动起来，引入企业支持，打造特色社区文化。

（三）科技赋能社区治理效能

在高品质社区建设中，还要依靠高效能的治理。提高社区治理能力现代化，关键在于采用智慧治理的方式。联洋社区有效利用数字化平台，提升便捷度与共享度，为各项服务工作提供数据依据和技术支撑，不断提高社区现代化治理能力。

1.通过新信息技术的运用，推动社区治理手段创新

在“境外人员服务站”配备浦东公安分局自主研发的“境外人员信息社会化采集系统”，将大数据新信息技术运用于外籍人士的管理与服务中，通过海量的数据联通与分析，减少人工甄别核查的工作量，并且可以及时地掌握与更新涉外信息，提前预判社区的需求，既提升了社区各项工作的效率，又方便了外籍人士出入登记、事务办理。

2.社区在治理过程中注重新媒体的使用

通过创办“两微”服务云公众号和建立“联洋国际社区服务”微信群，进行信息发布，开展在线学习打卡等活动，吸引社区企业、社会组织、不同年龄层次的居民积极使用和参与，建立一个可信任的“云上社区”，在社区服务队伍和中外居民之间架起沟通的桥梁，促进参与主体的双向互动。

3.利用多元平台，打造电子刊物

依托街道锦绣花木平台，通过电子刊物，建设小程序等方式，进行活动报名、调研排摸、风采展示。刊物围绕浦东及花木街道的政府政策、经济发展、社会动态、艺术人文、会展旅游、健康休闲等领域进行深度观察和报道，为中外居民了解浦东、了解上海，共同参与社区治理、打造美好家园搭建更完善的文化平台。

4.用好企业微信等数字化普惠服务

通过企业微信，涉外人才可直接触达辖区内的涉外社工，推动线上线下融合互动，进行交流服务。数字化服务普惠应用为社区居民提供了更加智能、便捷、优质的公共服务。

（四）以平台为载体做强涉外服务

治理空间有保障，服务居民才有抓手。联洋社区前瞻性思考，在上海设立首家“境外人员服务站”，为外籍居民度身定做了一个集生活服务、就业创业、文体活动、教育学习、休闲娱乐为一体的社区涉外服务中心。

1.“境外人员服务站”做实做强涉外型服务

为了更好地服务和管理辖区的外籍人士，适应建设国际化社区的新需求，2012年，在浦东公安分局出入境管理办公室、花木派出所、联洋新社区管理中心的共同努力下，联洋国际社区率先探索建立“境外人员服务站”，为境外人员提供专业化新型涉外服务。服务站精心培育高素质的涉外社工队伍，他们不仅学有专长，精通英语、日语、韩语，而且通晓社工服务、涉外政策和涉外法律等专业知识，有效开展涉外服务。

紧紧围绕外籍人士登记、入住、咨询、居住、生活、工作等需求，以

“省心、安心、顺心、开心”为目标，创建了集签证事务、入住登记、咨询指导、涉外法律、政策咨询、情感联络、沟通交流等多功能于一体的新型社区服务模式。有效便捷地向境外人士提供了办事指引、调解纠纷、组织活动等多项服务，帮助境外人员快速融入本地，既营造了良好涉外服务环境，又找到了涉外管理的有力抓手，极大促进社区服务的提能升级，打通服务社区居民的“最后一纳米”。

为了把服务站打造成温馨的连心港，服务站推出了“五个一”便捷服务，即“一个公开栏”“一个微信公众号”“一份英文报”“一本《乐活联洋生活指南》手册”“一整套的贴心服务”。服务站就像神经中枢，功能辐射整个街道。12 名社工分片对口 7 个居民区 22 个小区的境外人士，定期走访，提供各项延伸服务，让外籍人士在社区居住安心、生活开心、工作顺心。

2．“四色花”党建创业联盟做新做亮就业创业服务

“四色花”即街道借助近年来形成的区域化党建服务联盟机制，创建的“四方合作机制”党建服务品牌。“四色”是指花木街道社区事务受理服务中心（花木街道党群服务中心）、浦东新区就业促进中心、家门口社区和职业技能培训学校。花木街道采用“党建引领+社园协同”的方式，建立了社区、高校、社工机构多方联动，推动形成了辖区多元主体参与社区治理的新局面，开启创建创业型社区的新做法。“四色花”党建创业联盟，在品牌深化、资源互融、优势叠加、服务延展等方面聚智创新，促进“家门口”创业就业服务提质增效，形成了涉外服务管理的有力抓手。

社区以境外人员服务站为平台，联合花木街道社区事务受理服务中心、浦东新区就业促进中心、职业技能培训学校等单位，通过召开外籍创业人员研讨会、组织创业企业路演、创业孵化基地的指导、非物质文化遗产项目对接、创业企业成果展示、需求导向问题调查等形式，为外国人创业就业提供专业化、体系化服务，帮助他们就业创业。如俄罗斯创业代表奥克桑娜曾借助这一服务平台荣获浦东新区首届创业大赛二等奖，并于建党百年之际，在上海市新闻办举办的“百年大党，百名外国人讲中国故事”活动中，分享

其在中国创业的故事。在此基础上，花木街道结合自身服务的需要，积极打造家门口涉外就业创业服务“直通车”和技艺传习中心，力争将“家门口”就业、创业和技能培训服务融为一体。“四色花”党建创业联盟积极探索外国人社区创业就业，打造创业型社区，开启了创建新型国际社区的新思路。

（五）文化为媒促进中外交流融合

开放、多元、包容是联洋国际社区的一个重要特点。为提升境外居民的社区归属感，社区不定期组织开展丰富多彩的文化交流活动，营造“大文化”氛围，围绕减少差异、接纳不同、促进融合，帮助外籍居民在与本地居民交流中快速融入社区生活。

1. 开展各类节庆活动

联洋社区立足中国优秀传统文化，巧妙地将外籍居民纳入庆祝中国传统节日的文化交流活动中来，为外籍居民举办如“外国人眼中的春节”“中秋节联欢会”“元宵节英语灯谜”等活动，每逢春节、元宵节、端午节、中秋节等中国传统节日时，邀请外籍居民参加，让外籍居民学习剪纸、吃汤圆、猜谜语、包粽子，感受中国传统节日文化。同时，在复活节、万圣节、圣诞节等重要的西方节日里，举办诸如自助餐晚会及狂欢派对等活动，让外籍人士在中国的社区也能欢度节日，提升外籍人士对社区的归属感。这样，一方面让外籍居民加深对中国文化的理解，另一方面也可以让本土居民更多地了解国外文化，有效地推动了中外多元文化的融通交流。

2. 开展世界风、汉语廊、亚洲文化节等特色活动

居民区党总支借助区域化党建平台整合各方资源，创办项目，积极开展文化学习交流活动。定期开展的中文学习班“学习中国话”活动，邀请中国老师教授外籍居民学认汉字、学画中国画，领略中国文化的魅力。如联洋五居委的“汉语廊”项目专门为喜欢中华传统书画的中外居民开办的“仁恒河滨城书画社”，吸引了很多喜欢中华传统文化的外籍居民积极参加社区教育项目。通过文化纽带凝聚人心，展示上海国际化大都市的活力形象。

3.开展各类社区互助互动活动

为构建开放的社区治理格局，消除中外居民间的隔阂，营造更加开放、包容的国际化社区氛围，社区以“邻里融合”为主线，积极开展诸如“邻居节”“文化节”“社工节”“社区结对，温馨邻里”等国际交流活动，为中外居民互动交流搭建活动平台，以社区活动为黏合剂增进中外居民之间的互动交流和情感联系，让外籍人士通过参与社区各项公共事务的管理，快速融入社区。

三　党建引领联洋社区治理的成效与不足

立足于上海超大城市治理经验，联洋社区坚持以国际化促进现代化，不断推进社区治理创新，探索并总结国际化社区治理新模式，形成了具有国际视野、地域特色的社区治理新格局。但对标一流城区建设，联洋国际社区治理也存在不足之处。

（一）联洋国际社区治理取得的成效

联洋国际社区治理模式为上海市贡献了可复制可推广的“联洋经验”，这一治理模式主要取得以下三方面成效。

1.形成了人才智力输入的良性机制和效应

联洋社区创新治理模式，打造集“居住休闲+文化交流+创新创业”功能于一体的国际化社区，助推浦东形成外籍人士智力输入的良性机制和效应。社区高标准的建设、高水平的社区管理，独特的社区文化氛围，良好的居住环境吸引更多外籍企业高管、科技人才、产业领军人才和创新创业团队来街道居住，集聚了大批具备一定专业知识与技能的外籍人士，参与社会、经济和文化建设，在浦东就业创业。联洋社区不断创新的服务管理体系，塑造了社区整体形象，提高了社区知名度，也为其他国际社区治理提供了可供借鉴的经验。

2. 增强了社区居民的归属感和幸福感

城市治理搞得好，社会才能稳定，经济才能发展，人民才幸福。联洋社区遵循多元参与、融合共治原则，以社区居民实际和需求为导向，围绕宜居环境、生活配套、健身娱乐、便民服务等方面，动员社会力量积极参与国际化社区治理与建设。经过 20 多年的探索治理，打造出一个有海外的氛围、有多元的文化、有创新的事业、有宜居的生活、有贴心的服务的典型的国际现代化社区，大环境、大社区、大文化、普惠化的治理理念迎合了现代化国际社区发展的要求。联洋社区以开放包容的理念来进行国际化社区治理，加强社区服务的普惠化建设，推动文化交融、居民融合、社区和谐，极大提升了中外居民的获得感和幸福感。

3. 深化了多元文化的交流融合

联洋社区以文化为纽带，建立了多元文化交融发展的交流平台，组织国内外居民相互学习语言、互鉴文化、交流思想等。通过庆祝中国传统节日活动，举办书画、手工艺、美食制作等活动，让外国人深入了解和认识中国文化。同时，也结合万圣节、圣诞节等西方节日开展文化活动，让外籍居民有置身家乡的感觉，营造了多元文化交融交流、和谐共存的社区文化氛围，提升社区文明程度和社区的国际化品质内涵。社区文化活动不仅促进了中外联系加深和多元文化的交流融合，而且推动了国际社区治理体系的日渐成熟和社会治理现代化水平的不断提高。

（二）联洋国际社区治理存在的不足

联洋国际社区治理仍有较大的提升空间，还需要政府、社区、居民的协同努力，进一步创新实践，提升城市治理体系和治理能力，以推动浦东国际社区的建设，助力浦东现代城市治理的示范样板建设。

1. 人才服务体系尚不健全

浦东新区辖区内产业种类丰富、结构多元，外国来华人员的从业类型也非常丰富，不同类型的从业者在经济状况、生活环境与认知水平等方面都存在较大差别，其对自身生活、居住的诉求自然也不同。国际化社区成员结构的复杂性决定了其对社区生活设施需求的复杂性与多样性，以及对社区治理和服务体系需求的多元化与高标准。为有效解决国际化社区人口数量大、外籍人士多所带来的社区服务多样化及专业化的需求，在原有社区服务中心、境外人员服务站、社工队伍、物业企业基础之上，需要引入更为多样且专业化的服务力量，打造出专业化、国际化服务队伍，以实现更为广泛的协同和精细化的国际社区治理。

2. 体制和法规不健全

法律和规章制度是维护社会秩序和稳定的准绳。社区治理中涉及的各类参与主体都应该遵循相应的法规。然而，当前国际化社区治理体系尚未建立健全，社区内涉外人员的管理与服务方式仍处于探索阶段，相关法律规章还很不健全，涉外法律的制定也存在一定的漏洞，责任主体不明确、职责不清晰、层级不通顺，难以形成规范高效的社区治理模式和运行机制。

3. 数字治理能力有待提升

“没有信息化就没有现代化。”提升社区治理现代化水平，需要顺应现代信息技术发展趋势，运用大数据、云计算等新技术推动社区治理手段、治理模式、治理理念创新，以数字化推动治理精细化。

联洋社区是一个拥有5万人口，外籍人口超过5000人的大型国际社区，中外居民混居，文化多元，人口流动性强，管理难度大。未来，随着浦东社会主义现代化引领区建设的加速推进，城市发展的国际化水平会更高，将会有越来越多的外籍人士流入，国际社区不仅仅是高级人才的聚集地，也是越来越多的普通外籍人员到中国的定居地，这些都对国际社区治理水平和能力提出更高的要求和更大的挑战，如果仅靠传统的以人力为主的社区治理模式，将带来非常高的社区治理成本。改善主要依赖涉外社工进行涉外服务的模式，需要创新治理手段、治理模式，尝试以“大数据+云计算”为依托，将新技术应用于国际化社区治理的全过程，构建起以治理数字化牵引治理现代化“智慧型”国际化社区。

四 党建引领联洋社区治理的经验与启示

联洋国际社区坚持聚焦社区治理难题和治理与服务对象的特殊性，以打造共建共治共享的新格局为目标，积极探索国际社区治理新路径，形成一批具有特色的可总结、可推广的社区治理样本。

（一）党建领航促进多元协同

党建引领基层治理不是单向度的政党权力嵌入，而是发挥政党的领导作用，将自身植入、融入社会，通过组织覆盖实现基层中多元主体的整合，形成治理协同与合力，实现社区的协同高效能治理。

联洋社区以开放的创新意识，借助丰富的党群组织和社会资源，充分发挥社会组织和专业队伍的力量，将中国的制度优势转化为具体的社会治理效能，为国际社区治理提供了很好的范例。联洋社区党委在社区治理中，通过建立党建联盟、居民议事会、商圈共治理事会等多元载体，整合社区资源和力量，引领各方主体共同商议社区重大活动和事项，调动了各类社会组织共治的积极性，形成了党建共商、服务共做、难题共解、文明共创的治理格局。

（二）开放包容实现共治共享

社区是城市治理的基石，是多方主体参与社区治理的载体，而居民是社区治理中的一个极为重要的主体，在国际社区中，中外居民的共同参与显得尤为重要。

国际化社区的内涵不仅是社区居民多元化或者能够提供国际化的基础设施和公共服务，更重要的是社区以包容开放的理念和国际化的视野，培养中外居民的主人翁心态，积极参与社区服务和治理，推进国际化社区的共建、共治和共享。联洋社区摒弃对外籍居民的偏见和特殊主义认知，主张中外居民的平等融合的治理理念，倡导社区发展成果惠及辖区全体居民，实现公共服务均等化。基于平等、融合的治理理念，联洋社区创新治理举措，以外籍居民习惯的志愿服务模式，组建志愿服务队参与社区治理，发挥外籍居民优势特长，激活外籍居民参与社区治理的热情，为社区治理献计献策，使人人有责、人人尽责、人人享有，充分彰显外籍居民主体地位，增强外籍居民对于社区的融入感、归属感和荣誉感，极大提升社区的凝聚力。

（三）文化纽带形塑社区共同体

社区文化是促进社区成员建立良好关系的精神纽带，所孕育出的是一种对社区的认同感和归属感。国际社区居民来自不同国家和地区，有方方面面的诉求，比如在教育、生活、财产、生育、养老等方面，而这些又往往与民族习俗、文化背景、宗教信仰等联系在一起。在当下高楼林立的国际化社区里，很少有以往邻里之间沟通交流、互帮互助的机会，加之中外文化、生活习惯和价值观念上的差异，如果不能消除，将为社区治理增加很多难题。而文化是连接中外居民群众最有效、最便捷的手段。联洋国际社区通过开展丰富的社区文化交流活动，加强国际居民之间的互动，融洽邻里关系，营造和谐共处的良好氛围，实现了从尊重多元文化到促进文化相融，进而达到社区文化共同体的形塑。

（四）技术运用助推智慧治理

提高社区治理能力现代化，关键在于采用智慧治理的方式。新时代，云计算、大数据、区块链、人工智能等新兴科技改变了社会治理的内涵、范围、理念和方式，为社会治理体系提供了创新思维、科技路径和科技工具，新技术的应用推广为提升国际化社区治理效能提供了有效方案。智慧社区就是要充分应用大数据、云计算、人工智能等信息技术手段，整合社区各类服务资源，打造基于信息化、智能化管理与服务的社区治理新形态。当前，在社区治理过程中深化物联网、大数据、云计算和人工智能等信息技术应用，既是智慧城市重要内涵，也是现代化国际社区发展的必然要求。

五 党建引领联洋社区治理的对策和建议

国际化社区治理要跳出传统社区治理的惯性思维模式，建构起符合引领区定位和特点的社会服务与社区治理模式。针对当前联洋国际化社区建设的实际和面临的新问题，本文从以下四个方面提出进一步提升的建议。

（一）加强国际化社区相关规章制度建设

目前，针对社区层面外籍人员管理的相关制度还不健全，相关机构应尽快制订相关法律法规，为国际社区的治理提供法规制度依据，顺应城市现代化和国际化的加速发展需要，保障科学而有效地国际社区治理。

创建文明规范的国际化社区，要健全有关外籍居民和国际化社区的法律法规和规章制度。市、区层面应当逐步完善统一的、具有约束力的管理外籍居民的法律法规。如社区涉外活动实施与管理办法、外籍人员参选社区自治组织规范、志愿者例行活动与行为规范等。新的法律法规应考虑国际社区的特殊性，兼顾国际化、法制化、自治化和专业化，并具有可行性和可操作性。在与国家制定的相关法律法规不冲突的前提下，新区可依据自身情况，制定出适合浦东国际社区治理的方针政策。比如，加强国际化社区工作者档案及信息安全教育制度。档案管理一直是社区治理的薄弱环节，特别是国际化社区，居住人员复杂，建立一套完备的档案资料对规范社区治理非常必要。

（二）建立人才队伍培养的长效机制

社区工作者是社区精细化治理的终端实践者，也是社区精准化服务的终端提供者。打造国际化服务队伍，建设一支讲政治、懂技术、会方法、能担当、善服务，具有国际视野与跨文化交际能力的社区工作者队伍尤为重要。为适应国际化社区发展的需要，应加大社区工作者培训力度，打造一支具有国际视野与跨文化交际能力的社区工作者队伍。一方面，通过鼓励社区工作者参加全国社会工作者资格证书考试，力争实现专业的人做专业的事；另一方面加强培训力度，对社区工作者特别是国际化社区工作人员进行定期培训，以适应国际化社区建设的需要。花木街道与浦东新区公安分局出入境管理处、花木派出所等合作举办的涉外社工业务培训，效果非常好，可以形成一个长效机制，为国际化社区建设培养高端人才。

（三）强化科技创新实现社区智慧化治理

科技创新是转变治理方式、发挥治理效能、实现社会治理智能化的重要抓手。加强和创新国际化社区治理，要充分利用新技术赋能社区治理，不断提升社区治理服务智慧化、智能化水平。

未来，浦东国际化社区治理，要利用好专业化、智能化治理手段，依托信息技术支撑，推动社区治理与“互联网+”、大数据、云计算等深度融合，努力将新一代信息技术嵌入国际化社区治理体系中，通过科技创新提升社会治理服务水平。目前，上海市已通过应用“社区云”智慧化手段，建立起全市的社区治理数据库，通过大数据中心将各个政府职能部门和区、街道和社区的数据连在一起，平台为社区提供了更加精细、有效、便捷的社区服务，大幅度提升了国际化社区的治理水平。联洋国际社区可以充分利用这一平台，以“大数据+云计算”为依托，提升社区治理智能化和数字化程度，构建起“智慧型”国际化社区，为社区提供更加高质高效、精细便捷的社区服务。如利用互联网构建外籍人员居留管理数据库平台，在驻外使领馆申请签证时开始建立并输入平台数据库，依靠个人信息与识别码的自动比对从口岸入境，入境后通过识别码登录外管平台，在与各个行政机构信息互联的基础上，可以获取各类资讯信息、享受各种服务，实现网上申请办理各项行政事务、违法行为网上处罚等功能，利用大数据平台既可以避免重复的信息采集工作，又从根本上达到对外籍人员入境、居留、出境全程动态综合管理的目标等。

（四）打造国际化社区治理标杆

《中共中央　国务院关于支持浦东新区高水平改革开放打造社会主义现

代化建设引领区的意见》明确浦东发展的战略定位，要让浦东成为现代城市治理的示范样板、城市治理能力和治理成效的全球典范。国际化社区不再仅仅是国外人士比例高的社区，而是具备国际一流水准的公共服务和治理水平的社区。立足社会主义现代化引领区建设的目标，未来浦东国际化社区治理不仅要提升科学化、精细化、智能化水平，还要注重在高端化上下功夫，国际社区的定位应是集科研、居住、公共服务等功能于一体的综合社区，不仅要为社区生活人群提供优质的生活服务配套设施，还要为他们提供优质的科创研发配套服务。一是要围绕国际创新协同功能，聚焦金融科技、智能制造、数字经济、集成电路、生物医药、人工智能、量子科学等领域，为科技创新人才提供精准的生活配套和科研服务。二是在两个国家战略的叠加效应的大背景下，探索并率先实施国际化社区自治管理和服务。探索国际化、现代化、科学化的现代治理，提升现代治理的精准性、科学性，加强资源需求导入与行政事权下放，鼓励中外居民参与公共事务，增强社区归属感、认同感和主人翁意识。积极营造高品质人才生态，打造国际化社区治理标杆，为社会主义现代化建设引领区提供强大力量支撑。

小社区肩负大使命，借助引领区建设和开发开放排头兵的独特优势，切实提高社区建设水平和治理水平，努力成为现代城市治理的示范样板、国际化社区建设的排头兵，助推浦东高水平改革开放，打造社会主义现代化建设引领区。

参考文献

樊鹏：《国际化社区治理：专业化社会治理创新的中国方案》，《新视野》2018 年第 2 期。

华峰：《国际化社区的出现与应对》，《学海》2013 年第 1 期。

林丹：《国际社区建设与移民治理研究》，《社会建设》2021 年第 6 期。

史天琪：《从“一元观察”迈向“多元交流”：国际社区社会工作实践的挑战与反思》，《华东理工大学学报》（社会科学版）2022 年第 1 期。

赵晔琴：《超大城市国际化社区的发展演变与治理路径——以上海的国际化社区发展为例》，《城市发展研究》2022 年第 8 期。

赵聚军、齐媛：《我国国际社区治理中的外籍居民参与——基于京津三个国际社区的观察》，《南开学报》（哲学社会科学版）2020 年第 3 期。

B.6
兴产善治：惠南镇海沈村基层治理示范区建设路径

张　冉*

摘　要： 乡村治理是现代化中国社会治理的重要基石，积极推进乡村治理共同体的建设理应成为国家治理现代化进程中的重要一环。作为基层治理示范村，惠南镇海沈村初步构建了“党建引领—政府主导—民主协商—社会协同—公众参与—科技支撑”的基层治理体系，逐步形成“党建引领”与“兴产善治”的治理亮点与特色，基本实现产业发展与基层治理相融合。未来，海沈村需在党建引领下，在多元共治、人才培育和数字赋能等方面发力，以进一步夯实基层治理工作。

关键词： 基层治理　乡村振兴　党建引领　海沈村

自2012年党的十八大以来，乡村治理问题作为党和国家工作的重中之重，连续多年得到中央一号文件的突出强调。2014年初中共中央、国务院联合下发《关于全面深化农村改革加快推进农业现代化的若干意见》，强调要“改善乡村治理机制”。2017年党的十九大报告提出实施乡村振兴战略。2019年党的十九届四中全会提出“构建基层社会治理新格局”。2021年第十三届全国人大常委会通过了《中华人民共和国乡村振兴促进法》，从产业

* 张冉，华东师范大学公共管理学院教授、博士生导师，华东师范大学社会组织与社会治理创新研究中心主任，主要研究方向为社会组织与基层治理、人力资源开发与管理等。

等维度擘画出乡村振兴蓝图。可以说，一系列顶层设计全面擘画了中国乡村发展的美好未来，把促进农业农村发展提上了治国理政的新高度，并为乡村治理指明了方向。

然而，随着城镇化进程不断加快，农民参与度低、人员流失大、精神文明建设不足、公共服务不均衡等问题凸显，加大了乡村治理的难度。可以说，如何构建新时代乡村治理体系已成为摆在各级党委政府面前的重大政治任务和重要议题。近些年，浦东新区以习近平新时代中国特色社会主义思想为指导，全面凝聚推进实施乡村振兴战略，在建设现代化乡村基层治理体系方面进行了诸多有益探索。特别是，自2022年9月1日《上海市乡村振兴促进条例》正式施行以来，浦东新区进一步加大乡村振兴示范引领高地的打造力度，采取了多样化的创新举措，在党建引领乡村治理新格局建设上取得了瞩目的成果，这值得深入探究和总结。其中，作为上海市乡村振兴示范村的惠南镇海沈村，积极探索共建共治共享制度及乡村治理共同体建设，打造并初步构建了富有海沈特色的乡村治理体系。鉴于此，本文聚焦海沈村，探索其基层治理示范区建设之道。

一 缘起与背景

近些年，根据党建引领乡村振兴工作部署和上海市乡村振兴“十四五”规划，浦东新区全面推进乡村振兴示范村建设。目前，这些乡村振兴示范村已成为浦东新区推进乡村治理示范引领高地，而惠南镇海沈村便是其中一颗璀璨的“珍珠”。海沈村地处惠南镇东首，紧邻轨交16号线惠南东站，是因围海造田得以形成的村落，由原海沈村与新民村合并而成，东临老港镇界与远东大道，西接幸福村，南接桥北村，北靠远东村，村域面积约3.18平方公里，居民近1700户，是惠南镇“三村联动”乡村振兴示范区核心部分，是中国自行车奥运冠军钟天使的家乡（见图1）。

在党建引领下，海沈村依托项目驱动，在生态环境、产业布局、文化挖掘、人才吸纳、组织振兴等方面大力擘画新时代乡村振兴的“海沈蓝图”，

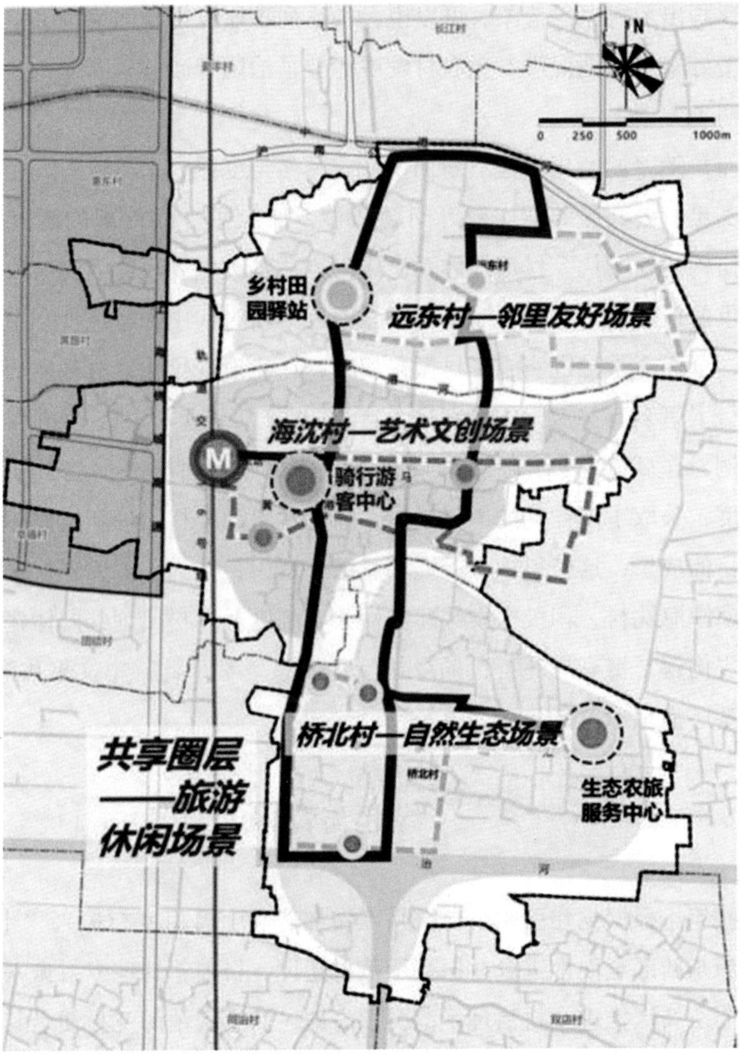

图 1　海沈村“三村联动”区域

重点围绕上海市乡村振兴示范村建设目标，着力推进“三个一”工程，营造三个令人神往的场景（即自然景观、休闲场景和丰收盛况）。同时，海沈村联合桥北村、远东村加快推进“三村联动”乡村振兴示范区建设，努力成为浦东乡村振兴示范带上的一颗明珠。截至 2023 年，海沈村先后成功创建为上海市美丽乡村示范村、上海市乡村振兴示范村、中国美丽休闲乡村。

总体上，海沈村积极探索共建共治共享制度及乡村治理共同体建设，特别是探索“善治海沈”与“兴产海沈”的乡村建设路径，基本实现产业发展与基层治理相融合，初步构建了富有海沈特色的新时代乡村治理体系，为浦东新区乡村振兴和乡村治理现代化体系建设提供了生动的实践样本，值得广大乡村治理主体参考借鉴。

二　主要举措

作为农村社区建设试点示范村，海沈村积极推进乡村振兴和农村治理共同体建设，打造出一套完备的“党建引领、政府负责、民主协商、社会协同、公众参与、科技支撑”治理体系（见图2）。

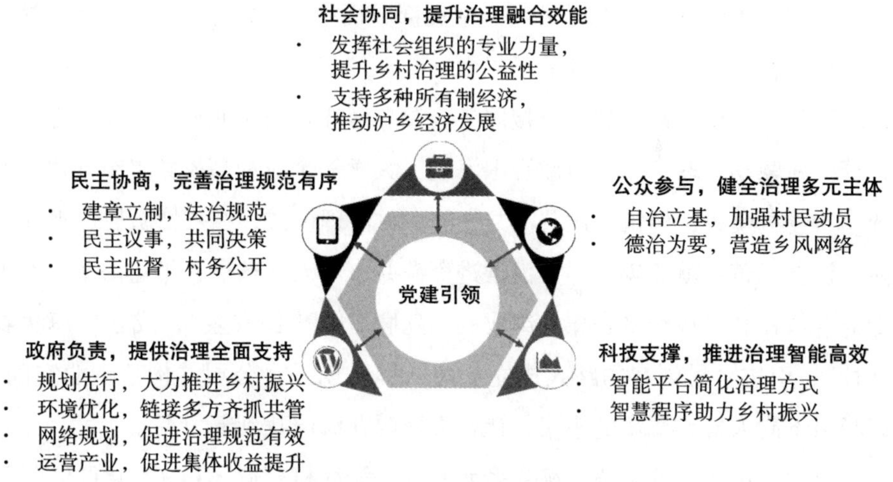

社会协同，提升治理融合效能
- 发挥社会组织的专业力量，提升乡村治理的公益性
- 支持多种所有制经济，推动沪乡经济发展

民主协商，完善治理规范有序
- 建章立制，法治规范
- 民主议事，共同决策
- 民主监督，村务公开

公众参与，健全治理多元主体
- 自治立基，加强村民动员
- 德治为要，营造乡风网络

党建引领

政府负责，提供治理全面支持
- 规划先行，大力推进乡村振兴
- 环境优化，链接多方齐抓共管
- 网络规划，促进治理规范有效
- 运营产业，促进集体收益提升

科技支撑，推进治理智能高效
- 智能平台简化治理方式
- 智慧程序助力乡村振兴

图2　党建引领下海沈村基层治理主要举措

（一）党建引领，锚定治理价值取向

党组织是乡村治理共同体建设的领导核心，在乡村治理中发挥着把方向、谋大局、促改革的关键作用。

第一，坚持党的全面领导，加强组织力建设。村委组成人员各司其职，积极发挥支部核心作用是海沈乡村治理体系建设之道的关键。海沈村党支部积极发挥战斗堡垒作用和党员干部先锋模范作用，全面落实党风廉政建设责任制。同时，海沈村大抓党员教育，提升支部服务能力。村党总支采取不同形式，在提升党员能力的同时也做好党员服务，让村民党员有强烈的归属感。例如，海沈村党总支带领共产党员在“七一”、春节走访困难党员，让党员感受到组织的温暖与关怀。随着各项工作的有序推进，海沈村党支部先后被评为上海市党支部建设示范点和浦东新区一级党支部荣誉称号。

第二，强化党的领导，完善体系建设。推进乡村振兴与乡村治理，最关键的是要通过农村基层党组织来落实。[①] 海沈村依托党支部、党小组和党员形成了“1+1+X”工作梯队，由村党总支作为主导，各个村民党小组分工合作，组织动员村民投入美丽庭院建设、人居环境整治、垃圾分类减量、传统文化传承等活动中，打开了“一个支部一面旗”、党支部带动党员、党员带动广大村民参与基层治理的新局面。

第三，强化党建联建，链接服务资源。海沈村与桥北村、远东村党总支开展三村联动，联合海沈市政、上海理工大学等企业和高校党组织共建，形成“3+N”模式，构筑共建共治共享的乡村治理模式，在疫情防控、平安联防、访贫问苦、就业创业等方面推进资源共享与人才共通；组建由多家农民专业合作社和村级经济合作社组成的党建联盟“惠民农盟”，成立“海沈农联社”，引进乡村创客领路人成立上海云程乡创平台公司并构建创业空间，以吸引不同人群和要素的集聚，让各方资源在海沈找到着力点。

第四，优化党群服务，满足多元需求。海沈村打造“1+9”党群体服务体系，以提供更加便捷的村民服务；设有“五站一室”，整合“家门口”服务功能与新时代文明实践服务功能，切实推进“15 分钟服务圈”建设。

第五，党员示范先行，引领志愿参与。设立党员培训机制，通过专家授课、远程教育、专业技能培训、实践课堂等多种形式，分期分批对农村党员

---

① 刘兴平：《基层党建引领新时代乡村治理的逻辑理路》，《人民论坛》2022 年第 16 期，第 72~74 页。

干部进行政策理论与实用技术培训，提高党员服务能力和技术能力；发挥党员模范作用，积极参与村级事务中的志愿服务工作，自发成立环境维护志愿者团队，日常环境维护实行责任包干，成立平安志愿队、维护村民安全，组织党员志愿者积极参与到丰收节和瓜果节等村内大型活动筹备和执行支持中。

（二）政府负责，提供治理全面支持

在海沈村基层治理进程中，惠南镇政府在政策规划、环境优化、经济引导等方面提供了大量支持，为其新时代基层治理体系构建提供了有效的指引。

第一，规划先行，大力推进乡村振兴。为有效推进海沈村乡村振兴与乡村治理工作，惠南镇政府委托第三方专业机构高质量高起点编制《上海市浦东新区惠南镇郊野单元（村庄）规划（2017-2035 年）》，组织编制海沈村乡村振兴规划；聘请高校团队为海沈乡村振兴规划师，整体规划海沈村建设项目的风貌、效果与品质；成立镇乡村振兴建设工作领导小组和项目推进工作小组，负责统筹推进乡村振兴建设，对海沈乡村建设提供制度保障和政策倾斜。

第二，环境优化，链接多方齐抓共管。（1）加强基础设施建设，优化自然环境。完成了农村污水纳管、贯通和升级路网及公交设施、停车场、环卫设施、移动网络等配套服务设施建设，方便村民出行、吸引更多客流，助力乡村振兴；持续推进农村垃圾分类、违章建筑拆除、河道整治及道路景观提升工作，优化软硬件设施，推进基层治理的便利性。（2）优化乡村治理体系，加强人文环境。引导下辖村建立自治、共治、法治、德治“四位一体”乡村治理体系，将村规民约纳入硬性要求，以新时代文明实践站建设为核心，丰富“家门口”文化生活并推动乡风文明。（3）成立专班，促进三村资源共享。联动区发改委、国资委、农业农村委等多部门力量，共同规范农村用地、规划文旅路线，加强对海沈村及周边村落的治理规划及整体化治理。

第三，网格规划，促进治理规范有效。建立“微网格+村民小组+宅群+

块长、路长+点位长”的联动架构，并纳入社会组织、志愿者团队、居民等主体，形成“1+5+X”架构，推进农村网格化管理；建立路长制并在全镇范围内推行，在加强网格补充机制和强化对各村居和社区的规范化治理的同时，促进相关部门间的协同合作并解决村庄层面难以协调的重大问题。

第四，运营产业，促进集体收益提升。在镇政府的支持下，海沈村联合远东村、桥北村及镇级企业和社会资本共同成立了上海云程旅游发展有限公司，专职推进乡村振兴运营并建立分红机制。在该公司的策划下，海沈村近两年推出“桃花节”“瓜果节”等活动，带动了村第一产业和旅游产业发展，持续宣传沪乡文化与冠军文化，为海沈乡村治理添砖加瓦。

（三）民主协商，完善治理规范有序

在基层治理中，民主协商是联结多元治理主体的有效方式，利于推动构建人人参与、人人尽责的治理共同体。[①] 为此，海沈村通过建立规范、加强民主决策、推进民主监督等措施，有效地推进民主协商制度的落地。

第一，建章立制，法治规范。海沈村建立和完善了“村民主协商制度”“村民自治章程及实施细则”等制度，为村民有效参与公共议事提供制度支持。在相关章程指导下，海沈村每年每季度至少召开一次村民代表会议，定期召开村民组长会议，听取村民对村委以及海沈村治理事务的各类意见建议。

第二，民主议事，共同决策。海沈村建立了民主议事决策，要求村内所有重大事务和涉及群众利益的事项提请村民代表会议表决，如“小三园”项目便是通过民主议事方式完成决策。

第三，民主监督，村务公开。海沈村建立了村务监督委员会，代表村民群众的意愿对各项事务进行民主监督，如“小三园”建设、民宿项目和“五违四必”等工作。以“小三园”项目为例，完成决策后，村委会第一时间将决议通过村务公开栏向全体村民公布并设置征求意见箱；决议公开期满

---

① 胡小君：《民主协商与社会治理共同体建设：价值、实践与路径分析》，《河南社会科学》2020 年第 9 期，第 25~31 页。

后，经过村务公开民主管理监督小组审查审核后，村委会将项目实施结果翔实准确全面地向村民公布，通过意见箱征集村民意见并对意见及时给予解答。

（四）社会协同，提升治理融合效能

海沈村以多元共治为抓手，通过多样化的实践盘活了社会力量，有效融合了多元主体的力量与资源，提高了乡村治理的整体能力。

一方面，发挥社会组织的专业力量，提升乡村治理的公益性。（1）培育社会组织，扶持本土服务力量。首先，在镇政府支持下，海沈村培育了本土社会组织即沪乡文化，宣传海沈沪乡文化及乡村趣事，并以海沈村为原型制作了大量的书籍素材。其次，引进优秀社会组织，传播展示海沈文化。为进一步传播海沈村独特的沪乡文化，在海沈村引入社会组织“善堂”运营海沈记事馆，以特定形式传播海沈文化，如服装展示、图书展示等。（2）借用基金会力量，打造乡村直播。海沈村产业结构以第一产业为主，大量农产品亟待销售。为解决农产品销售问题，海沈村借助于镇社区基金会平台并开发“乡村直播坊”项目，通过讲好海沈故事的方式进行直播带货，促进文化与经济齐头并进。（3）结合海沈特色，打造儿童友好社区。海沈村联动各方资源并结合村乡村振兴的文旅特色，将儿童友好的理念进一步融入文旅策划中，打造儿童友好乡村振兴示范带。

另一方面，支持多种所有制经济，推动沪乡经济发展。（1）集体经济统管旅游，强化海沈对外宣传。通过云程公司的策划和宣传，海沈村以乡土文化为基础，汇聚乡村记忆、乡村味道、乡村匠人，打造了海沈村特色的“十二工坊”，将分散的手艺人汇聚在海沈村，致力于非遗挖掘、传承与开发，让旅游与文化发生奇妙而完美的碰撞，推动了优秀传统文化创造性转化和创新性发展；结合四季变迁的各个时节特征以及海沈村的自然状态，打造了“桃花节”“瓜果节”“丰收节”等不同活动，壮大海沈村经济。（2）大力推进农业合作社，发展第一产业。海沈村发展了“品牌引领—主体联合—产销对接—利益分享”新型农业经营模式，依托“惠民农盟”和建立“海沈农联社”，打造农业产业化联合体，带动农业联合发展；依托周边村

的产业基础和农业设施，发展现代农业和乡村旅游，形成优势互补、资源共享的产业联通发展新格局。

（五）公众参与，健全治理多元主体

村民自治是改善乡村治理机制的重要基础。海沈村高度重视村民作为一股最具有潜力的内生力量，大力鼓励居民参与乡村治理。

一方面，自治立基，加强村民动员。（1）激活妇女力量，打造美好乡村。为加强对村庄环境的管理，海沈村以美丽庭院的打造为出发点，通过妇联组织动员妇女广泛且积极地参与庭院建设。美丽庭院的建设以积分激励的方式，有效促进了妇女和老人积极参与到村庄环境的整体性整治当中。（2）发挥乡贤力量，助力乡村治理。乡贤是乡村人才振兴战略的重要组成部分，能够彰显乡村治理的创造性与活力。作为奥运冠军钟天使的家乡，海沈村将奥运精神嵌入“家门口”服务之中并不断传承着奥运精神，助力海沈治理；积极撬动乡贤资源，回馈服务家乡，不少本土企业家通过资金捐助等方式为村内的老人送上油、米等物质慰问，不仅提高了村民的幸福感，也帮助村委获得了更高村民满意度。

另一方面，德治为要，营造乡风网络。乡村治理体系要以德治为支撑，才能汲取源源不断的精神动力。（1）制定村规民约，引导村民向上向善。作为引导村民向善的“不成文规范”，村规民约是传播正确的价值观念、提高村民自我约束的重要方式。在惠南镇政府的推动下，2019 年海沈村村民共同参与制定了海沈村的村规民约，内容涵盖“爱党爱国”“勤奋持家”“履行义务”“遵纪守法”等多项内容。（2）遵循家风家训，纳入积分考核。海沈村村委自行制定了上百条家风家训，通过挨家挨户上门征询方式让每个家庭选择了各自的家风家训并加以遵循，由此家风家训成为对海沈村每家每户的无形监督力量。

（六）科技支撑，推进治理智能高效

全面推进农村现代化建设，必须充分利用科技、信息、知识等创新要素

的促进作用，高度重视科技创新在促进乡村治理中的重要驱动力。

一方面，智能平台简化治理方式。数字化平台与应用不仅可提高治理效能效率，也可降低各治理主体的工作压力。海沈村在治理实践中引入了城运、农业、医疗等各项智能治理平台，为传统沪乡增添不少科技活力。(1) 配备完整的城运设施，强化安全管理。通过“城管通”“城运通”等信息化平台，海沈村将联勤联动站打造为守卫村内平安的重地，以全村重要路段高清监控为支撑点，实现本村的全方位保护。(2) 通过农业信息整合，打造海沈农业通。借助“生活电子地图”“农民一点通”等，农民和农业信息得以及时录入，于是，农民可随时查询各自的补贴、医保等信息。(3) 引用数字化医疗平台，推进自助医疗。数字化平台是有效节约医疗资源、整合医疗信息的最有力手段。海沈村引入数字化医疗平台，居民可以通过平台自主申请体检、就医等，加大了居民医疗的便利性。

另一方面，智慧程序助力乡村振兴。为高效推进海沈村旅游发展与乡村振兴，云程公司推出“海沈迹”小程序，全方位地展示海沈村地图，让游客能够走进海沈村的田园、科普廊道、骑行绿道。通过为游客提供“亲子线路”与“沪乡记事线路”，游客能够享受不同的田园风光，而这一小程序使用也有效降低了人力的需求。

三　亮点与经验：兴产善治

在党委领导的多方参与之下，海沈村转资源弱势为治理优势、转治理优势为治理效能，逐渐形成了“兴产善治”治理亮点与经验。

（一）村企联动，产治融合，促进共同富裕

在乡村建设过程中，产业兴旺是重点，是解决农村一切问题的前提。海沈村不断促进村农业和旅游产业发展，为其基层治理整合了治理主体和资源，加速了共同富裕的整体效益与进程。

一方面，资源整合，推进产业体系建构。（1）主导推进“小三园”，提高土地流转率。在政府主导下推进的“小三园”项目近两年在海沈村开展得如火如荼，“一粒米、一颗果、一片花”的“三个一”工程已初具形态，逐步成为海沈村的名片工程。同时，海沈村与区直属企业浦农集团深度合作，共建花卉基地，利用村民宅前屋后“小三园”，委托种植精品花卉，借助“花卉进社区”等多渠道销售，通过精油提炼进行深加工，形成花卉全产业链，推动花卉产业集聚发展；为桂峰草莓、绿妮西瓜、苗荟水蜜桃等知名品牌构建线上线下“双渠道”营销体系，带动集体经济组织增收增效、村民群众发家致富。（2）持续加强稻米养殖，产量大幅提高。海沈村采用高标准、规模化种植方式，积极引进日本胚芽米生产线，生产高营养、高附加值胚芽米；引入上海好米畈电子商务公司落户并实体运作，联手打造品牌稻米；与盒马鲜生、小红书等网络销售渠道合作，发展订单农业。目前，海沈村大部分传统农耕用地都已经实现流转，运用现代化的种植与培育手段，实现了水稻的整体增收和水稻质量的整体提升。

另一方面，吸引经济主体，激活产业治理力量。为了推进海沈村及周边村旅游业发展和村经济进步，在惠南镇政府的支持下，作为海沈村集体经济的云程公司成立，策划了桃花节、农民丰收节、秸秆艺术节等四季主题旅游活动，促进形象提升。同时，海沈村依靠独特的奥运村品牌，打造特色骑行线路，通过举办骑行活动和自行车赛事，引进国际知名的自行车企业；打造“十二工坊”系列，涉及吃、喝、玩等多个领域，挖掘具有浓郁乡愁的“海沈记忆”。在带动全村集体经济发展的同时，经济主体在参与乡村治理中同样发挥了不可忽视的作用。在上海疫情封控期间，云程公司与村委会共建联防联控机制，村委会负责核酸检测、物资分发等直接服务，云程公司则负责药品配送、物资保障等间接服务。疫情期间，云程公司与村委会协同合作，服务村民 3000 多人，有效减轻了村委会的服务压力。此外，包括云程公司在内的经济主体通过吸收骨干、妇女共同参与河道整治、村史讲解、游客招待、广告粘贴等活动，让更多村民充分参与到乡村治理中来，扩大海沈村志愿服务队伍的同时，彰显主体责任感。

（二）村民主动，长效整治，优化治理环境

改善农村人居环境是乡村治理的重点任务，也是农民的殷切期盼。海沈村充分发挥自身的优势，在软硬件两方面共同发力，使得村居环境得到了明显的改善。

一方面，加大硬件设施力度，全方位提升人居环境。海沈村的乡村振兴与乡村治理工作均以环境整治为起始点，并在房屋道路、配套设施、河道休整等方面做了较大改善，大力推进农民相对集中居住，加大道路沿线景观设施建设和架空线合杆整治力度，构建便捷乡村生活圈和优质便民服务圈，不断推进“15 分钟社区生活圈”行动提质增效。同时，海沈村推进“生态清洁小流域”建设，全面完成全村各河道疏浚工作，采取生态护岸建设、河道清淤、沟通水系、建设滨水绿道、绿化景观提升、加强河道管理等措施，促进河流生态系统恢复和良性循环，改善乡村水域景观、促进水上旅游、提升休闲品位。

另一方面，完善软件设施，打造田园乡村。按照“服务空间最大化、办公空间最小化”要求，海沈村完善“1+9”家门口服务中心和站点，打造了“一门式办理、一站式服务”综合服务平台。针对村内公共空间，由云程公司主导，充分利用废旧砖瓦、木头、轮胎、瓦罐等乡土材料，建设创意景观小品、庭院座椅等。在空间结构上，通过人为调整，使得房屋、桥梁、景观与田园和谐统一，形成“水、田、林、宅”和谐交融的乡村空间肌理，打造原汁原味的色彩基调和独具特色的乡村文化符号。

通过硬件设施的配备与软件设施的完善，海沈村已建构出层次分明的道路景观、稻花飘香的农田景观、地方特色浓郁的乡村建筑、清新自然的墙体绘画，绘就海沈村诗一般的田园画卷，为乡村治理工作推进提供了良好的软硬件基础。

（三）文化驱动，链接乡愁，促进邻里和谐

农村社会共同体的构建要以文化生态循环的良性秩序为保障，以建构农

村的文化集体记忆和地方特色，促进和谐社区的建设。一方面，保护传统文化，弘扬沪乡精神，激活文创产业。文化产业是现代生产力，是现代经济社会发展的重要动力。为此，海沈村借力文化产业的打造，拓宽其乡村振兴之路，以文化赋能乡村振兴。其一，借用数字技术，保护传承乡村文化。海沈村建立“乡俗文化馆”，通过全息影像技术展示传统农耕文化和浦东非物质文化遗产，让外来游客了解沪乡文化演变，让留村老人得以借此怀念旧时光。其二，培育社会组织，促进地域文化创新。海沈村引入社会组织“善堂”，在村内运营“沪乡记忆馆”，借助于不同的艺术手法来传承和发扬传统文化，并通过“沪乡记忆馆”搭建服务平台，提供各类文化服务活动和展览。其三，发展特色文化，营造健康乡村。乡村应立足于村特色与资源，广泛开展爱国卫生运动等文明实践活动，倡导健康生活方式，促进崇德向善之风、勤俭节约之风和文明健康之风的形成。立足骑行之村与健康之村的打造，海沈村建立钟天使荣誉室、自行车陈列馆，成为青少年教育基地，弘扬吃苦耐劳、奋发向上、努力拼搏、为国争光的奥运精神。其四，链接乡愁文化，激活文创产业。独特的文创之路是海沈村的活力来源。例如，除体现农趣的“一米菜园”外，海沈村将原本破旧不堪的仓库厂房改造成乡创空间，文创产品、创意美食、非遗制作等，吃喝玩乐应有尽有，吸引了众多游客纷纷前来打卡。例如，结合了海沈土布、金线格等元素设计而成的文创产品便展示在乡创空间，让海沈通过文创来感染更多村民和游客。可以说，愈发浓郁的乡创氛围，不断吸引着更多项目入驻海沈村，如乡创空间与第三方共同打造的“乡间花坊”，其将通过花卉新品种引种、联合销售以及家庭园艺服务等，打造花卉及相关衍生品产业链。

另一方面，宣传核心价值，建造尊老社区，打造和谐海沈。开展以践行社会主义核心价值观为主题的宣传教育活动，提升党员和普通村民的思想觉悟和爱国爱党情感；推出诚信守法家庭评选活动，形成尊老爱幼、邻里和睦、扶贫济困，厚养薄葬、移风易俗的社区风尚。同时，村民自发组成文艺宣传团队并自编自演文艺节目，用喜闻乐见的形式宣传社会主义核心价值观。与此同时，海沈村极其重视老年人服务，以“家门口”服务为依托，树立了“方便老人、服务老人、关爱老人、温暖老人”的氛围。海沈村拿出聘用名额并聘请专职水电工，专门负责村域内的水电维修，为需要维修的村民特别是留守老人提供便民服务；建立了老年人待遇提高机制，增加春节对 60 岁以上老年人的福利待遇、90 岁以上老人生日蛋糕等一系列老年人福利，不断提升老年人生活品质。

四　存在问题

（一）乡治人才尚需激发，村民自治积极性待提升

以居民群众为主体的人力资源是创新社会治理体系建构的核心资源，这对于乡村基层治理也不例外。目前，海沈村仍然面临着自治人才不足、群众自治能力弱等的困局。一方面，本地精英人才流失，自治主体力量有所弱化。近些年海沈村在基础设施、社区生活空间等方面不断得到改善，但城乡二元结构仍然对其人才流动产生了一定的负面影响。具体来说，海沈村本土成长起来的不少优秀青年择业趋向于非农岗位，一些本乡政治精英和中青年劳力经济能人在城镇化的虹吸效应下不断流失；一些生活条件改善的村民也倾向于搬迁到浦东及上海市其他生活配套设施更好的社区生活。目前，海沈村老人占比达 60%，妇女和儿童比例较高。受自身综合素质的限制，海沈村留守的村民参与农村基层治理的能力与水平有所不足。

另一方面，外来人群参与不足，自治主体构成活力不足。海沈村村域旅游业的不断发展吸引了不少外来人群，适当缓解了海沈村社会建设人才不足的困境。例如，十二工坊创意空间和乡村 CBD 推进以来，海沈村吸引了一批创客成为“荣誉新村民”，为乡村治理注入了活力；地铁 16 号线惠南东站直接设站于海沈，距离浦东国际机场、临港新区等车程均在半个小时左右，吸引了一批外来人群“进村”并租住生活。然而，外来人群流动性较强，其本土认同感和公民意识有所不足，参与基层治理的主动性和积极性不高。例如，在海沈村丰收节活动中，外来人群参与志愿活动的人数比例远低

于其占村总人口的比重。与多数行政村一样，海沈村也存在一定程度上的“空心村”“陌生人社会”等特征，难以有效满足新时代基层治理特别是村民群众自治在人力资源方面的需求。

（二）社会力量尚需健全，基层治理能力有待提高

一方面，经济主体参与意识弱，村企共治能力不足。对于市场主体企业而言，其社会责任由原来的企业管理范畴拓展到社会治理范畴。然而，在基层治理实践中，不少企业常处于“边缘”地位，辖区企业单位参与不足是当前我国乡村社区治理面临的普遍难题。文旅产业是海沈村主要特色之一，代表性公司有上海云程旅游发展有限公司、壹各忆农业发展有限公司等。然而，这些公司目前仍处于起步发展阶段，其关注重心主要聚焦于加强生产与扩大经济规模上，其参与乡村治理程度有所不足。特别是，经济主体在海沈乡村治理中和谐乡村氛围营造、弱势群体关怀、公益慈善项目打造等方面仍存在“缺位”问题。

另一方面，社会组织发展弱，村社共治水平不高。当前海沈村社会组织数量较少，社区公益服务供给力有所不足。其一，注册类社会组织总体数量偏少。以自主培育的社会组织为例，目前海沈村仅有 1 家社会组织即沪乡文化，其主要服务于乡村文化宣传而非公共服务，难以较好地满足村民的生活与发展需求。其二，备案类群众活动团体培育不足。经调查，海沈村群众活动团体组织数量偏少，生活服务类和公益慈善类有所缺位，难以满足村民群众的多元化需求。例如，在海沈村“小三园”、河道整治等项目建设过程中，村委与村民、村民之间难免存在矛盾，但调解类社会组织在海沈村还处于“不在场”状态，本土环保类社会组织也尚未形成。近十年间，海沈村本土生成或培育的注册类社会组织数量增长几乎为零，这与浦东新区社会组织事业快速发展的态势有所背离。

（三）治理手段尚需优化，数字治理机制有待完善

一方面，“三治”基础有待夯实，乡村内生性治理能力尚需提升。其

一，村规民约形式化，乡村治理内动力不足。村规民约是实现乡村善治的有效载体。然而，在多数乡村治理实践中，村规民约并非由村民会议协商产生，有的是由村党支部或村委会制定，有些则是由乡镇政府制定，模板化、形式化色彩较重。翻阅海沈村村规民约可以发现，其内容针对性不强，海沈特色有所不足。其二，文山会海“压制”村委干部精力，乡村治理支撑力不足。在获得“中国美丽休闲乡村”“市级乡村振兴示范村”“冠军村”等众多荣誉后，海沈村成为各级领导、省内外乡村取经求宝的不二之地。于是，海沈村村级组织常疲于应付，精力都放在开会报表打卡和迎检接待上，这一定程度挤压了其为农民群众提供优质服务、抓乡村治理的时间与资源。

另一方面，智治机制有待完善，乡村数字化治理能力尚需加强。一是数字素质有待提升。与众多乡村一样，海沈村村委干部年龄偏大，数字能力较弱。多数村干部仍采用经验式工作方法，效能不高，接受数字化等新观念、新事物能力较弱。同时，村民老龄化现象严重，整体文化水平不高。在乡村社会，不少村民对数字化、信息化等新事物主动接受意识不强、适应能力弱，普通村民学习培训、提高技能的渠道还不够丰富。例如，在海沈村新媒体助农直播基地打造过程中，主动报名参与“乡村直播推荐官”培训的村民鲜有。二是数字治理应用场景待拓展。除了加强联勤联动站相关设施建设外，乡村层面还应当探索拓宽数字治理应用场景，如利用大数据碰撞分析和电子围栏技术，对村域人群来源、驻留时长、人流趋势等进行分析，实现人流过密预警、人群疏散预警等。目前，海沈村当前数字化基础设施建设有待完善，在数字化治理应用层面更是存有较大的待开垦领域。

五　对策与建议

针对海沈基层治理存在的不足，并结合其资源禀赋和治理亮点，本文从党建引领、多元共治、人才培育、数字赋能等重点维度提出海沈村基层治理的优化路径（见图3）。

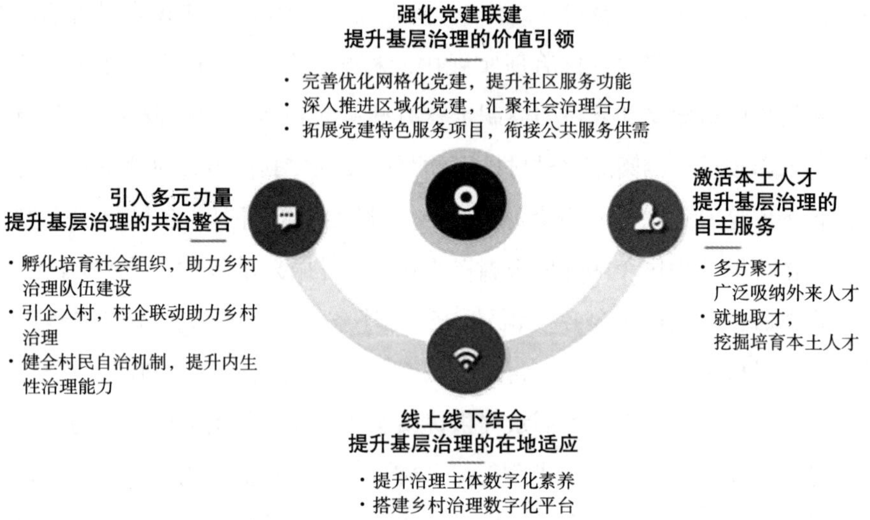

图 3　海沈村基层治理的优化路径

（一）强化党建联建，提升基层治理的价值引领

乡村基层治理作为一项复杂的系统工程，只有坚持党建在基层治理创新中的引领作用，才能更好地推动乡村区域内多方主体协同共治，进一步将资源、服务、管理下沉至社区层面，为基层治理添能增效。

第一，完善优化网格化党建，提升社区服务功能。作为一种新型党建管理模式，网格化党建是将党的建设与社区网格化的管理模式相结合，能够基于社区生态和社会化布局合理划分党建网络、整合党建资源、细化党员责任，可有效实现对社区党建工作的全覆盖。目前，海沈村采取党建引领网格化治理的模式，完善建立了“五级网格体系”，未来可从以下两方面予以加强。（1）加强信息技术在社区网格化党建中的充分运用。线上智慧党建平台能够克服时空限制，动态管理不同层级网格的各类信息，精准把握群众的各项需求。在接下来的实践中，海沈村应注重“互联网+”与网格化党建的有机融合，利用线上智慧党建平台等信息化技术推动党建服务工作更加精准、高效。（2）加强网格化党建的多方动员机制。海沈村可继续丰富“1+

5+X”中“X”维度的多元程度，整合多方力量参与到网格化党建的过程中，如将社会组织、社会企业、社区自发组织等主体均纳入党建工作范围中，进一步整合基层社区治理力量。

第二，深入推进区域化党建，汇聚社会治理合力。区域化党建的组织形式通过汇聚吸纳不同组织中的党员代表，打通农村基层党组织和各类治理系统的广泛联系。目前，海沈村在党建联建上已做出许多探索，如联合远东、桥北村党总支联建“三村联动”协作治理机制。在“三村联动”模式取得成熟进展的情况下，海沈村还可联合周边更多村落，拓展八村党建联建，打造“8+N”的完整海沈产业链，实现村域资源更广泛的共享共通。同时，在建立区域化党建联合体的基础上，海沈村可因地制宜打造更多有特色的党建品牌项目，如挖掘“旅游+文化”“旅游+体育”等产业融合发展模式，将骑行活动和沪乡文化相串联，进一步辐射和带动周边区域的发展。

第三，拓展党建特色服务项目，衔接公共服务供需。项目化党建是以项目化的运作模式有针对性地立足于社区特点、居民需求开展党建活动，能够提升党建工作的系统性、针对性和实效性。针对村民目前最紧迫、最重视的养老服务和精神文化方面的需求，海沈村可通过打造党建特色服务项目，有效衔接群众的公共服务供需。（1）开展社区养老服务项目。鉴于高龄老人在健康医疗和配餐服务上有较多需求，海沈村可创新应用“党建+农村健康养老服务”模式，进一步健全村级卫生服务机构、日间照料中心、体育健身设备等公共服务设施，增设为老服务内容；进一步发展和壮大村集体经济，建立以互助服务为特点的农村互助养老模式，满足老年人在康复护理、家务料理等方面的需求。（2）开展精神文化活动项目。在利用现有阅览室、读书室、社区文化活动中心、党建活动中心的基础之上，海沈村需进一步合理规划和维护公共文化基础设施，形成多元化、多层次的公共文化服务设施网络；通过党建引领优秀沪乡文化，组织开展形式多样、内容丰富、专业性强的文化活动，如戏剧、电影、棋类比赛等，同时完善活动举办的监督管理机制，让村民在家门口即可享受文化大餐。

（二）引入多元力量，提升基层治理的共治整合

随着农村社会经济的发展、群众需求的日趋多元化，乡村治理的复杂性已然增加，传统的政府单一治理模式已无力破解新时代下的乡村治理难题。这要求协调和动员多方力量和主体共同参与进社会治理的过程中。

第一，孵化培育社会组织，助力乡村治理队伍建设。针对注册类社会组织显示度不足的问题，海沈村应积极整合镇村各类优势资源，推动培育和引入更多社会组织入驻海沈村，以更有效、更精准、更灵活地解决村内的社会问题及需求。在类型方面，海沈村目前拥有的社会组织多集中于精神文化类，难以满足村民在生活和发展上的需求。为保障公共服务活动的丰富性和可持续性，海沈村应注重培育和引入更多元的群众活动团体和社会组织，如调解类社会组织、本土环保类公益组织等；积极发展公共服务型社会组织如社工机构入村，探索“社工+社区社会组织+志愿者”的联动模式，在丰富村民精神文化生活、开展扶老助残服务和帮助弱势群体等方面提供支持。

第二，引企入村，村企联动助力乡村治理。除吸纳富余劳动力就业、带动村集体和村民增收，海沈村应重点鼓励企业积极承担社会责任，不断丰富参与乡村治理的内容和形式。一是村企合作解决治理难题。在镇党委领导和支持下，海沈村应重视做好联村企业引导工作，遵循“村企自愿、合作共赢”的原则，引导辖区企业与村域范围内的各类基层党组织结对共建，最终实现村企联建强堡垒和兴产业的总目标，引导企业参与乡村治理，实现村企共同发展。特别是，海沈村可探索村企事务共商、矛盾共解的联动机制，以通过参与工作会议共同讨论和化解乡村建设中遇到的困难和问题。二是有效回应村民的公共服务需求。目前，海沈村村民在养老服务和文化活动方面有较大缺口。针对此情况，企业可参与策划群众性文化活动，丰富村民文化生活；在春节、重阳等节假日发放慰问品、慰问金，为村民送去温暖和实惠。

第三，健全村民自治机制，提升内生性治理能力。村民是乡村治理中最庞大的参与者和最终受益主体。在现有的“四议两公开”民主决策制度、

“三会”实训室等治理基础之上，海沈村应积极探索更为丰富的群众自治方式和机制。在组织架构上，可搭建村级群众自治平台，降低村民参与自治的门槛。海沈村可通过民主选举方式，挖掘乡贤能人组建村民小组理事会，探索建立“乡镇—村—村民小组”三级理事会治理模式，将自治支点与实体进一步落实到“组”。在建立村民小组理事会基础之上，海沈村可继续引入专业性社会组织参与村民自治，形成创新社区、社会组织、社会工作“三社联动”机制，将社会服务资源和村民需求实现有效衔接，如开展志愿服务上门、群众文化进组、健康身体体检等活动，满足村民在医疗、文化方面的需求。

（三）激活本土人才，提升基层治理的自主服务

在乡村社区治理实践中，海沈村仍面临着人才短缺、治理效果不佳等难题，需要着手于建设人才培养机制，加快打造一支专业素质过硬、乐于扎根乡村的优质农村自治人才队伍，以不断提升村民自治能力和水平。一方面，多方聚才，广泛吸纳外来治理人才。外来人才资源往往由于文化程度高、眼界开阔、开拓创新意识强，能为提升乡村治理的质量和效率提供良好智力支持。一是拓宽引才门路，建立乡土人才数据库。在实践中，海沈村可利用传统平台现场招引与大数据引才双管齐下，借助线上平台、项目引才等方式吸纳外地优秀人才；重点关注高校优秀选调生、三农专家、“双创”客群等人才群体，有针对性地引进涉及农业、大数据、乡村旅游等紧缺专业人才。二是建立长效保障机制，通过普惠性、长效性特惠措施留住人才，如保障人才的职业与事业发展、房租价格、待遇水平和工作环境等，积极吸纳城镇人才向乡村基层一线流动。

另一方面，就地取“才”，进一步挖掘和培育乡村本土人才。本地人才资源通常更有责任和动力投身于家乡建设，是乡村发展的内生动力。一是选配高素质基层干部队伍。在实践中，海沈村应拓宽挑选贤能的渠道，既要重点挖掘本村的优秀党员、退伍军人，也要注重一批扎根乡村、心系乡村的职业经理人、致富能人、青年农场主、创业领头人等，从这些优秀群体中择优

选配人员担任党组织书记、村支“两委”班子成员，并建立完善的村级后备干部储备机制，充实基层人才队伍。二是健全人才能力培育机制。同时，在依托本村干部教育资源的基础上，海沈村可探索“政府+高校+社会力量”的培育模式，结合外部力量实现人才队伍的“充电提能”。例如，海沈村可通过政府购买培训服务、高校联合搭建人才培育课程平台、乡村人才行业协会等社会组织开展研修培训教学等活动，进一步实现人才队伍的素质提升。三是发挥乡贤力量。作为管理乡村公共事务的重要参与者，乡贤在乡村治理和推进乡村风尚文明建设方面发挥着重要作用。在实践中，海沈村可通过培育乡贤以及打造乡贤理事会、乡贤参事会、乡贤议事会等乡贤组织，协助村委会参与乡村事务治理。

（四）线上线下结合，提升基层治理的在地适应

信息化发展是体现国家治理能力现代化的重要举措，以大数据等为代表的数字技术正成为乡村治理效能提升的新型途径。对此，海沈村应抓住数字化转型机遇，依靠科技赋能乡村治理，为村民群众打造更现代、更便捷的幸福宜居家园。

一方面，提升治理主体数字化素养。农村居民作为数字乡村建设重要的参与群体和受益对象，其现代信息技术的使用素养和能力对于数字化平台的治理效能至关重要。（1）激发居民的信息意识和使用热情。针对老年村民这类数字弱势群体，海沈村应通过广泛宣传让村民切身感受到数字化带来的便利，如在村内建立相应的数字体验馆、信息化示范基地等场所，让村民能可视化、可触摸化地感受数字化硬件设备，在乡村内营造良好的信息化氛围。（2）开展“线上+线下”信息化普及宣传工作。利用线上线下多元渠道，协同推进信息化在乡村的宣传和普及工作，如采用微博、微信公众号等方式定期进行村务宣传；将一些龙头企业、专业合作社等作为信息化宣传的窗口和基点，促进信息化、数字化向村庄的无形辐射和扩散。（3）开展数字化技能知识的课程培训。加强与各类社会资本开展合作，吸纳更多社会力量参与到乡村数字化建设的项目之中。在实践中，海沈村可与通信企业展开

合作，通过其平台和技术资源，有针对性地对村干部及村民展开信息服务和技能培训，提升治理主体的信息化素养。

另一方面，搭建乡村治理数字化平台。海沈村可运用移动互联网、大数据分析等现代信息技术，探索搭建一个集成式的智能村务治理系统平台，通过该数字平台开展基层党建、信息共享、村务公开、民主选举等活动。（1）建立可视化“1+5+X”社区治理架构网络，精准推进网格化管理。例如，针对村内各治理单元，划分区域网格并设置独立二维码，村民经过实名认证由党组织审核后可成为该网格群用户，村“两委”需即时回应群众提出的各类诉求。（2）实时把握群众“痛点”，绘制“社区画像”。联动海沈村内智能监控大屏和“雪亮工程”治安探头，对村域人群来源、驻留时长、人流趋势等进行后台深度分析，平台按照人群、区域、时间等不同类别总结需求，提前预警可能出现的问题并及时跟进解决。（3）接入线上“乡村积分”模块，高效便捷管理村民积分。村民可在平台内部在线查看积分规则、明细、排名以及兑换情况。（4）整合多元治理资源，实现治理重心下沉。在平台接入民警、医疗、物业等资源后，村民可通过智能平台直接在线提出服务需求，有不同需求的老年人、残疾人等特殊群体可获得“精准定制”的服务，进一步完善党群服务体系，打通基层公共服务的“最后一公里”。

参考文献

刘兴平：《基层党建引领新时代乡村治理的逻辑理路》，《人民论坛》2022 年第 16 期。

胡小君：《民主协商与社会治理共同体建设：价值、实践与路径分析》，《河南社会科学》2020 年第 9 期。

B.7

产乡融合：宣桥镇腰路村党建引领乡村振兴的探索

高恩新　方思勤*

摘　要： 乡村振兴是我国推进城镇化和农村现代化发展的必经之路。浦东新区腰路村通过产乡融合发展探索出一条统筹高质量发展、高品质生活、高效能治理的中国特色乡村振兴道路，逐步实现产业丰、生态丰、精神丰、治理丰、生活丰的“五丰”美好生活梦想。从村企党建联建、村企合作到产乡融合发展，腰路村的乡村振兴探索不仅推动村集体、村民和企业互利共赢，还激发了村民参与乡村治理的活力，丰富了农村居民精神生活，逐步构建村企共同体，为乡村振兴和可持续发展夯实内生动力。腰路村产乡融合探索以持续共建、活力共享、协同共治为特色，为全面实施乡村振兴、推进中国特色的农业农村现代化贡献了浦东故事、上海样本和中国智慧。

关键词： 党建引领　乡村振兴　产乡融合　可持续发展

党的二十大擘画了以中国式现代化全面推进中华民族伟大复兴的宏伟蓝图。全面建设社会主义现代化强国，最艰苦最繁重的任务仍然在农村。强国必先强农，强农方能强国，需要举全党全社会之力全面推进乡村振兴，建设

* 高恩新，华东师范大学经济与管理学部副主任，公共管理学院教授，博士生导师，主要研究方向为行政体制改革、应急管理；方思勤，华东师范大学公共管理学院行政管理专业 2021 级硕士研究生。

宜居宜业和美乡村，探索具有中国特色的农业农村现代化道路。农业农村的现代化不仅需要经济现代化，也需要社会治理体系和治理能力现代化。在贯彻落实乡村振兴战略背景下，能否构建乡村高效能治理体系是实现乡村振兴可持续发展的关键环节。党的十九大强调加强农村基层社会治理，健全自治、法治、德治相结合的乡村治理体系，营造共建共治共享的社会治理格局，最大限度激发基层发展活力。党的二十大报告提出，扎实推进乡村产业、人才、文化、生态、组织振兴。全面推进乡村振兴战略要求将党的领导贯穿基层治理的全过程和各方面，把农村基层党组织建设工作摆在更加重要的位置，以党建引领推进“三治融合”，实现乡村振兴可持续发展和农业农村现代化。

长期以来，农村地区面临着收入难提升、产业难升级、人才难留住、治理难协同等问题，严重制约乡村发展和社会治理效能。在上海市郊地区，一些“经济发展薄弱村”成为深化高质量发展、建设高品质生活、推进高效能治理的痛点难点。近年来，浦东新区宣桥镇腰路村贯彻落实党中央、上海市委市政府、浦东新区区委区政府乡村振兴战略部署和工作要求，积极投身市级乡村振兴示范村创建工作。多年来，在宣桥镇党委领导下，腰路村探索出一条党建引领乡村振兴的新道路，以“农业龙头企业撬动乡村产业振兴”为特色，全力做好“产业+”大文章，从经济薄弱村迈向了可持续发展的市级乡村振兴示范村。腰路村产乡融合发展的乡村振兴之路对于探索中国式农业农村现代化道路具有特殊的理论意义和实践指导价值。

一　腰路村党建引领乡村振兴的发展历程

腰路村位于上海市浦东新区宣桥镇，以一条细得像“腰”一样的五丰路贯穿全村而得名。腰路村下设 21 个村民小组，土地面积约为 3. 72 平方公里，耕地面积近 2700 亩。2022 年，腰路村常住人口 3600 余人，共计 1800 余户。受自然地理条件和政策限制，腰路村经济发展比较滞后，乡村治理矛盾较多。近年来，在镇党委全力支持下，腰路村迎难而上，借助创建乡村振兴示范村的发展契机，实现了村庄面貌华丽转变，成为远近闻名的“五丰村”。

（一）腰路村的发展困境

腰路村是典型的农业保留村，在土地开发和使用上受耕地红线限制较多，只能发展农业经济。在2020年以前，村内道路狭窄、坑洼多，村民在主干道五丰路上随意堆放垃圾，主要河流污染严重、水质较差，乡村基层组织运行不良，村庄内部矛盾较多。在经济与社会发展水平、生态环境、安居乐业等方面，腰路村与紧邻的乡村振兴示范村联民村相差甚远。相比周边的其他村庄，腰路村村集体和村民收入较低，一直是宣桥镇乃至浦东新区的“经济薄弱村”（见表1）。

1. 腰路村经济基础薄弱

表1　2015~2022年腰路村与浦东新区、上海市人均收入水平对比

单位：万元

	2015年	2016年	2017年	2018年	2019年	2020年	2021年	2022年
上海市居民	4.99	5.43	5.90	6.42	6.94	7.22	7.80	7.96
浦东居民	5.07	5.58	6.07	6.62	7.16	7.46	8.07	—
腰路村村民	3.6	3.6	3.6	3.6	3.6	4.1	4.3	4.5
腰路村集体	10	10	21	21	21	21	45	45

资料来源：《上海统计年鉴》（2015~2022）腰路村村委会年度统计资料。

2020年前，腰路村村民创收途径单一，主要依靠外出务工。村里80%的青壮年都到市区务工或者工作，村中留守老人较多，主要依赖于传统的农业种植。腰路村主要种植作物包括水稻、蔬菜，且以分散化、小规模种植为主，经济效益较差。2020年前，少数腰路村村民将自己拥有的闲置的土地进行承包和租赁，但受承包大户对于土地位置要求高及土地承包年限较短等因素影响，村民获得土地租金的收入有限（见表2）。同时，部分村民到市区租住后，带来大量闲置的房屋，也没有出租出去，难以获得房屋出租收入。

表 2　2015~2022 年腰路村农业用地流转数据

单位：亩

	2015 年	2016 年	2017 年	2018 年	2019 年	2020 年	2021 年	2022 年
其他组织	605	750	830	960	1083	1187	1402	1488
清美集团	0	0	0	0	0	0	550	550

资料来源：腰路村村委会年度统计资料。

2020 年前，受到产业发展滞后影响，腰路村村集体收入低，甚至入不敷出，也无力向村民提供更多更好的服务。2013~2020 年，尽管有部分腰路村村民已经将自己的土地进行了流转，但村集体并未参与其中，因此未实现增收。在村庄支出方面，村集体压力较大。腰路村人口老龄化十分严重，村内老人多，贫困户多，慰问、安抚、照料等日常保障村内弱势群体生活需要较多资金支持。同时，环境保护、村容整改、基础设施完善等工作也给腰路村集体带来较大的资金压力。多年来，腰路村主要依靠上级政府专项补助才能维持基本公共服务和基层治理。

2. 腰路村内部治理困境

腰路村目前共设有 21 个村民小组，每个小组设组长一名。村民小组组长承担协助村委会办理本村公共事务和公益事业、反馈本组村民的意见和建议等职责，有一定的补贴和收益，工作中容易引发矛盾。与此同时，不同村民小组之间常常因为土地归属、环境治理、养老保障、发展规划等事务产生矛盾，混合历史上存在的对立冲突和个人恩怨，增加了乡村治理的复杂性和冲突性。受乡村生活的封闭性、利益性和宗派性等因素的影响，腰路村内部治理体系多年运行不畅。例如，腰路村多次发生村两委班子换届选举无法选出候选人的情况。在村级组织换届选举过程中，少数村民小组组长违规采用打招呼、承诺好处等方式拉选票，造成选票分散或者选举无效，村两委班子难以按期完成换届。破坏选举、上访、村庄集体决策难等问题时有发生，导致腰路村内部治理一盘散沙。在各种复杂矛盾的冲击下，腰路村村两委发挥乡村治理的能动性不足，在河道整治、道路建设、经济发展等方面，很难形成强有力的乡村治理合力，村容村貌比较落后。

（二）腰路村党建引领产乡融合发展的过程

党的十九大以来，上海市委市政府提出率先基本实现农业农村现代化的目标，协同推进乡村振兴，充分彰显乡村的经济价值、生态价值、美学价值。在实施乡村振兴战略的过程中，市委市政府提出在干部配备上优先考虑、在要素配置上优先满足、在资金投入上优先保障、在公共服务上优先安排，更加注重产业政策倾斜，提高农业全要素生产率，让农民群众有更多的获得感、幸福感和安全感，使乡村成为上海加快建设具有世界影响力的社会主义现代化国际大都市的亮点和美丽上海的底色。宣桥镇紧紧把握市区两级大力推进乡村振兴的历史机遇，迎难而上、直面挑战，在腰路村实施以产业发展带动乡村全面振兴战略，变外部“输血”为内部“造血”，开创了极富特色的党建引领产乡融合发展的乡村振兴道路。

1. 第一阶段：党建搭台，村企共建凝共识

长期以来，农业不发达、农村不发展、农民不富裕一直困扰着宣桥镇腰路村。2019 年，在宣桥镇党委和政府的大力支持下，腰路村与民营企业清美集团建立党建联建关系，为村庄产业发展和社会治理转型带来新机遇。清美集团是一家集基础研究、现代农业、研发设计、智能制造、全球供应链、冷链物流、智慧零售、餐饮管理和综合服务为一体，一二三产业深度融合的全产业链现代企业集团，是上海市菜篮子工程、早餐工程、乡村振兴工程的合作伙伴和重要参与者，在上海乃至长三角地区都有较为广泛的社会影响力。在多次开展党建联建活动过程中，宣桥镇党委、腰路村党支部和清美集团党委围绕企业参与乡村振兴这一主题组织了考察参访、头脑风暴会、协商议事会等多次活动，并积极邀请人大代表、政协委员、乡贤人士、知名企业家等共同参加活动。腰路村与清美集团围绕乡村振兴开展的党建联建，为后续产乡合作碰撞出了创新火花，为村企共建和产乡融合发展奠定了思想基础。

2. 第二阶段：产业发力，村企共建促转型

腰路村位于全市蔬菜保护镇、蔬菜种植产业带核心，耕地面积近 1.8 平方公里，以种植蔬菜、水稻为主，是相对典型的农业保留村。在党建联建的背景下，腰路村紧抓发展机遇，实现村企共建聚合力。2020 年，腰路村在宣桥镇党委、政府的领导下，以“村企共建”的乡村振兴发展模式申请上海市第三批乡村振兴示范村，并成功立项，定下发展新基调。清美集团与腰路村合作建起种植基地共 460 亩，包括圆形大棚、基质穴盘绿叶菜工厂以及 5G 水稻田等，打造成清美现代农业产业示范基地，还开设了“清美鲜家”超市、“清美味道”饮食店等。通过城郊集约型蔬菜基地建设、教育实践、农业体验等关联性产业发展，清美集团开始深度参与村庄经济发展，以产业引领“经济薄弱村”转型发展。

3. 第三阶段：规划助力，村企共建谋发展

2021 年 6 月，上海市规划设计院规划三所党支部与腰路村党支部签署结对共建协议，以乡村规划师微规划推动乡村振兴可持续发展。根据发展规划，腰路村乡村振兴主要依托清美集团，重点发展蔬菜产业，通过产业带动、村企共建模式，实现公共服务设施的提升。村里通过腾挪低效村集体资产，出租给清美集团作为员工宿舍，每栋房屋每年租金只收 12 万元，既为村民增收开拓了新的途径，又降低了企业运行成本，实现村企双赢。

清美集团运用社会资本，投资打造腰路村“乡村 CBD”（核心商务区），相继投资运营“清美鲜食”超市、“清美味道”餐厅、“蔬香清美”文化馆等生活服务设施。“清美鲜家”成为开在乡村的第一家清美鲜食超市，超市常年打 7 折，切实给予村民优惠，吸引了腰路村和周边村庄大批村民前来购物。隔壁的“清美味道”也是村企共建的产物，仅仅 3 个月便实现盈利。“清美+腰路”共建模式让村民享受到了与市区同样的生活品质和便捷服务，真正实践了乡村社区生活圈理念。腰路村“乡村 CBD”建设联动村庄道路翻新、村庄河道整治、村庄“微”景点建设以及现代农业采摘园建设，逐步形成“食住行游购娱”六位一体的乡村生活服务系统。从党建联建到清美现代化产业基地的入驻，再到“乡村 CBD”生活圈建设，腰路村和清美

集团村企合作共建不断取得丰硕成果。2021 年，腰路村获评浦东新区区级乡村振兴示范村。2022 年，腰路村入选上海市第三批市级乡村振兴示范村。随着乡村振兴持续推进，腰路村已经成为浦东新区又一个乡村度假“网红打卡地”。

二　腰路村党建引领乡村振兴的机制创新

面对腰路村经济发展困境和治理难题，宣桥镇党委镇政府抓住乡村振兴历史机遇，推动腰路村走上一条村企共建、产乡融合发展的乡村振兴道路。通过党建引领、村企共建，腰路村谱写了新时代农业高质高效、农村宜居宜业、农民富裕富足的乡村振兴大文章，为可持续发展和农业农村现代化蹚出了一条新路。

（一）共容利益的塑造与政治赋能

在实施乡村振兴战略过程中，宣桥镇党委镇政府抓住村民增加经济收入和提高生活水平的关键需求，结合企业产业发展需求，通过党建联建凝聚发展共识，将多元主体之间的利益诉求加以融合，逐步形成了以合作促发展、以发展求合作的互利共赢格局。

1. 把握多元主体关键需求

作为传统农业保留村，土地资源是基础性经济资源，也是粘联多元主体的关键市场要素。传统上，村民手中的土地大都流转给农业承包大户或者部分家庭农场，土地开发和经营较为分散，农民收入主要来源于土地承包租金，规模小、收益少、稳定性差。对清美集团来说，要实现规模化、现代化农业种植就必须利用成片农田建设集约化、现代化、自动化的蔬菜生产基地，需要将村民手中的土地集中起来开发利用才能提高企业的生产效率和经济效益。在推动土地集约流转过程中，村委会可以通过二次开发、成片出租等方式参与其中，并按照一定的比例获得收益，增加村集体收入。从土地资源集约化利用来看，村集体收储、集约化出租、规模化经营的土地经营模式满足了村民、企业、村委会利益诉求，为三方互利合作夯实了行动基础。

2. 政治嵌入推动工作赋能

乡村振兴是国家战略，是市区两级党委政府中心工作之一。在落实乡村振兴各项任务的过程中，各级党的组织通过选派优秀干部下沉基层、党组织间联建共建、资源下沉等抓手，以政治权威嵌入乡村振兴组织体系，实现高效赋能。2019 年，宣桥镇党委主动推动村企党建联建工作，为后续合作提供了新机遇。2020 年，腰路村党支部、清美集团党委通过多次协商，达成了集约化蔬菜生产基地建设协议，为产业进入乡村铺平了道路。2021 年，宣桥镇党委书记亲自下沉腰路村，并发动 1000 多人参与的“百日会战”，通过河道整治、垃圾清运、道路维修、房屋修缮等工作，实现村容村貌和乡村环境快速升级。同年，市规划设计院第三规划所与腰路村党支部签署合作共建协议，通过乡村微规划为后续发展提供支持。2021 年、2022 年，市委组织部选派青年干部挂职腰路村党支部第一书记，显著提升村庄治理能力。借助于党组织纵向横向黏联，乡村振兴工作实现了组织间整合和政治势能吸纳，为产乡融合发展提供了强大的政治势能。

（二）因地制宜挖掘优势资源

资源是实现乡村振兴可持续发展的基础。在推进乡村振兴工作过程中，宣桥镇党委镇政府、腰路村两委把握国家、市区等乡村振兴战略机遇，充分调动起乡村内外部的各种资源，为高质量发展和高效能治理夯实基础。

1. 抓好乡村振兴的战略规划

近年来，中央一号文件连续对乡村振兴做出战略部署。上海市委市政府响应党中央、国务院的号召，连续出台《上海市乡村振兴“十四五”规划》《上海市乡村振兴促进条例》等文件，对推进乡村振兴工作做了具体部署，提出了明确要求。在此之前，腰路村周边农村已完成乡村振兴示范项目，综合各项规划和现实要素，推进腰路村乡村振兴示范已经成为区委区政府、宣桥镇党委政府共识。此外，通过党建联建，腰路村党支部与上海市规划设计院第三规划所党支部建立党建共建关系，通过“乡村规划师”项目助力可持续发展。在市规划设计院的支持和帮助下，村庄道路、社区功能分区、生活服务设施布局、河道整治、总体景观设计、文化旅游路线开发等工作都有了详细规划方案，通过“蔬香腰路·乡村振兴实验室”项目共同打造宜居、宜业、宜游、宜养、宜学的乡村社区。

2. 充分挖掘农业禀赋

从自然资源条件来看，腰路村留存了浦东地区较为传统的农村自然风貌，乡土氛围浓厚。由于本身土壤、气候条件较为适合水稻等农作物生长。这些条件都与以农产品生产加工为主的龙头企业清美集团拓展市场和加工基地需求相吻合。从 2020 年开始，清美集团与宣桥镇腰路村联合共建上海市乡村振兴示范项目，合作建起的种植基地共 460 亩，打造成清美现代农业产业示范基地。2021 年，清美集团投资 4300 万元，在腰路村建设 340 亩数字农业基地和 120 亩 5G 无人水稻示范基地，设立蔬菜分拣中心等，增加了 200 多个就业岗位。2022 年，腰路村清美数字水稻应用场景被评选为国家人工智能创新应用先导区“智赋百景”。

3. 擦亮美丽乡村的底色

腰路村是传统乡土社会，村内主要以沈姓、瞿姓两姓为主。腰路村两委成员大多由本户籍地村民担任，大多数村民对村两委信任度较高。此外，村民对村内较有声望的人，如历任村委书记、老党员等比较尊崇，这使得这部分人作为非正式力量在村内号召力强。总体上看，腰路村村民对村庄共同体认同度高、合作意识强，能够积极参与美丽乡村建设和乡村振兴工作。

在乡村振兴示范村创建过程中，腰路村在保持“原汁原味”的基础上，描摹好乡村肌理的“水墨画”。腰路村既在升级各项基础设施建设上下功夫，也在环境整治、河道治理、微景观打造等细节上下功夫，画好提升功能和品质的每一处“工笔画”，不断擦亮美丽乡村的底色。现在，村民和游客一进入腰路村五丰路，便可以感受到乡村振兴的活力一路铺展，家门口服务中心、智能化蔬菜生产基地、清美学堂、清美味道、清美鲜家、清美公寓、清雅苑等独具特色的服务设施共同绘成了一幅田园生活的美好图景。在新一届村两委带领下，经过 3 年多的努力，腰路村已经从“经济发展薄弱村”转变成远近闻名的“五丰村”，成功获评上海市乡村振兴示范村。

（三）以党的组织建设夯实发展基础

在推进乡村振兴战略过程中，要真正实现各个主体的深入合作，不仅要调动起各方资源，更重要的是发挥好党统筹领导多方力量的作用，以党的组织建设带动乡村建设，以党的人才工作助力乡村振兴。

1. 党的组织纵向整合

在落实腰路村乡村振兴各项任务过程中，宣桥镇党委主要领导直接联系村庄，镇党委与村党支部形成纵向合力。一是实施村党组织带头人整体优化提升行动，派驻“第一书记”和驻村指导员，全面指导监督村“两委”换届情况，打造一支素质过硬的干部队伍。二是设立由镇党委书记、镇长带领的工作指挥部，在美丽乡村建设行动中形成合力攻坚。指挥部工作重点聚焦在环境整治提升、基础设施提升和社会综合治理三个方面。指挥部的成立和镇党委的直接领导充分带动村两委班子、队组长、党员共同为示范创建工作贡献力量，形成了良好的合作氛围，推动各项工作走深走实，取得较好的效果。

2. 加强基层组织的建设

农村基层党组织是联系党员和群众的桥梁和纽带，也是推动农村发展的核心力量，在乡村振兴中发挥着重要作用。按照上级党委要求，腰路村逐步建立健全村级组织体系。腰路村党支部书记通过法定程序担任村民委员会主任和村级集体经济组织负责人，支部委员成员结构不断优化，形成年轻化、专业化、专职化的基层组织队伍。腰路村党支部通过党建服务站建设夯实组织建设的物质基础，为村内党员参与教育培训、组织生活提供专门场所，增强党员对党组织的归属感，激发党员为人民群众服务的热情。

通过加强党的基层组织建设，提高党组织的组织能力和服务能力，能够更好地组织和动员广大党员和群众积极参与乡村振兴的各项工作，推动乡村振兴战略的落地和实施。农村基层党建还可以加强党员与农民群众的联系和沟通，改进干群关系。党员作为党和群众的桥梁，通过各种形式的活动和服务，能够更好地了解农民群众的需求和意愿，帮助他们解决实际问题，形成良好的党群关系，推动乡村振兴事业的顺利进行。

3. 干部下沉提升基层治理能力

在实施美丽乡村建设行动中，宣桥镇党委在指挥部下设不同工作小组，镇政府各部门按照条线职能抽调工作人员进驻腰路村，解决了创建攻坚阶段人手不足问题。下派干部依据自己的职业专长与腰路村干部相互配合，持续奋战在工作一线。宣桥镇全面提升基层党员干部队伍素质，开展扶持培训、继续教育等工作，把优秀人才特别是年轻的优秀党员吸引到农村基层党组织工作中来，增强基层党组织的战斗力。宣桥镇党委还开展“头雁”培养品牌活动，积极推荐腰路村“85后”党支部书记参加青年马克思主义培训班、参评市级优秀党支部书记，努力形成示范带头效应。

（四）以善治凝聚多方合力

增强乡村治理效能是推进乡村振兴、实现产乡融合发展的一个重要环节。在推进乡村振兴工作过程中，腰路村不断提升乡村治理的法治化水平，充分发挥村民、乡贤治理团和“新腰路人”等主体的自治力量，最终形成合力共同为乡村振兴赋能、增效、提质。

1. 增强村委会自治能力

一是村委会自身不断优化管理制度，规范民主决策程序，注重调动村民能动性，充分尊重、全力支持村民组长、村民代表在乡村治理中发挥积极作用。二是坚持服务民生，解决群众困难，在促发展、优服务过程中发挥中坚作用。村委通过河道整治、“美丽庭院”建设等行动逐步改善村容村貌，优化腰路村人居环境。村委还开展农户技术培训，拓展农民就业渠道，在土地流转、集中居住等重要事项上做好政策宣传工作，及时回应村民诉求。同时，腰路村两委通过拓展村文化活动中心阵地，支持、引导群众开展各类文化活动，助力村民养成文明健康、和睦友爱的生活理念。三是完善监督机制，做好村务公开。腰路村村民委员会每年度梳理村级事务公开清单，及时通过宣传栏向村民公开重大事项。腰路村还按照上级部署成立村务监督委员会，将村民纳入村务监督委员会，既增加村民与村委的互动，也帮助落实制度规范，加强对本村政治生态和社会风气的监督。

2. 提高村民治理活力

在党支部领导、村民委员会的带动下，腰路村村民积极投身乡村治理。随着村两委班子的稳定，村民对村党支部、村委会的信任度较以往有所提升，村民开始通过正式渠道表达自己的利益诉求。村民还能够以实际行动助力村貌提升，做家门口环境的“第一负责人”。在乡村振兴示范创建开始后，在村两委干部、村小组长的带动下，村民逐步培养起共建美丽乡村环境的意识，能够自觉按照要求做好垃圾分类工作，整理堆放杂物，做好家门口的环境卫生；配合拆违整治，在村委干部、村小组长开展持续政策宣传、上门解惑工作后，主动配合好河道两侧私搭乱建、庭院顶棚的拆违整治；结合自家特色，做好庭院的花园、菜园修缮管理，争创“美丽庭院”。

3. 激发社会参与潜力

一是成立新乡贤治理团，带动乡村德治发展。腰路村根据农村实际，邀请村内德高望重的老党员、老干部、“双报到”在职党员、热心家乡建设的致富能人，组建乡贤达人议事机构，逐步建立完善动态组织机制和事务参与机制。新乡贤治理团在日常生活中贴近民生，与村民交流频繁，成为村委和村民之间的桥梁。此外，腰路村重视发挥治理团成员在农村“熟人社会”中的作用，引导治理团成员主动担当作为，使其在协调各方利益、化解群众矛盾纠纷方面发挥了重要作用。二是制定“新腰路人”计划，腰路村积极吸纳外来人口参与治理，通过“村委报备、集中管理”的方式，确保外来人口“人人有登记、户户有联系”，做到对外来人口底数清、情况明、服务好，将外来人口转化为“新腰路人”。

三　腰路村党建引领乡村振兴的成效与问题

腰路村党建引领乡村振兴取得了显著成效。目前，腰路村已经摘掉经济薄弱村的帽子，乡村经济发展水平逐步提升，乡村风貌实现完美蜕变。特别是在与清美集团的合作中，双方不仅实现了经济上的互利共赢，还实现了以农业和服务业为主的产业与乡村振兴有机融合。当然，从产乡融合可持续发展的要求来看，腰路村在党建引领乡村振兴发展方面还需要破解一系列难题。

（一）腰路村产乡融合发展成效

腰路村通过产乡融合发展探索出一条中国特色乡村振兴统筹推进高质量发展、高品质生活、高效能治理的道路，成效显著，逐步实现产业丰、生态丰、精神丰、治理丰、生活丰的“五丰”美好生活梦想。

1. 乡村经济稳步发展

不同于一般的“企业+村集体+农户”或者“企业+农户”的村企合作模式，腰路村另辟蹊径，借助产业发展的契机，积极探索与清美集团建立新型合作关系。通过整合闲散零星土地后腾地500多亩，建设高标准蔬菜产业基地；腰路村还依托“清美集团+合作社+家庭农场+农户”蔬菜产业联合体模式，通过“订单农业+二次分配”的收益分配机制，有效地增加了村庄的农业收入。2020年以来，通过共建，腰路村村集体年增收242万元，村民年增收584万元。

2. 乡村风貌逐步提升

借助乡村振兴示范点创建工作契机，腰路村从环境整治和基础设施提质两个方面入手，通过“小流域综合治理”“美丽庭院”建设等工作重点出发，不断美化乡村风貌。从拓宽“细”腰般的五丰路，到美化沿线的路灯、电杆，再到修缮住宅房屋、成片整理农田、整治河道，最后到常态化建设美丽庭院、打造村域观赏微景观，腰路村通过一系列举措，扎实推进乡村绿化美化，持续推进美丽乡村建设。腰路村以“蔬香腰路，清美田园”为理念，在村内打造了集居家种植、蔬果科普、农业体验等多种功能为一体的农业创意园。游客在园内既能学习农田种植知识，也可以体验收获的乐趣，已经成为上海市民周末乡村休闲游的重要打卡地。

3. 产乡融合快步迈进

2022年，腰路村开展农村闲置房集中整理工作，完成63户农户签约上楼。

村委会通过对63栋农房集中改造和装修，为包括清美集团员工在内的各类人才提供高性价比房屋租赁服务。清美工厂、产业基地、清美公寓、清美超市等也为村民提供了丰富的就业机会。腰路村联动清美集团积极打造“食住行游购娱”六位一体乡村生活服务体系，建设更多公共服务设施和商业设施惠及群众。改建后五丰路也从一条乡村小路变成了一条有商店、有餐馆、有文化娱乐的“乡村商业街”，成为一个最受村民欢迎、改变村民生活方式、让农村也能享受和城市一样服务配套的村级“CBD”，成为村民心中的“五丰大道”。

（二）腰路村党建引领乡村振兴存在的问题

经过3年多的合作共建，腰路村乡村振兴工作已经取得了一定的成效，初步实现了产业与乡村融合发展。但是，腰路村乡村振兴的可持续发展还需要破解一系列难题。

1. 党建引领作用还需持续巩固

腰路村乡村振兴工作取得的成效离不开各级党组织纵向整合和横向联合汇聚的政治势能和资源支持。但是，如何将党建引领由“运动式”转向“常态化”还需要体制机制创新。“蔬香腰路，清美田园”展示栏更多侧重于对腰路村和清美集团“村企共建”和“产乡融合”模式的介绍，党建引领的长效机制尚未得到充分运用，尤其是在乡村管理、村民组织和综合帮扶方面，还需继续完善和加强，发挥党组织凝心聚力作用和党员先锋模范作用的制度建设。

2. 乡村发展持续性规划尚未接入

在腰路村乡村振兴示范村的建设中，“输血”式发展的特色较明显。腰路村乡村振兴取得成绩主要是党委推动下与清美集团的合作，以及政府财政资源、干部资源下沉的结果。当领导和下沉干部回到其原有岗位时，村庄经济发展和社会治理很可能较乡村振兴示范攻坚期回落，影响乡村治理的秩序和效能。因此，需要立足整体，制定长期发展规划，明确未来的发展目标和资源需求，为可持续发展提供制度支持。

3. 村民和村集体主体意识有待提升

腰路村的发展过程较为明显地凸显了自上而下的行政色彩。镇书记变村书记、镇长变村主任等举措短期内为腰路村的发展注入了新动力，短时间内发挥了资源汇聚和人员动员的体制优势。然而，在借助外部力量，“输血”实现村庄发展的基础上，还需要进一步提高村庄的自我“造血”能力，强化村民和村集体组织的主动性、能动性。从村集体来说，需要不断开拓创新，回应市场需求和民众期盼；从村民来说，需要持续投入村庄环境治理，发挥主人翁的作用，为村庄高效能治理做出更大的贡献。

4. 产乡融合程度不够深入

在腰路村的产乡融合发展中，“产”“乡”“人”“文”的融合尚不紧密。这主要体现在乡村的基础设施并未与产业发展相互联系、产业所衍生的就业主要以“临时工”等短期雇佣关系为主，以及村庄的文化建设与产业发展融合度不高等方面。在乡村振兴过程中，产业、村庄缺乏持续互动和深度融合，限制了产乡融合的可持续性。在乡村治理中，企业员工较少关心与村庄发展密切相关的问题，村民对企业发展需求和未来趋势也不了解。

四 腰路村党建引领乡村振兴的经验与启示

从经济薄弱村到乡村振兴示范村，腰路村正在逐步成为基础设施完善、生态环境整洁、乡村治理规范的现代化新农村。以“农业龙头撬动乡村产业振兴”为特色，腰路村建立“企业+村庄”的共建发展模式，走出了一条独特的产乡融合发展的乡村振兴新道路，给其他地区推进乡村振兴提供了启示。

（一）党建引领锚定发展方向

要实现乡村振兴可持续发展，就必须以党建引领总体发展方向。只有以党建引领各方，才能实现乡村治理体系的有效运转，将党的政治优势转变为推动乡村振兴可持续发展的治理效能。腰路村在推进乡村振兴过程中，始终坚持把党建引领贯穿于乡村振兴工作的全过程，较好发挥了党总揽全局的作用。

上级党委与村级党组织共同谋划乡村振兴工作部署。在腰路村创建乡村振兴示范村之初，宣桥镇党委就发挥党的领导作用，通过与镇政府和其他各部门的联合会议和与腰路村两委干部的多次讨论，确立了“以产业振兴助力乡村振兴、以六次产业推动腰路发展”的总体目标，为后续工作的开展确定了方向。

发挥党建联建的作用，推动党组织横向合作，实现资源互补和整合。党建联建有助于不同层级、不同单位的党组织发挥各自组织优势，实现资源整合与共享。腰路村党支部先后与 10 多个单位的党组织建立了党建联建的关系，在整个乡村振兴工作中发挥了关键性组织支撑作用。

（二）供需链接实现资源互补

在上级党委和本级党组织的共同领导下，腰路村与清美集团建立了合作关系，逐步形成了乡村振兴产乡融合发展模式。但是，如何将以获得经济利益为主要目标的企业与乡村振兴的实际需求联系起来，还需要充分了解企业与村民、村集体最急迫的需要，将供给与需求两端连接起来，才能夯实乡村振兴和合作共建的内生动力。

一方面，充分摸清村民需求，挖掘农村劳动力潜力。为人民服务是一切工作的出发点和落脚点，满足村民发展需求、服务需求是推进乡村振兴工作的前提。腰路村村两委在工作开展前，以村民小组为单位进户排摸，了解到村民主要需求为改善居住环境、增加收入等，并结合日常工作开展发现村内有大量闲置空房和部分闲散土地，这就为与清美集团的合作打开了思路。

另一方面，充分了解企业需求，挖掘企业可用资源。尽管承担一定的社会责任是企业目标之一，但是其主要目标仍然是盈利。腰路村正是把握住了这一合作基础，将清美集团对成片土地和具备一定农业技能劳动力的两个需要与部分村民的需要相匹配，将清美集团对企业员工住宿的需要与农村闲置房屋的供给相匹配，链接供需两端，实现资源互补。另外，腰路村还能够抓住清美集团拓展市场、提升企业影响力的发展机遇，通过多次协商推动清美超市、清美学堂等基础设施建设成功落地。

（三）多元联动推动融合共治

乡村治理涉及多方利益主体，需要将多方力量融入乡村治理体系中，建设共建共治共享的乡村治理共同体。在推进腰路村乡村振兴的过程中，政府、村委会、村民、企业和其他社会力量等各个治理主体都拥有不同的资源，只有将各方联动起来，让信息和资源流动起来才能实现融合共治的成效。

一方面，发挥党建引领的作用，调动党政各方力量。乡村振兴工作推进离不开人的作用，要发挥各级党委在乡村振兴中的领导作用，发挥组织优势。宣桥镇党委充分发挥"第一书记"和"驻村指导员"制度优势，发挥好"第一书记"在乡村振兴中的示范引领作用。同时，宣桥镇党委还联动本级政府各部门，将人员和组织资源下沉至腰路村，通过组织覆盖把党的工作嵌入乡村振兴中去。

另一方面，发挥自治组织作用，凝聚社会各方力量。乡村振兴既需要党委、政府的支持发展，又需要公众、企业的参与。作为乡村治理重要主体之一的村委会要充分发挥好作为基层群众自治组织的作用，以自身的实际行动带动村民参与乡村建设，形成村民和村委会的良性互动。此外，村委也要积极与在地企业协商沟通，形成协商交流机制，鼓励企业在参与乡村经济发展的同时，将自身的发展融入乡村的发展中去、融入乡村的治理中去。

五　优化党建引领乡村振兴的建议

在全面推进乡村振兴的背景下，腰路村立足自身实际，以产乡融合发展为导向，持续以党建引领带动乡村振兴，实现乡村的可持续发展。

（一）统筹谋划，系统推进产乡融合

推进乡村振兴既需要乡村治理主体的不断努力，也需要上级党委、政府在顶层设计和政策帮扶上的持续发力。首先，地方政府应进一步优化城乡空

间布局，推动形成与本地环境资源相匹配、村镇居住特征相适应、生态环境相协调的农业发展布局。其次，应积极优化营商环境，为企业落地提供包括农业产业硬件设施、用地保障、财政金融在内的全面支持，激励已进入企业加大产业投入力度的同时吸引更多外部企业进驻。最后，在未来乡村振兴建设中，还要注重完善人才培养和激励机制，通过出台优惠政策，在住房、税收等方面给予大力支持，吸引企业家、专家学者等各类人才下乡返乡，让建设家乡、投身农村的各类人才能够过上体面的生活，最大程度激发人才的内在活力。

（二）久久为功，培育自主治理能力

乡村振兴，不应止于乡村经济增长、村容村貌改善等硬件设施方面，还应落脚于提升乡村治理效能。未来乡村振兴工作中，一是要发挥好党员的先锋模范作用和本地能人的带头作用，提高宣传教育力度，增强村民在乡村治理中的主人翁意识，营造村民广泛参与乡村治理的良好氛围。二是进一步协调上级部门的资源，贯彻落实上级政府关于乡村振兴工作的最新要求和战略部署，依托腰路村区位优势，把握地域特色和文化传承，集中资源打造精品村、示范村，同时不断加强与上海市、浦东新区产业结构相似的示范村的交流，在合作中促进共同发展。三是积极整合各类资源，如高校科研院所、本土优质人才等，进一步促进政府、市场和社会等多元主体的上下联动、密切配合，有效形成群体力量，挖掘腰路村亮点，凸显腰路村资源优势和治理特色。

（三）数字赋能，推动乡村振兴迭代升级

在信息技术快速发展的时代，通过技术赋能推动经济社会发展和农业农村现代化变得至关重要。在未来发展中，腰路村在与清美集团合作中，需要加快提升农业产业发展的数字化水平。一是进一步谋划、引进诸如“清美5G水稻”等农业信息化示范项目；二是加快推进物联网、大数据、云计算在农业生产全过程的应用，实现数字化监测、智慧化决策和自动化管理，提

高生产效率；三是加快发展农产品电子商务，推进农产品电子化交易，保障田头市场、批发市场、冷链物流等环节关键信息的互联互通。另外，腰路村也要推进乡村治理的数字化进程。一是加强数字乡村应用场景的宣传和示范，提高农民掌握和使用数字技术的意愿；二是努力引导企业、公益组织等参与农民数字技能培训，有效提升农民数字素养和数字技能。

（四）产业升级，拓展全产业链拉动乡村经济

推动乡村经济发展必须要因地制宜，结合农业生产的特征和农产品全产业链发展的特色，打造具有腰路特色的农业发展模式。一方面，发挥好腰路村自然资源优势、地理区位和生态环境特色，打造乡村特色农产品。另一方面，腰路村要联合清美集团进一步加强品牌建设，重视“腰路+清美”的品牌营销，针对市场需求和热点，利用自媒体对品牌进行宣传推广，不断提升本地特色农产品的认知度和美誉度。此外，还需要依据农产品流通特点创新购销形式，针对生鲜农产品提高农村物流配送能力，完善冷链物流体系建设，充分利用线上电商平台拓宽销售渠道。

六　结语

党的二十大擘画了以中国式现代化全面推进中华民族伟大复兴的宏伟蓝图。全面建设社会主义现代化强国，最艰苦最繁重的任务仍然在农村。强国必先强农，强农方能强国，需要举全党全社会之力全面推进乡村振兴。在全面推进乡村振兴背景下，如何化“输血”为“造血”、由“被动”变“主动”、从“大会战”变“持久战”就成为破解乡村振兴可持续发展难题的关键。

浦东新区宣桥镇腰路村以产业振兴为纽带、以产乡融合发展为目标，由村企合作走向村企共同体建设，探索出一条极富中国特色的产乡融合赋能乡村振兴可持续发展道路。

第一，加强党的基层组织建设，发挥统揽各方、引领治理的作用。通过党建联建锻造推动高质量发展、高效能治理的坚强战斗堡垒，以党的组织整

合力、基层党员的鲜活力、跨界党支部的协同力，夯实了乡村振兴可持续发展的组织基础。

第二，以村企共同体建设构筑互利共赢新格局。产业发展为村民提供了更多的就业机会，增加了个体经济收入；村集体从土地流转、房屋出租、公寓物业管理等方面显著增加收益；企业通过村企合作巩固了农产品资源优势，扩大一二三产业融合型企业的渠道优势。三方互利共赢为构筑产乡融合发展夯实了行动基础。

第三，以新时代乡村生活新品牌铸就乡村治理新风貌。在乡村振兴过程中，让村民享受到高品质、便捷化生活服务，逐步形成充满活力的“乡村社区生活圈”。本地村民、外来工作者、产乡治理多元主体逐步形成了村企共同体意识，乡村治理人人有责、乡村发展人人参与、乡村服务人人共享，不仅解决了长期以来的村庄治理难题，也为乡村治理的未来发展提供了金点子、新创意。

腰路村乡村振兴实现从“被动输血”到“自主造血”的转变，乡村治理从“无人管事”到“人人管事”的转变，乡村生活从“一潭死水”到“满池春水”的转变，以持续共建、活力共享、协同共治为特色，为全面实施乡村振兴战略、推进中国特色的农业农村现代化贡献了浦东故事、上海样本和中国智慧。

参考文献

习近平：《高举中国特色社会主义伟大旗帜　为全面建设社会主义现代化国家而团结奋斗——在中国共产党第二十次全国代表大会上的报告》，新华社，2022 年 10 月 25 日。

刘景琦：《论“有为集体”与“经营村庄”——乡村振兴下的村治主体角色及其实践机制》，《农业经济问题》2019 年第 2 期。

俞可平：《社会自治与社会治理现代化》，《社会政策研究》2016 年第 1 期。

杨华辉、纪帅、李立等：《产业融合发展　助力乡村振兴　上海清美绿色食品（集团）有限公司农业全产业链发展模式探析》，《上海农村经济》2022 年第 2 期。

《清美集团做足“鲜”字文章　助力乡村振兴》，《上海农村经济》2023 年第 7 期。

《中共中央办公厅　国务院办公厅关于加强和改进乡村治理的指导意见》，2019 年 6 月 23 日。

《上海市乡村振兴促进条例》，上海市人大网站，2022 年 8 月 27 日，http：//www. spcsc. sh. cn/n8347/n8467/u1ai248422. html。

《上海市人民政府关于印发〈上海市乡村振兴“十四五”规划〉的通知》，上海市人民政府网站，2021 年 7 月 20 日，https：//www. shanghai. gov. cn/nw12344/20210720/046782b10d2145c0b201c41aca762196. html。

《产乡融合：乡村产业振兴的平湖经验》，浙江大学公共政策研究院网站，2022 年 8 月11 日，http：//www. ggzc. zju. edu. cn/2022/0811/c54166a2608758/page. htm。

场景规划　拓展善治

Scene planning expands good governance

B.8

物业进村：高桥镇探索城郊接合部农村治理新路径

王　昊*

摘　要： 浦东新区高桥镇农村地区是典型的大城市城郊接合部地区，在城镇化过程中面临许多治理难点、痛点，镇政府牵头在农村地区引入现代化物业，通过党建引领、联勤联动、监督评价、激励保障等机制做法取得了治理内容和形式的突破，在健全组织保障、推进自治共治、探索绩效评估体系、精细化治理上积累了广泛的经验，但同时也面临资金来源、村民意识、复制推广、服务内容等方面的挑战。展望未来，高桥镇需要在强化组织保障机制、引导多元参与格局、提升村民消费意识、优化升级服务内容等方面继续发力，探索和完善城郊接合部农村治理的新路径。

关键词： 物业进村　城郊接合部　基层治理　乡村振兴

---

* 王昊，中国共产党上海市浦东新区委员会党校副教授，主要研究方向为网络法学、网络文化学等。

物业服务在我国内地发展的时间不长，多集中在城市地区。1981 年，内地第一家现代房地产物业服务企业——深圳市物业管理有限公司创立。随着房地产业的迅速发展，城市物业服务需求大、发展快，已经成为现代化城市治理中的重要环节，是社区居民自治管理方式的延伸和补充，也是政府实现社区自治的有效抓手和有力助手。近年来，随着城镇化的发展，许多农村地区，尤其是城郊接合部农村纷纷拆村并居，外来人口大量涌入，传统村落的熟人社会渐渐变为新的乡村社区，安全隐患多、环境脏乱、设施使用低效等问题频发，给乡村基层治理提出了新课题。

2017 年，中共中央、国务院印发《关于加强和完善城乡社区治理的意见》中提出："有条件的地方应规范农村社区物业管理，研究制定物业管理费管理办法。"根据中央的精神，各省市这些年都多有探索。2020 年，上海市委市政府也印发了《关于进一步提升社区治理规范化精细化水平的若干意见》，提出"支持有条件的农村社区开展物业企业服务试点工作"；2021 年 9 月，上海市委市政府又发布《关于加强基层治理体系和治理能力现代化建设的实施意见》，要求："提升农村基础设施水平，改善农村生态环境，探索由专业服务企业提供农村房屋及设施设备管理服务。"相应地，浦东也在基层社会治理"十四五"规划中提出："不断提高农村公共服务供给水平，支持有条件的农村社区开展物业企业服务试点，探索农村集中居住地区开展小区化管理。"

一　高桥镇推进"物业进村"的缘起和背景

高桥镇位于浦东新区东北角，与外高桥保税区、港区、高东镇毗邻，下辖 33 个居委和 13 个村，是较为典型的城郊接合部地区。根据高桥镇 2019 年的排摸统计，全镇农村面积约 41429 亩，农村总人口数约 72384 人，其中户籍人口约 33366 人，外来人口约 39018 人。① 作为特大城市的远郊乡镇，高桥镇的农村地区已经基本不从事农业生产，是本地人口与来沪人员混杂的

① 数据来源：高桥镇城市建设管理事务中心。

集中居住区，人员分布密集、人口倒挂，情况复杂，呈现一些管理的难点和痛点。

一是基础设施配套少。高桥镇现有大部分农村住宅仍是村民自建房屋，房屋布局间隔多有不合理之处，村内道路狭窄，障碍物多，公共空间并不富裕，社区内往往绿化稀少，基础设施配套不足，村民生活十分不便。以停车为例，2019 年的排摸显示，高桥镇农村地区当时共有自建停车场 10 个，停车疏导点约 30 多个，总计能提供约 3000 个左右车位，但同时期登记需求车位的却有约 6000 辆机动车，缺口达 50%。另外还有约 7000 辆电力助动车（非机动车），但当时大多数村都没有设置专门的非机动车停车点。机动车停车困难，非机动车随意停放，经常发生拥堵，甚至车辆碰撞摩擦事件。

二是环境脏乱治安差。作为城郊接合部地区，高桥镇的农村地区均出现人口倒挂现象，人口流动大，外来人口多，部分村来沪人员高达全村实有人口的 70%。村中居住人口来自全国各地，村中不乏乱扔乱丢、乱停乱放、乱建乱搭的现象，村容环境脏乱差现象突出。另外，农村地区不设门卡，道路四通八达，外来车辆、人员随意进出，不但进一步加剧了村内环境的杂乱，也给村民的人身财产安全带来了威胁，一些村由此戴上了治安薄弱村的帽子。

三是消防安全隐患多。农村自建房屋多是砖木结构，耐火等级较低。高桥镇 13 个村目前仍不通天然气，村民与租客日常使用液化气钢瓶。不少村中均存在许多不规范的乱堆乱放现象。比如，液化气钢瓶随处摆放，各类新能源车、电力助动车等因缺乏标准化专用充电点随意停放，住户私拉电线杂乱无章，等等，许多电器、电线超标、老化严重，更是增加了消防安全隐患。许多村民和租户安全意识不足，电线上晾晒衣物被单，道路上乱堆杂物甚至易燃物品，消防隐患较大。村中公共区域面积狭小，缺少消防设施，几乎没有抗火灾风险能力。

四是管理服务不规范。高桥镇各村管理模式尽管有所差别，但大多是以村党总支书记为第一责任人，治保主任、卫生干部、村民小组长各司其职，再辅以聘用一支相对固定的队伍负责村内的环卫清扫、绿化养护、治安联防

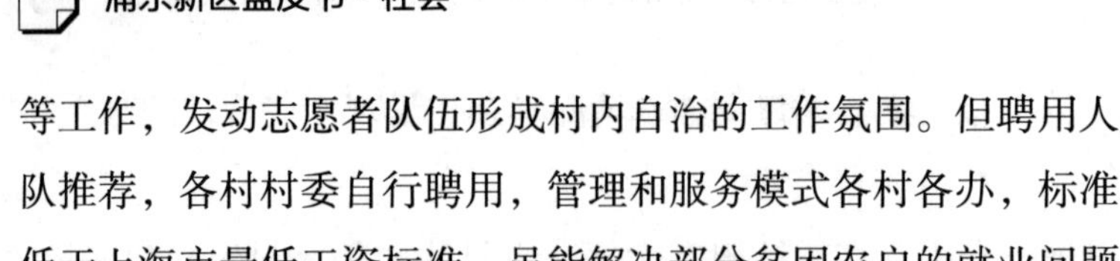

等工作，发动志愿者队伍形成村内自治的工作氛围。但聘用人员主要由生产队推荐，各村村委自行聘用，管理和服务模式各村各办，标准不一，一般都低于上海市最低工资标准，虽能解决部分贫困农户的就业问题，在一定程度上起到维稳和安民的作用，但此类人员缺乏专业技能，部分年龄在70周岁以上，工作成效难以保障，无法真正满足村民的日常需求。

在前期排摸中，位于镇西侧的陆凌村进入了视线。陆凌村与高桥石化仅一路相隔，是一个典型的城中村、厂边村，人口密度大、外部环境差、历史矛盾多、人员流动性强，在治理上遇到的矛盾更为突出。陆凌村村域面积0.99平方公里，常住人口达7636人，其中户籍人口2500人、外来人口5136人，[①] 人口倒挂现象十分明显。村内基础设施老旧、公共配套不足、消防安全隐患多、专业管理力量少。同样以停车为例，截至2019年12月，陆凌村共有自建停车场3个，能提供约220个车位，登记需求车位的约650辆机动车，缺口达65%；共有约1200多辆电力助动车，[②] 无标准化专用充电停放点。村域内的风险不可控点位较多，而各类管理设施及应急处置设备均不足，陆凌村的综合治理面临重重困难。

疫情期间，陆凌村采取了封闭式管理，村内治安和卫生状况得到很大改善，这给后续引入物业服务、实行小区化管理打下了很好的基础。2020年8月，在高桥镇党委政府的支持推动下，陆凌村作为高桥镇“物业进村”的第一个试点，首先引入第三方物业公司，采取封闭式网格化管理，通过硬隔离措施，将原先17个道口压缩为3个主要出入口，通过人防、技防，加强社区治安管理，全村村宅安全性大幅提高，110报警数量呈直线式下降，从2019年的226起减少到2022年的97起，下降率达到57.1%（见图1），[③] 2023年1月1日至5月31日，陆凌村110警情只有20起，成功摘掉了治安薄弱村的帽子，村民的安全感大大提升。同时，村里通过停车场改造、环境整治、修补绿化等，村域环境更为宜居，村民生活更加便捷。

① 数据来源：高桥镇陆凌村村委会。
② 数据来源：高桥镇陆凌村村委会。
③ 数据来源：高桥镇派出所。

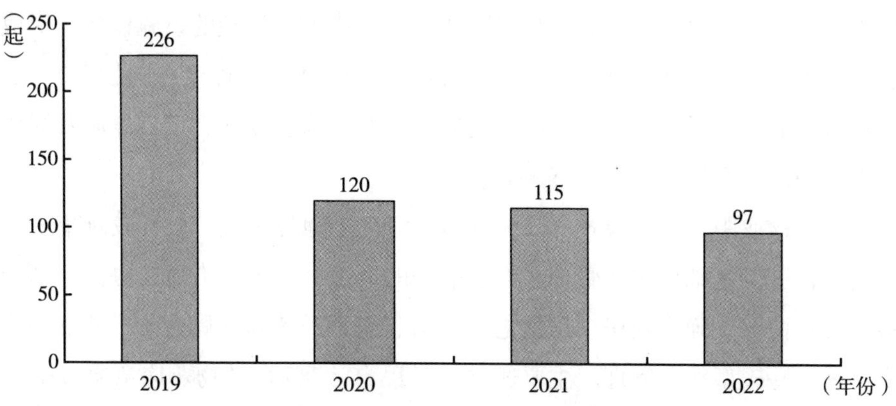

图 1　2019~2022 年陆凌村 110 警情数量变化

资料来源：高桥镇派出所。

陆凌村试点取得初步成效后，高桥镇迅速将“物业进村”推广到镇域内其他村。历时两年多，到 2020 年底，高桥镇 13 个村实现物业管理服务全覆盖，并根据各村不同特点，推出三种不同模式。三种模式各有特点，也各有所长和局限之处（见表 1）。

一是物业服务进驻模式。陆凌村、南塘村 2 个地理位置相对独立的农村集中居住区，依托小区化基本形态，全面实行全区域封闭式管理，由物业企业负责保安、保洁、保绿、保修等全要素物业服务，有力提升农村综合治理水平。同时，在做好基本物业服务功能的基础上向更优的智能化管理方向发展。道口封闭，设置智能化门禁，对于村域内的道口进行编码管理，建立村委应急响应制度，根据不同响应级别开启不同的道口数量；摸清村域人口底数，建立人口数据平台，对户籍人口、常住人口、外来流动人口等进行人员的分层分类管理，通过智能化平台加强人员管控、宣传教育、政策发布、通知推送等个性化服务。

二是物业服务专项委托模式。针对龙叶村、镇北村等 4 个管理边界相对清晰的近郊农村，由村委会项目化购买服务，聘请专业单位提供绿化养护、设施保养、垃圾清运等专项服务。龙叶村、镇北村、西新村、新农村 4 个村在地理位置上相对独立，可将村域划分成几个相对清晰的独立区域，结合疫情管控期间的临时封闭设施，加以改造，建设成长效管理的设施设备，形成长效管理机制。在此基础上，根据各村需求，通过规范程序选聘物业企业，设置必要的技防设施，设立定时巡逻岗，做好维修、保洁、车辆停放及绿化养护管理，提升居民的安全感。

三是物业服务点单模式。针对仓房村等 7 个地理位置分散且较难集中管理地区，进行基础性物业管理。经过前期的走访、排摸、沟通、协商，结合各村实际情况，确定仓房、三岔港、北新、新益、凌桥、顾家圩、屯粮巷 7 个村进行基础型物业管理，主要通过“村民自治管理+镇物业应急服务平台辅助”的方式。镇应急维修平台提供设施维修、管道疏通等 33 项基本服务，村民应急维修平台服务 1 小时应急响应、24 小时服务在线。村民可根据需求“点单”，直接通过服务站报修，或拨打 24 小时报修电话，实现“一键式”便捷服务送上门。

表 1　高桥镇“物业进村”三种模式

模式	代表村	村域特点	服务内容	优势	局限
提升版：物业进驻	陆凌村、南塘村	集中居住、位置相对独立	物业进驻，提供保安、保洁、保绿、保修等全要素物业服务	小区化物业服务，全区域封闭式管理，提供全要素服务，有力提升农村综合治理水平	对村域地理位置、居住条件等有要求；前期投入与后期服务支出较多。复制推广受限
标准版：专项委托	龙叶村、镇北村、西新村、新农村	管理边界相对清晰，可将村域划分成几个相对独立的区域	村委会项目化购买服务，聘请专业单位提供绿化养护、设施保养、垃圾清运等专项服务	相对灵活，可根据各村情况制定不同服务项目清单	物业不能直接进驻，服务内容受到一定局限
基础版：服务点单	仓房村、三岔港村、北新村、新益村、凌桥村、顾家圩村、屯粮巷村	地理位置分散，目前条件下较难集中管理地区	村民自治管理，物业提供维修服务项目，村民可通过村内服务站报修，也可拨打 24 小时报修电话	灵活度最大，对村域地理位置、居住条件等均无硬性要求。资金投入要求不高。适用性广	物业提供的服务内容有限，多集中于应急维修类，与城市小区物业服务仍有很大差距

二　高桥镇探索“物业进村”的做法和机制

近年来，随着乡村振兴战略的实施，全国许多省市进行了“物业进村”的探索和试点，都取得了一定的成效，见诸报道的有江西鹰潭、广东深圳和东莞、浙江杭州和宁波、重庆江北区、四川彭州、陕西宝鸡、新疆库尔勒市、山东聊城、河南洛阳……由南至北，从西到东，涉及我国大部分省市。因各地区情况的不同，这些物业模式都有各自不同的特点。高桥镇的物业进村，主要通过党建引领、联勤联动、监督评价、激励保障等方式，促进物业深度参与农村社区治理，有效提升乡村治理成效、创新乡村治理方式，打造美丽宜居乡村。

（一）党建引领民主协商

在物业进村工作的推进中，高桥镇健全组织架构，强化村党组织引领功能，发挥村委会主体作用，激发村民自治活力，推进物业进村实践全过程人民民主。比如，试点村陆凌村在物业入村前，先通过合法程序改选、完善两委班子，建立领导核心。在村两委班子的领导下，陆凌村通过党员入户宣传、村民实地参观物业企业、广泛听取民意，召开“听证会”，对比多家服务方案，遴选贴近实际、优势突出、资质良好的物业服务方；召开“协调会”，共商停车管理、服务费标准等关键事项；召开“评议会”，定期通报物业服务情况，推进难点问题处置；召开村民代表会议，修订村规民约，加强出租房屋、车辆停放、垃圾分类、外来人口、宠物饲养、公共设施、治安等七大领域自治管理。

（二）联勤联动应急处突

物业进村后，高桥镇调动各方力量，协调多方资源，建立联勤联动微平台，形成联勤联动机制。通过联勤联动微平台，压实各村物业应急响应责任，让物业成为基层应急管理的一支强有力的有生力量。各方联动，做到突发情况快速发现、有效预警、及时处置，消防、安全、极端气象等突发情况带来的隐患大大降低，村民安全生活更有保障。比如，2020 年底，上海遭遇 28 年以来最强寒潮，陆凌村物业人员接到气象预警后立即行动，调运除冰工业盐 300 公斤，铺设防滑草垫 500 余张，对 5 个公共厕所、120 米外露自来管道进行包裹，24 小时值班巡逻，及时有效处置安全隐患问题，保障村民安全生活和出行。

（三）监督评价闭环管理

物业服务收费一般有包干制和酬金制两种形式。包干制是物业公司向业主收取物业费，盈余或亏损由物业公司享有或承担，酬金制则是物业公司按合同约定提取酬金，资金结余或不足由业主享有或承担。包干制相对方便省事，不需要村民过多参与，但不利于监督物业公司持续输出优质服务。为了村民能获取更好的物业服务，高桥镇舍简就繁，选择了酬金制，并由各村成立村民代表、来沪人员代表、驻村律师、民警、职能部门等组成的物业监督小组，监督物业服务质量。在物业服务进驻的村，如陆凌村，前期与物业服务方签订临时协议，依据试用期考核情况确定聘用关系；中期每月公示物业项目资金使用等情况，每季度组织物业满意度测评；后期物业综合绩效考核结果与镇级补贴资金拨付、合同续签挂钩，实现全流程闭环管理。

（四）以奖代补激励保障

为了激励物业持续提高服务质量、输出优质服务，高桥镇建立镇级“以奖代补”机制，设置基本建设和日常运营专项补贴，其中，基本建设按照政府补贴比例从 80%、70%、60%、40%逐年递减；日常运营按物业合同价的 25%给予补贴，点单、专项、进驻模式，最高补贴依次为每年 10 万元、30 万元、50 万元。日常运营补贴结合年度考核，90 分及以上全额补贴，60~89 分按百分比计算，以差别化激励持续提高物业服务品质。截至 2023 年 4 月，高桥镇共下发镇级补贴 553. 6 万元。①

① 数据来源：高桥镇城市建设管理事务中心。

三　高桥镇推进“物业进村”的挑战

从陆凌村试点开始，高桥镇推进“物业进村”已有近三年。这三年中，边想边试，边试边完善，取得了不少突破，实现了下辖13个农村“三种模式”（见表1）的物业服务全覆盖，但同时，在工作推进中，也仍然存在一些困惑与挑战，有待下一步探索与克服。

（一）资金来源较单一

严格来说，物业服务其实是一种产品。产品有其价值，投放到市场，要按照市场规律购买。从城镇小区的物业来讲，其资金一般依赖小区居民缴纳的物业管理费、房地产开发商提供的管理基金、房屋维修基金、小区内停车费、广告费，等等。而在农村地区，房屋多为自建，没有管理基金、维修基金等，大部分村民没有缴纳物业管理费、停车费等习惯，分众传媒等广告商也较少覆盖农村，哪怕是大城市的城郊接合部地区也是如此。资金来源是“物业进村”主要难题之一，也是“物业进村”长效发展必须要解决的问题。

目前，全国各地在“物业进村”试点中，各地筹措资金的渠道不一。有的由政府兜底购买服务，比如北京市海淀区试点；有的则多方筹措，比如上海闵行区梅陇镇永联村通过集体经济组织补贴、停车收费和民宅“回租再出租”的差额收益等方式，筹措物业服务所需资金。

高桥镇建立了镇级“以奖代补”机制，设置基本建设和日常运营专项补贴，对各村的物业服务费进行补贴。在政策支持下，各村物业服务资金大部分来源于镇政府补贴，各村又根据各自情况通过集体经济组织补贴、向租户收取物业费等形式补齐不足部分。

首个试点陆凌村，全村每年所需物业服务费大约为220多万元，其中物业公司酬金约20万元。当前，这笔资金的54%来自镇政府环保经费，23%来自镇政府专项经费，另外的23%则通过向外来租户收取物业服务费获得。

陆凌村目前的物业服务，本地村民无须缴费，外来租户则按照学龄前儿童免费、其余儿童每人每月 5 元、成年人每人每月 10 元进行缴费。

从长远来看，单纯或大部分资金靠政府补贴并非农村物业的可持续发展之道。陆凌村向外来租户收费是一种非常有突破意义的尝试，但目前金额仍然远远不足，有待在将来进一步开拓资金来源渠道，建立农村物业自身的良性循环。

（二）村民意识待加强

随着城镇化的发展，外来人口增多，村民对停车、安全、环境等各方面需求的变化，农村原先自给自足、自我服务的方式与村民日益增长的美好生活需要不再相适应，这时候亟须专业的物业服务来解决这一矛盾。但在农村，物业服务还是个新事物，农村几千年形成的传统风俗和习惯在本地村民中仍有不小影响，村民对物业的接受也需要一个缓慢的过程。高桥镇在筹备“物业进村”过程中，由镇政府牵头提前进行了细致的调查研究，各村也分头行动，到村民中进行动员，宣传物业服务带来的好处，但仍有部分村民不理解、不接受物业服务这一新的“外来事物”。

物业进村提供专业化服务，有一部分村民因此利益受损，对物业服务心存抵触。比如，在实施“物业进村”之前，高桥镇各村的保洁、保绿、保安、保修等工作，多是采用聘请本村村民并以政府补贴资金支付工资的方式进行，能一定程度解决农村就业，提高部分村民收入，这在以往，也是农村自我服务、自我循环的一项措施。物业进村提供专业化服务，原先服务人员中年龄偏大、服务跟不上的一部分村民就不能再进入服务团队，由此引发了矛盾和冲突。

另外，当前物业服务资金虽由镇政府补贴为主，但仍有一部分需要各村自行筹措，首个试点陆凌村当时想尝试利用停车位等筹集一定公共收益，但本地村民以“没有缴纳停车费的习惯”为由拒绝，对物业费也根本不愿缴纳，最后陆凌村只采取了向外来租户收取物业费的做法，尽管收到了一定成效，但收缴率最高一年也只达到 80%左右。

（三）复制推广存限制

随着我国小康社会全面建成，新时代农民对生活服务的要求也会越来越多、越来越精细。从全国各地推进的经验来看，“物业进村”具有一定可行性，在未来也可能成为大趋势。但我国地域广大，各个地区的农村都各有特色，具体执行中遇到的问题不一而同，解决方式也应该多样化。以本课题的对象高桥镇为例，其农村地区多为典型的城乡接合部地区，具有城中村的典型特征。陆凌村之所以被选为首个小区化管理试点，跟其自身特点分不开：人口规模大，引入专业物业可以形成规模效应；外来人口多，对引入新事物接受度要比别的传统农村来得更高；居住集中，区域易于封闭，对实行小区化管理的可行性也要高于一些散而小的农村……种种特点决定了陆凌村和与之类似的南塘村可以采取物业直接进驻的模式，采购较为全面和完整的物业服务。

而高桥镇其他村，有的居住分散，难以封闭；有的人口规模较小，村中剩余居民不多；有的村域被公共道路割裂成几块，所以陆凌村的经验也不能完全复制推广到其他村，最后高桥镇因地制宜，使用了三种不同模式达到全镇农村地区物业服务全覆盖。高桥模式未来如要进一步向浦东其他地区、上海其他区，或者全国复制推广的话，也会面临诸多限制。目前来看，高桥镇“物业进村”的经验，比较适用于一些大城市的城中村，这类地区往往城镇化程度较高、人口规模较大、居住相对集中，在“物业进村”的推进上会更加容易一些。

（四）服务内容可拓展

在高桥镇物业进村的三类模式中，陆凌村、南塘村两个村物业直接进驻，向村民提供保安、保洁、保绿、保修等全要素物业服务。其他各个村则根据各自情况采取专项委托或点单模式，享受其中某项（或某几项）或者某时某刻的某个服务。但无论是全要素服务还是某项某个服务，除了个别“保修”项目外，其他都是传统“三保”的物业服务内容。

近年来，随着生活水平的提高，居民对物业服务的需求也更加多样化。物业管理企业之间竞争激烈，其服务内容已经渐渐呈现多元化、全产业化、金融资本化的新趋势。高桥镇农村地区的物业服务刚刚实现全覆盖，但随着城乡融合的发展和本地区物业服务的深入，村民们对物业服务的期许也会越来越高，需求也会越来越多，“物业进村”服务内容仍有很大的拓展空间。

四　高桥镇“物业进村”工作的经验与启示

经过近三年的发展，高桥镇农村地区实现了物业服务全覆盖。在工作推进的过程中，收获了一定的经验与启示。

（一）党建引领健全组织保障

党建引领是推进基层治理体系和治理能力现代化的根本路径。党建引领是一切工作的基石，任何工作都要在党的坚强领导下才能攻坚克难、办成办好。高桥镇坚持将“党建引领”作为物业进村的先决条件，要求各村“将支部建在物业进村服务的第一线”。这一要求保证了工作的正确方向，成为有力的组织保障机制。无论是在物业进村之前还是之后，村党组织都担当起了领导核心的重任，并充分发挥党员作用。比如，陆凌村建立功能性党支部，由村党总支牵头，村民代表、来沪人员代表、社区民警、驻村律师、职能部门等参与推进物业进村工作，队组党员纷纷走进群众做好“宣传员”和“信息员”，同时联合志愿者将工作触角延伸至各队组，做好“协调员”。另外，陆凌村按照“宣传引导—制定方案—物业进驻”流程，用好“三会”制度开展民意调研，各种制度规范公开上墙、明码标价，村民充分享受到就近的便民服务。

（二）民主协商推进自治共治

“物业进村”后，社区规划框架和村民自主意识、凝聚力进一步增强，高桥镇趁此建立健全村党组织领导、村委会负责、各类协商主体共同参与的村议事协商机制，着重突出“物业管理+自治共治”模式。高桥镇鼓励各村拓宽议事协商主体，吸收各方意见，充分利用“三会”制度，通过组织物业服务听证会、协调会、评议会等解决问题，部分通过议事协商难以解决的事项，则提交村“两委”有关会议讨论决策。广泛征集民意后，一些村修订了新的村规民约，形成体现行为规范、公共秩序、安全生产、日常生活、民风民俗等各方面的村民规约，弘扬睦邻友好的家园文化，培育积极向上的乡风民风，强化共建共治共管共享的家园意识。比如，试点陆凌村由此形成了“七套”规约，由村民自觉遵守，并由村民代表、外来人员代表、物业共同组成自治共治监督小组进行监督。通过民主协商机制，村民们开始熟练掌握和自觉运用起议事协商的方法和程序，充分发挥主观能动性，互相监督遵规守约，监督物业开展服务，形成自治共治的良好格局。

（三）强化监督探索绩效评估体系

从城市小区的经验来看，选择合适的物业企业进驻仅仅是物业服务的第一步，后续对物业的监督管理才是重中之重。高桥镇打破了传统包干、物业自负盈亏的管理模式，选择了酬金制物业服务，并通过镇级“以奖代补”的形式激励物业持续提供优质服务。各村根据情况成立物业监督小组，负责监督物业服务质量。物业进驻的试点村，更是实现全流程闭环管理。如陆凌村，设置了4%、6%、8%和10%四档酬金提取标准。村监会按照物业服务协议，组织居民对协议中约定的“四保”指标达成情况进行评价，根据评价结果支付物业公司相应酬金。通过绩效评估，一方面引导村民提高对物业的监管意识，参与社区治理，另一方面也鼓励物业公司提供优质的服务获取相应报酬和提成，让物业真正回归“贴心管家”的角色，有效建立农村地区互信互助的社会心态。

（四）因地制宜助力精细化治理

高桥镇在“物业进村”工作的推进中，始终秉持着“从实际出发、从村民需求出发”的原则，没有搞一刀切，而是认认真真搞调研、踏踏实实做工作，注重培育不同管理模式典型，以突出服务功能为主，以服务村民生活需求为核心，根据不同村情设置了三种不同模式。即便是同一种模式，每个村选择的服务内容也有所不同。各村都是在排摸情况、了解汇总村民需求后，通过民主协商，选择最适合本村的模式和服务内容，并在推进过程中不断根据实际需要而修正，将精细化治理落到实处。

高桥镇第一个试点陆凌村，在封闭式小区化管理的基础上，进一步因地制宜将原来边界模糊、散乱交叉的队组，科学划分成20个无缝衔接、无盲区的单元网格，实施网格化治理，形成“大包围、小分割”管理单元，落实精细服务措施。经过近三年的发展，陆凌村从政府引导、物业指导、村委代表、群众参与、市场运作五个方面入手，已逐步建成基层组织健全、社区环境优美、社会秩序井然的农村新型社区，成为高桥镇“物业进村”的样板村之一。

五　优化农村物业服务的对策与建议

目前，高桥镇农村社区物业管理已经正常运行，物业服务得到了大部分村民的基本认可。但综观全镇，推进农村物业管理过程中还需要解决一些问题，高桥镇也在筹划不断升级优化服务，并以物业进村为契机，探索城郊接合部农村治理新路径，全面提升农村治理水平。

（一）强化组织保障机制

物业进村是新事物，许多工作都在探索中创新。物业进村前，高桥镇乡村社区治理的主体主要有政府组织（镇政府）、村党组织（村党总支）、村民自治组织（村委会、村监委）等组成；物业进村后，则又多出了一个主体，即市场组织（物业服务企业）。物业服务企业与村党委、村民自治组织共同构成了农村社区治理的“三驾马车”，但三者之间关系的处理，仍是一个不断磨合、不断加强配合的过程，这也是城乡社区治理中的普遍性问题。

在高桥镇前期推进“物业进村”工作中，党建引领起到了关键性作用。

试点村陆凌村党建引领下的治理结构具有一定的借鉴意义，“三驾马车”各司其职：党组织担当领导核心，村委会代行业委会职责，主导组织“三会”，村监会则承担起对物业服务的监督评价职责。在之后的工作中，要继续坚持党建引领的组织保障机制，切实发挥基层党组织的领导作用，促进物业与村党委、村民自治队组深度融合，夯实农村治理“三驾马车”协同机制，形成“村党组织引领、村委会代行（职责）、村监委监督”的物业进村治理格局。

（二）引导多元参与格局

引导多元主体参与共治、创新治理体制和治理模式，是推进基层治理现代化建设的重要因素。物业进村是乡村基层治理模式的一次探索与创新，二者在目标价值上是契合的。物业参与治理，成为参与乡村治理“多元”中的一元，现实上也成为多元主体参与基层治理的重要一环。当前的物业进村工作，不论是高桥镇，还是全国其他地区的试点，多由当地乡村政府牵头，且由政府承担大部分服务费用，这就决定了政府在乡村物业服务中单一的主导地位。

政府在乡村物业服务中单一的主导地位，在前期可以发挥相当积极的作用，有助于物业顺利进村和工作的迅速开展。但到了工作后期，这种单一主导的模式却不太利于物业服务的进一步融合。若要达成长效治理，政府在乡村物业中的角色和作用将渐渐淡化，除了物业服务公司等市场主体外，社会组织公益机构、社会各方、村民（包括外来人口）等，都应是基层自治多元参与主体中不可或缺的力量。在高桥镇物业进村的未来蓝图里，理顺基层治理秩序、调动基层治理活力、畅通群众利益表达渠道、激发群众参与治理热情，形成多元主体协同参与机制，也是题中应有之义。

（三）提升村民消费意识

随着我国小康社会的全面建成，农村地区的社会生产力持续提高，农民收入也不断增加。尤其是大城市城乡接合部地区的农村，农民家庭人均可支配收入也在不断提高，但农村地区许多村民保持多年的消费方式和消费观念的变化却不是一朝一夕就能达成的。物业服务作为农村地区的一个新事物，许多村民对它尚有一个长期的接受过程，“花钱买服务”更是想都没想过。但随着物业服务扎根农村，渐渐与农村环境、治安，甚至乡村振兴发展相结合，原先的消费方式和消费观念就不再适配了。

要推进现代化物业真正融入农村，形成良好自循环，必须建立更高水平的消费意识与消费理念。这是一个漫长的过程，不能一蹴而就。当地政府可以多管齐下，以润物细无声的方式慢慢改变村民观念、提升村民消费意识：通过扩大宣传，改变农村居民的传统观念，强化消费意识；通过提供优质物业服务，提升乡村环境，改变乡村面貌，提高村民对物业服务的接受度；通过适合本地区本村的特色增值服务，为村民提供生活、消费上的各种便利，引导村民自掏腰包购买服务，快捷、便利地享受服务带来的身心愉悦。

（四）优化升级服务内容

我国物业服务行业尽管起步较晚，但发展迅速，物业服务范围不断扩大，服务内容也不断拓展。许多大型物业公司，如保利物业、恒大物业等，已经在物业传统“三保”的业务之余，开拓了房屋报修、装修装饰、社区零售、家政服务等众多增值项目。物业进村，既是建设美丽乡村、实现乡村振兴的有效途径，也是物业行业发展的又一片广阔天地。当前，高桥镇实现了“物业进村”全覆盖，但这只是一个起点，后续如何持续深入推进，不断充实物业服务的内容、提高物业服务的品质，仍然是一个重要课题。

如何促进物业服务不断优化升级，这其实也是一个多方共同努力，且能达成共赢的课题。一方面，村两委、村监委要加强对物业公司的监管，敦促其在持续稳定提供已有优质服务的同时，不断优化拓展服务内容。若物业服务停滞不前，随着村民需求的不断提升，必要时可以根据一定程序选择更换能提供更优服务的物业企业。另一方面，物业公司也要及时转型升级，以城市地区的经验，主动拓展社区零售、装修装饰、家政服务等业务，将许多增值服务变成可选择、可组合的模块，结合农村地区特点进行选择、添加。与城市小区不同，许多农村房屋均为自建，物业可以提前介入农村房屋的设计与建造、美丽乡村和美丽庭院的打造与建设，自身得到发展、在市场中立于不败之地的同时，为农村提供更多就业岗位，提高农民收入，成为乡村振兴的重要力量。

参考文献

尹利民：《中国乡村治理的结构性转换与治理体系塑造》，《甘肃社会科学》2022 年第 1 期。

石秉玉、陆庆媛、刘丹、韦璇、罗疏桐：《现代化物业进村助推乡村发展研究》，《合作经济与科技》2022 年第 1 期。

廖慧勤：《建构乡村社会治理共同体的境遇与选择》，《理论导刊》2022 年第 1 期。

王慧琼：《物业“顾问”进村　居住品质提升》，《深圳特区报》2021 年 10 月 25 日。

桂华：《面对社会重组的乡村治理现代化》，《政治学研究》2018 年第 5 期。

蔡文成：《基层党组织与乡村治理现代化：基于乡村振兴战略的分析》，《理论与改革》2018 年第 3 期。

常明杰：《由碎片到整体：农村社区化治理的现实困境与路径构建》，《农村经济》2016 年第 8 期。

许建华：《物业管理在新农村建设过程中的有益探索——广东省华侨物业发展公司对“长龙村模式”的经验总结与思考》，《中国物业管理》2007 年第 3 期。

B.9
"50米视界"：塘桥街道打造党建引领社区治理的新空间

孙晴娟*

摘　要： 治理空间是社区治理的核心要素，蕴含着社区善治的多种可能。塘桥街道充分认识到小区主出入口治理空间的综合属性，通过对门卫室进行"微改造"、对小区主出入口进行"微经营"、赋能空间搭建基层服务的"微平台"、打造多方参与的"微空间"和标准完整的"微品牌"，实现了社区治理能力和水平的"大提升"。塘桥街道探索走出了一条以空间营造为抓手、以党建联建为动力、以满足居民需求为驱动、以构建社区善治为目标的社区治理路径。而面对街道部门职能下沉力量不够、物业服务人员专业化程度不够、青年群体参与力量不够的问题，塘桥街道可以通过进一步发挥党建引领、开展物业服务人员的培训、拓宽青年群体的参与途径等方式来提升社区治理水平。

关键词： 党建引领　社区空间改造　社区治理　50米视界　空间赋能

为积极践行人民城市重要理念，打造与社会主义现代化引领区相适应的精品城区面貌，2022年浦东新区区委、区政府出台了《浦东新区街道整体提升打造精品城区专项行动计划（2022-2025）》，指导新区"宜居"社区、"绿色"社区、"智慧"社区和"个性化"社区建设。

* 孙晴娟，中国共产党上海市浦东新区委员会党校助教，主要研究方向为马克思主义理论研究。

塘桥街道认真贯彻“精品城区”的工作部署，结合自身资源禀赋、发展目标、人口结构和人文内涵，提出了打造“小而精、精而优、优而美”的“宜居”社区建设思路。为突破街区风貌老旧、环境卫生脏乱、门责管理问题等发展瓶颈，塘桥街道在街道党工委的引领下，通过重新布局以小区主出入口为原点、半径50米范围的视域空间（“50米视界”，又叫“三口一视界”）（见图1），成功打造出一个继“两委”办公场所、中心花园、门洞楼道之后，群众不请自来、服务距离最短、多方参与互动性更强的社区治理第四空间。

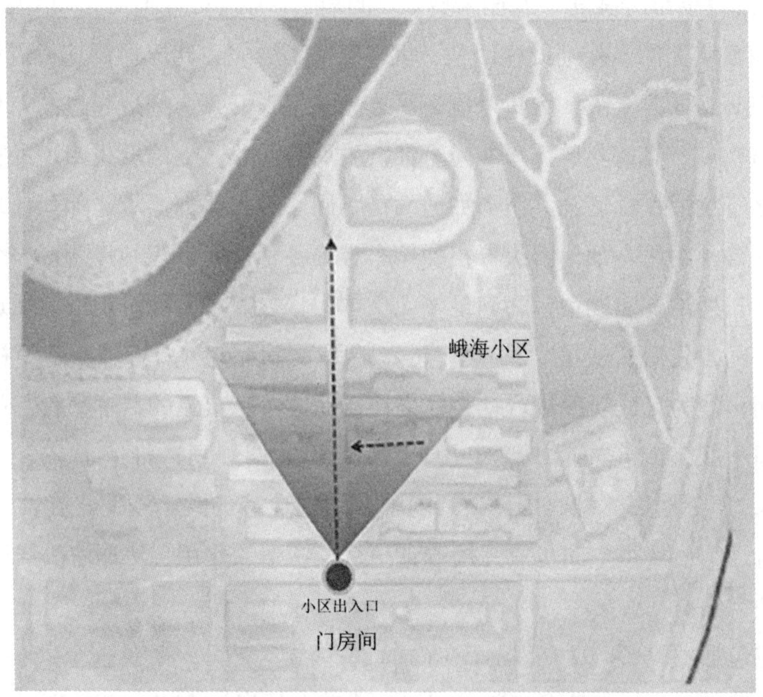

图1　以峨海小区为例，“50米视界”图示

一　塘桥街道“50米视界”的缘起

塘桥街道“50米视界”是党建引领社区治理的实事改造项目。这一项目的创新点在于以党建引领营造社区治理第四空间来解决社区治理顽疾、满足居民生活需求。社区治理空间之于社区公共空间除了居民社会性互动场所的公共属性外，还带有政治性的意味，它不是价值中立的存在，而是治理主体通过权力博弈赢得治理理念的胜利，并依此构建起来的公共空间。秉持共建共治共享的治理理念，塘桥街道致力于重组空间治理要素，将其转变为推动社区善治的空间结构。

作为浦东新区面积最小的街道，塘桥街道在其 3.86 平方公里的区域内涵盖了医院、商业、楼宇、园区等各类要素，是浦西前往浦东的“朝南门厅”、陆家嘴金融城的“花园后巷”、世博前滩的“黄金走廊”。正因塘桥街道资源禀赋突出、基础设施便利，也吸引了不少人在此居住。塘桥街道的常住人口高达 8 万余人，人口密度每平方公里超 2 万人，远远超过浦东新区平均人口密度。高密集的人口在带来经济发展的同时，也给塘桥街道的社区治理带来了挑战：社区公共服务如何满足不同层级人群的需求、如何处理由此带来的各种纠纷、如何解决群租和停车难等各种社区治理顽瘴痼疾……

在长期治理实践中，为满足多元主体的日常需求，塘桥街道灵活运用碎片化空间，先后营造了“两委”办公场所、社区花园、门口楼道等社区治理空间，作为社区居民进行社会性交往、畅达信息交流的共享平台。如在金浦家园小区，街道与上海“四叶草堂”组织共同规划，打造了一个“疗愈花园”，成为居民休憩娱乐、谈话闲聊、增进连接的共治空间。在文明创城的契机之下，楼道空间也成为楼道党小组发挥引领作用、协调解决居民困难的治理空间。

但包括“两委”办公场所在内的这些治理空间，存在一个共性问题：社区的管理和服务只涉及少部分居民，大部分居民没有机会参与进来，居民总体的感受度和参与度较低。在此前提下，能否在党建领导下找到一个既能精准便捷提供服务、解决问题，又能使群众主动反映日常生活小事，还能持续推动上下之间能量互动的空间平台，成为塘桥街道提升社区治理精细化、利民化水平的关键。

在新冠疫情防控期间，小区主出入口集散中心的作用被凸显出来：在封闭式管理的居民区中，主出入口不仅连接着千家万户的共同家门，还是党和政府把服务送到群众身边、把关怀传递到群众心里的一个天然通道，也是各类信息和管理服务要素的集聚地。小区主出入口的天然优势叠加塘桥街道推进“家门口”服务“最后一米”的决心与文明创城期间积累的治理经验，为搭建全方位感知、全人群覆盖、全要素汇聚的“50米视界”创造了基本条件，从而使之成为继“两委”办公场所、社区花园、门洞楼道之后的社区治理第四空间。

二　“50米视界”建设和发展的具体实践

在街道党工委的领导下，塘桥街道紧盯居民最关心、最直接、最现实的利益问题，通过改造小区门卫室、强化安全服务文明端口、搭建服务管理品质平台、调动多元主体力量、强化标准建设等措施，成功营造出守护居民安全、解决社区难题、满足居民需求的“50米视界”治理空间。

（一）以门房间微改造撬动社区治理改革

门房间指的是小区主出入口的门卫室（亭）。塘桥街道改造更新门房间的原因主要有两个。一是小区门卫室（亭）作为封闭式社区和社会交流的枢纽，本应具备防卫、管理、沟通等多重功能，但长期以来过于强调社区守护的单一功能忽视了其他功能，使得门卫室似乎成为专供安保人员使用的场所。再加上里面往往阴暗潮湿、烟雾缭绕，普通居民也根本不会主动走进去。二是塘桥街道在推进“家门口”服务中发现，“家门口”服务站接待的对象以老年人为主，青年群体对“家门口”服务的感受不高。他们如果在日常生活中遇到问题，通常会在进出小区时向安保人员寻求帮助，而缺乏专业性的安保人员往往又不能给出良好的解决方案。

基于此，为进一步完善门卫室的功能建设、加强社区守护和管理服务能力，塘桥街道开启了门房间改造工作，通过硬件改造和环境美化，将其变成了一个集门岗工作区、居民接待区、便民服务区为一体的综合空间。现在，“门卫室（亭）不仅温馨舒适、功能丰富，而且成为居民‘不请自来’的应用场景和社区中最受欢迎、最信任的地方。”龙园居民区党总支书记万添杰如是说。

如何改造门卫室（亭），每一小区有不同的方案。居民区基层党组织通过组织召开多次听证会，邀请社区党员代表、居民骨干、街道职能部门代表及其他居民参与，对改造项目提出意见建议，最后形成改造方案。门卫室“微改造”的基本思路如下。

首先，扩建或美化原来的门卫室（亭），如更换陈旧的设备，包括房门、电子显示屏，美化打造“微心愿”、“点平台”、志愿者风采展示墙，修建共享厕所等。其次，整治清除小区主出入口区域的乱点现象和短板弱项，如对垃圾处理和停车乱象等问题进行及时处理，休整环境等。最后，围绕宣传引导，在小区入口区域深化“五个一”布局，即一个小景观、一个接待台、一块电子屏、一个宣传栏、一块导视牌。通过一系列“微改造”，小区主出入口更加干净、整洁、美丽，小区环境也更加有气度、温度、亮度，达到了政府“花小钱”推动居民感受度“大提升”的效果。

（二）对“50米视界”空间综合性进行微经营

社区治理空间应当是物质性、主体性、公共性和社会性的有机统一。物质性是空间存在的前提，是主体性、公共性、社会性等其他属性发挥作用的基础。通过对小区门房间和“主出入口横向50米、纵深100米范围”进行硬件改造，塘桥街道社区治理第四空间的物质性边界就基本划定，在此基础上，如何实现治理空间的主体性、公共性和社会性，如何进一步实现软空间的善治理，关键在于激发居民群众的主体意识，自觉进行空间经营。具体来看，塘桥街道主要进行了以下几个方面的拓展。

一是强化社区居民的空间主体意识。塘桥街道一方面在“50米视界”中增设了一系列体现居民当家做主的小板块，如“回音壁”“点评台”“志愿者风采展”等，不断增强居民的主体意识和对社区的归属感。另一方面坚持发挥基层党组织、党员群众在社区治理中的引领作用，以党员先锋队为核心，将社区自治团队、社区内各行各业领军人物、专业人士、志愿者、社区居民等紧紧团结起来，充分利用“三会”制度，以全过程人民民主的形式共同决定社区各项事务，从而不断增强居民参与各项活动的主动性，形成“社区是我家，人人共参与”的浓厚氛围。

二是拓展治理空间的公共性功能。塘桥街道是通过开展各种各样的社区活动来增强“50 米视界”的公共性的。社区活动是以共同的目标为指引，以隐蔽性规则将居民联系起来的公共性活动，具有增强居民联系、形成社区秩序的积极效果。塘桥街道将垃圾分类、环境整治、政策宣传、文明建设等各类活动置于“50 米视界”空间中举办开展，不断拓展了社区治理空间的公共属性。

三是增强治理空间的资源集约性。塘桥街道“50 米视界”社区治理第四空间的形成离不开区委区政府的大力支持、离不开街道各条线部门的协同配合，也离不开社会力量的共同参与。以“微心愿”这一板块为例，为实现居民的小心愿、小愿望，蓝东居民区党总支联合上海大智慧股份有限公司、上海恒泰期货有限公司、上海春舜投资（集团）有限公司、荷乐盈（上海）餐饮管理有限公司等多家驻区单位开展“我为群众送温暖·微心愿认领”活动，不仅直接实现了居民的“微心愿”，而且还将社会力量有机融入社区治理之中，为打造韧性的社区治理空间提供了支持性力量。

（三）搭建管理服务微平台

从空间改造到空间经营，“50 米视界”实现了物质空间与社会空间的有机统一。但要以空间营造带动社区治理的整体变革，还必须进一步推进空间赋能，即对社区安全、社区服务、社区文明的赋能，以维持社区稳定、提升居民生活质量、改善社区环境。

一是依托现代化科技手段筑牢社区安全防线，打造“安全守护的关口”。“小区门口—楼道口—家门口”是社区安全的三道防线，犹如人体的免疫屏障，小区主出入口就是防止病毒侵入人体的皮肤屏障，是第一道防线。塘桥街道主要是依托物联感知设备和联勤联动工作站来增强小区主出入口的安全守护能力的。通过在小区门口全面接入视频监控、智能门禁、车闸道闸等物联感知设备，有效解决了人车拥挤、防卫缺守等问题；通过微型联勤联动站和微型消防站，塘桥街道进一步将街道相关条线部门和行政执法力量下沉到居民社区，实现对社区 24 小时全天守护，第一时间解决各类安全问题。

二是将便民服务前移到小区门口，打造“社区服务的端口”。原本需要去往“家门口”服务站才能办理的卡证申换、政策咨询、共享物品借用等事务，现在居民进出小区门口时就能顺路办理。社区居委在小区门口设置了便民工具箱（打气筒、老虎钳等常用物品）、医疗物资、共享厕所等可见可得的设备，而且还将政策宣传、物业接待、预约服务、意见反馈等功能依托“接待台、电子屏”融入进来，使居民能够有问题随口问、有意见随时提、有资料随手拿。

三是赋予小区主出入口文明宣教功能，打造“文明示范的窗口”。塘桥街道深化“文明三美”活动，不断涵养居民的文明素养：深化文明宣传提升“人文美”，利用好“一屏、一栏、一墙”等宣传载体，以每日一题、每周一述、每月一排的方式加强居民对党的理论政策的理解；开展公益服务提升“行为美”，在小区门口定期组织开展志愿风采展示活动、公益项目对接活动、微心愿认领活动等，推进文明实践服务常态化；拓展民主交流活动提升“心灵美”，用好主出入口这一“会客厅”，围绕“文明养犬”“垃圾分类”等主题展开讨论，形成共同遵守的社规民约和良好风尚。

经过三年的建设，小区主出入口的“50 米视界”基本实现了社区文明触目可见，社区服务触手可及，社区平安 24 小时守护，社区管理服务全人群覆盖，成为提升居民凝聚力和自治力的平台。

（四）打造多方参与互动性更强的微空间

塘桥街道推进“50 米视界”的过程，实际上也是不断重构社区治理网络的过程。由于小区的主出入口是社区所有人群的必经之地，是能覆盖全人群的“会客厅”，稍加改造就能变成多方参与、互动性更强的公共空间，因此，塘桥街道突破原来社区制的“社区—网格—楼组”管理网络，以“50

米视界”治理空间为节点，将党建、政府、居民、社区组织的力量聚集起来，打造出一个多元主体共同参与，活力更强、互动性更强的“微空间”。

小区门口人流量集中只是创造多元参与的必备要素之一，关键在于如何将多元主体汇聚成推动社区治理的强大力量。对此，塘桥街道创立了两条不同的路径。

一是以“今日我当班”制度将党员、居委会、业委会、物业公司负责人、工作人员、居民团体负责人、志愿者以及社区民警、城管、与居民区结对的律师等群体力量凝聚起来，做好值班安排，确保接待台每天都有人值班，并根据值班人员的专业类型为居民提供菜单式的服务。这样居民在路过小区门口时看到有人值班，就很自然地进去问问、聊聊。而针对居民随口提出的诉求和咨询，值班人员能解答就当场解答；无法解答的就记录下来，立即反映到居委，后者再沟通涉及的各方，一起来解决问题。

二是在推进“50米视界”改造项目过程中，灵活运用“三会”制度组织居民全过程参与，激活居民的主动性，使居民不再只是“被服务”的对象，而是“服务—被服务”关系中的主体。蓝东社区党总支将“三会”机制落实在小区门口，在门卫室设置意见箱、登记本、问询表，动态收集共性问题，推动“三会”议题在小区大门口收集。“三会”议题的讨论成果还会在小区大门口定期公布与展示，接受居民群众监督反馈评价。通过“三会”制度，不仅影响居民日常生活的僵尸车问题、街心花园鸽棚占绿等“老大难”问题得到解决，而且居民也在这一过程中不断加强了对彼此的了解、对基层服务工作的认识，增强了对社区基层工作的认同感，带动了更多人参与到社区治理之中，社区自治的力量进一步凝聚到“50米视界”这一治理空间之中。

（五）创设标准完整的社区治理微品牌

三年来，塘桥街道不断推进“50米视界”改造项目走深走实，不断推进内涵式建设和标准化建设，已从建设之初的“一个接待台、一块信息板和一箱共享物品”到现在成为“把让人民宜居安居放在首位”理念的实践站。在这个过程中，塘桥街道树立品牌意识，不断加大对这项社区治理创新模式的总结提炼，研究形成了包含建设标准、服务标准和考核标准在内的规范标准体系。

“50米视界”项目以小区主出入口的横向50米和纵深100米的视域范围进行复杂性营造为抓手，确定建设清单，在提升硬件设备的同时，制定形成了“五个一”的规范标准。2020年以来，塘桥街道每年投入数百万元推进小区“50米视界”项目建设，重点对小区门房间、周边环境、功能布局、氛围营造等进行整体改造和提升。经过改造提升，小区门口从单一的道路通道变成了涵盖门岗工作区、便民服务区、宣传展示区在内的综合空间。

在做实服务上，塘桥街道也明确了服务标准，形成了“1+3+X”（1为居民区党总支+3驾马车+广大社区志愿者和社区单位）的服务接待机制，重点做实包联领导接待机制、业委会接待机制、居民区党组织书记和主任接待机制“三大机制”，保证“50米视界”能够实现常态化值守，确保居民的诉求能够及时得到反馈。为进一步规范服务工作，塘桥街道还完善了工作考核标准，将居民的满意度纳入考核体系之中。“接待有记录、问题有回应”是针对居民诉求提出的考核要求，强调必须及时通过“回音壁”信息板反馈相关进度，真正做实“件件有着落、事事有回应”。2021年，塘桥街道编撰写成了《“三口一视界”指导手册》和案例集，进一步规范了“三口一视界”的操作程序。

三　“50米视界”取得的主要成效

“50米视界”打造了党建引领社区治理的“塘桥样板”，其最具创新之处在于盘活空间存量，成功打造出社区治理的第四空间。但空间本身不是目的，以空间改造导向社区善治更为重要。塘桥街道在发挥党建组织引领作用、激活居民参与活力、提升社区治理效能以及改善居民生活品质四个方面向社区善治迈出了重要一步。

（一）形成了一支以党支部为核心的志愿者队伍

社区基层党支部作为基层党组织，具有政治属性和社会属性的双重属性。在社区治理中，社区基层党组织常常发挥着以自身组织力凝聚居民群体正能量的作用，将党员、居民等主体紧紧围绕在基层党支部周围。

在“50 米视界”项目推进过程中，塘桥街道充分发挥党建引领作用、组织作用，依托党建组织网络，通过让基层党支部被群众看得见、给群众帮得上、让群众信得过，逐步构建起了一支以基层党支部为核心的、以基层党员为主要力量的社区志愿者服务队伍，并以“1+3+X”的服务制度固定下来。

其中“1”为居民区党总支，“3”为社区治理的三驾马车，“X”所代表的就是广大的社区志愿者和社区单位。在这支队伍中，一部分是稳定参与的基层党员，他们大多是在大上海保卫战中，通过亮身份、亮职责、亮承诺的“三亮制度”固定下来的坚强力量，其中不乏专业性较强的退休工人，能够帮助社区居民解决日常生活难题；另一部分则是动态变化的社区志愿者，根据时间和兴趣有选择地参与社区活动。比如 2021 年中秋节期间，不少社区通过“50 米视界”宣传栏发出了“自制月饼暖心送老”活动的志愿者招募通知，一批感兴趣、有经验、有特长的志愿者在看到通知后参与进来，为活动助力。

塘桥街道通过发挥社区基层党组织的组织力，紧紧将社区基层党员和广大社区居民动员起来、团结起来，形成一支既有稳定力量又机动灵活的志愿者队伍，为确保各项活动有效开展和各项问题有序解决打下了基础。

（二）激活了社区群众参与治理的活力

“50 米视界”的一项重要成效就是“居民不请自来”。居民自觉主动参与社区治理是社区善治的基础，调动居民参与热情和主动性则是摆在社区治理者面前的一道难题。塘桥街道充分利用“50 米视界”的互动沟通功能，探寻到一条以参与渠道便捷化调动参与热情的破解之路。

一方面，居民自发主动地走进了“50米视界”。“50米视界”为居民提供了最为便利的反馈渠道，使居民在进出小区时，像“唠家常”一样将自己的建议、遇到的问题面对面传达给值班人员或工作人员，而不用担心有没有人在、有没有人回应的问题。比如，在推广建设“50米视界”后，东方汇景苑小区居民就针对非机动车充电桩安装完成但长久不见使用的问题多次在居委接待日上提起，居委了解之后，发现导致上述问题的原因在于地下空间没有接入手机信号，小区业委会与供应商就费用支付问题陷入僵持。在参与接待日领导的协调下，街道相关职能部门积极与供应商对接，提出合理的建议，顺利解决了这一问题。居民们在散步时就能把问题反映上去，小问题即时就解决了，大问题也有回应，再也不用为了一点小事跑来跑去，也不用担心事情没有回复了，居民的参与热情被极大地调动起来。

另一方面，“三会”制度与“50米视界”的深度融合确保了居民的合理提案能够变成切实可行的操作方案。“50米视界”是居民提供建议的平台，而“三会”制度则是贯彻落实居民提议的制度保障。峨海小区内有一方极为茂盛的迷你药草园，它就是居民建议的结果。在落实人大代表联络员制度时，蓝东居民区党总支书记在“50米视界”值班接待时，一居民向其建议“以绿化带内生长20余年的松树为核心景观，邀请擅长中草药种植的志愿者在周边种植适宜于各季节生长的中草药，并配备相应的科普展板，打造一个迷你药草园。”这一建议得到各方的认可和支持，并通过“三会”制度确定了建设方案。建成后，居民们发现药草园光建成不行，还需要做好养护，于是便自发加入小区护绿志愿者服务队，负责迷你药草园以及其他绿化景观的养护工作。居民参与社区治理的热情，就像石子投入湖水中，泛起了越来越大的涟漪。

（三）提升了社区治理的效能

社区治理效能反映了社区善治的水平，而影响社区治理效能的因素有很多，对于塘桥街道而言，一是如何协调多元主体的利益问题，二是能否及时发现、处理各类社区治理问题。对于第一个问题，塘桥街道明确了以基层党支部为核心、多方共同参与的民主协商渠道加以解决；对于第二个问题，塘桥街道则主要是利用社区联勤联动站辅助处理的。

一方面在原有社区联勤联动站的基础上，对联勤联动站的位置做了调整——将其延伸到“50 米视界”中，实现了对社区安全、管理的 24 小时全天候在线监控；另一方面完善了“居民区约请”和“部门主动协调”双向机制，将街道条线部门和行政执法力量下沉居民小区，形成了以居民区党组织书记、社区民警、执法人员等组成的联勤联动队伍，提高了对各种问题的处置效率。

由于地理位置优越、周围资源便利，流动人口非常多，塘桥街道一直存在群租、短租问题，尤其是靠近仁济东院和上海儿童医学中心这两大三甲医院的南城社区，这一问题屡禁不止，带来极大的安全隐患，居民苦不堪言。为系统解决这一问题，南城党总支与居委坚持两条战线协同发力，一是联合公安、城管等执法部门，通过联勤联动智能监测，及时整治已发现的群租现象；二是依托“50 米视界”宣传栏做好群租危害宣讲，组织物业、街道条线部门管理人员、业主代表等多方召开现场协调会，做好业主思想工作，经过多次处置和协调，社区内的短租群租现象得到极大地改善。

（四）改善了居民的生活质量和生活品质

“50 米视界”又叫“三口一视界”，“三口”即“安全守护的关口”“家门口服务的端口”“文明示范的窗口”，而这三个“口”综合发力，就构成了一个“品”字，这个“品”指的就是居民的生活品质。

居民生活品质既是在一点一滴的温情中积累的，又是在纾解生活难题的过程中提升的。塘桥街道在小区门卫室设置了一个便民工具箱，其中多是居民日常生活中急用的物品，如口罩、消毒液、雨伞、轮椅、共享头盔等。实际应用下来，发现不仅这些急用、常用的物品使用率非常高，而且就连原本以为使用率较低的打气筒也频繁被借用。根据居民建议增设的公用卫生间，也为不少居民解了燃眉之急。

老旧小区的功能和环境也是影响居民生活品质的重要因素，在塘桥街道70个住宅小区中，住宅楼平均年龄约为24年，房屋“老龄化”程度严重，居民对改善生活质量的需求十分迫切。对此，塘桥街道一方面积极回应群众诉求，大力推进小区更新、加装电梯等实事工程；另一方面大力整治社区环境、提升居民文明素养。以加装电梯工程为例，针对“意愿征询难、绿化移位难、资金筹集难”等疑难问题，塘桥街道打出了“感情牌”“技术牌”，管好了居民的“钱袋子”，将难题各个击破。街道还拟定了3年计划，辖区内近30个老旧小区，都将按照成片推进的原则实施综合整新。

居民在小区里感受到安全、感受到服务的精心和温度、感受到环境的变化和文明素养的提升，自然也拥有极大的获得感、幸福感、认同感。

四　营造“50米视界”的经验

社区是城市社会最基础的单元和细胞，社区治理的好坏直接关系到居民的生活质量和城市社会的和谐稳定。塘桥街道打造“50米视界”的社区改造项目，得到了社区居民的广泛支持和肯定，走出了一条党建引领社区基层善治的新路子。

（一）重视治理空间在社区治理中的重要作用

如前所述，治理空间是社区治理的基本构件，是导向社区善治的前提和基础。塘桥街道充分认识和利用小区主出入口这一治理空间全方位感知、全人群覆盖、全要素汇聚的治理优势，对空间进行“微改造”“微经营”，打造出一个“群众不请自来”的应用场景。通过这一空间，不仅各项服务能够及时送达群众身边，而且还加深了群众与基层党组织之间的密切联系。因此，对于社区治理者而言，需要充分认识到社区治理空间的重要作用，而只要因地制宜设计好、利用好小微空间，就能打造出群众积极参与的应用场景，群众也会通过可见可得的服务，不断增强对基层工作的理解和认同。

（二）重视党建联建在社区治理中的引擎作用

在营造“50 米视界”社区治理第四空间过程中，坚持党建引领是塘桥街道的重要经验。在一定程度上，“50 米视界”就是党建引领居民自治共治的工作阵地。塘桥街道以基层党组织的组织力和引领力为抓手，将基层工作和居民需求紧密结合起来，把群众力量、社区企业力量以及部门条线力量紧紧凝聚起来，以党建带联建、促社建，打造出多元主体普遍参与、共建共享的社区治理新局面。因此，社区治理者要高度重视党建引领在社区治理中的引擎作用，坚持在基层党组织的领导下，将物业、业委会、楼组长、志愿者、党员骨干、社会组织、社区单位、商户联盟以及街道各条线部门的力量统合到治理空间中，将居民区由“独自打保龄球”变为多元主体“百花齐放”的共建共享空间。

（三）重视居民需求在社区治理中的驱动作用

了解居民需求、满足居民需求，是新时代社区治理的应有之义。塘桥街道一方面通过管理下沉的方式，不断将公共服务管理从居民“家门口”向“散步圈”延伸，真正将教育群众、关心群众、服务群众从“最后一公里”缩小到了“最后一米”；另一方面引导居民主动反馈，通过“今日我值班”制度统筹协调行业力量和“三驾马车”力量轮流在小区门口“摆摊”式接待、现场办公，及时解决居民反馈的小问题，而对于当时不能解决的问题，形成问题清单向上反馈，经由上级指示给出解决方案，形成管理闭环（见图 2），满足居民需求。

居民是社区治理的主要对象，也是最有权评价社区治理好坏的主体，社区治理者需充分认识到居民日常需求在社区治理中的驱动作用，认识到满足居民需求是提升社区治理水平的关键。

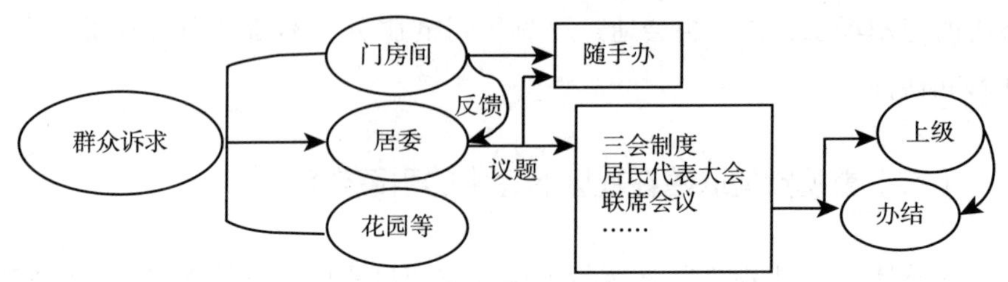

图 2　群众诉求回应流程

（四）重视社区善治在社区治理中的导向作用

社区善治是社区治理的最终目的，也是逻辑终点。[①] 社区善治作为社区治理的目标和结果，包含甚多，总体上可从“社区环境、居民生活质量和社区稳定”[②] 等方面加以理解。实现社区善治的途径有很多，塘桥街道主要是通过空间营造和空间赋能的形式来实现的。塘桥街道通过盘活存量空间，对“50 米视界”进行空间营造，以硬件设施的更新划定了社区治理第四空间的范围；通过空间赋能将安全守护、群众服务和文明涵养的功能下沉到居民身边，增强居民在社区生活的安全感、获得感和幸福感；又通过空间交往，凝聚多元主体力量反向助推社区治理方式的变革，提高居民在社区治理中的主体感和认同感。社区治理者要以“螺蛳壳里做道场”的细心、耐心和巧心，做实社区善治这篇大文章。

五　推进“50米视界”遇到的挑战及对策

塘桥街道坚持党建引领社区治理，打造社区治理新空间取得了亮眼的成绩，但在街道职能下沉力度、专业人员素养和持续性深化等方面尚存在一定问题，需要进一步优化和改进。

---

① 岳经纶、刘洋：《党建引领社区善治的逻辑——基于浙江省 N 街道的研究》，《治理研究》2021 年第 5 期。

② 刘娴静：《城市社区治理模式的比较及中国的选择》，《社会主义研究》2006 年第 2 期。

（一）“50米视界”运行中存在的问题

塘桥街道在推进“50米视界”实施改造项目过程中，普遍存在“三不够”。

1. 街道各部门职能下沉的力度不够

在社区基层干部口中常有这么一句“牢骚话”——上面千条线、下面一根针，是指条块分割的制度背景下，社区以一对多，上级政府的各项政策都需要基层干部来传达、落实到个人。浦东新区以“家门口”服务体系将街道各部门职能下沉到社区，塘桥街道则进一步利用“50米视界”将街道服务延伸到小区，面对面接待社区居民，帮助居民办理一些简单的业务。从理论上说，当街道职能下沉到一定程度时，确实能够改变用“一根针”串起“千条线”的现状；但当前，由于居民区的统筹协调能力有限，下沉到居民区的接待服务也只能处理简单事务，居民要想满足复杂需求仍需与多个部门交涉。可见，街道服务在社区的延伸能力、下沉能力还不够。

2. 社区物业服务人员的专业化程度不够

物业安保人员是体现“50米视界”成效的重要一环，无论是维护社区稳定，还是在社区服务供给上，都应当展现出高素质、专业化的样貌。但现阶段，物业安保人员的规则意识、服务意识和专业化意识还未形成，依然存在着在门卫室吸烟、为认识的业主预留车位等不适宜行为，物业安保人员的专业化素养仍需进一步提高。

3. 青年群体参与社区治理的力量不够

青年群体是社区治理中最具活力的主体，应当成为社区治理的生力军。然而，在推进“50米视界”项目中很少能够看到青年主体的身影，一方面从客观条件来看，塘桥街道大多数居民区都存在老龄化问题，青年群体本身占比较少，主动参与社区治理的人就更少；另一方面，在社会竞争压力下，青年群体的时间和精力多被工作挤占，加上社区事项对青年群体的吸引力不足，降低了青年群体参与社区治理的意愿。可见，青年群体的在地性力量还没有很好地组织和发挥出来。

（二）完善“50米视界”社区治理的对策与建议

解决“50米视界”存在的“三不够”问题，既需要统筹谋划、相互配合，又需要聚焦问题、各个击破。具体可以从进一步深化党建引领、开展专业培训、创新参与途径三方面加以改善和提升。

1. 进一步发挥党建引领作用，统筹协调街镇职能部门力量

针对基层社区统筹协调能力弱的现实问题，单靠社区基层干部单兵作战是行不通的，需要转向党建引领下的协同善治，灵活运用街镇、社区两级党组织的组织网络，统筹各方力量，拓宽街镇各部门职能下沉社区的途径。

在解决街道各部门职能力量下沉不够的问题上，街道、社区两级党组织需要明确分工：社区基层党组织继续发挥好收集民意、做好群众服务的工作，而街道党组织则需要根据现实问题统筹相关部门力量协同解决问题。按照日常、专项、应急三类对社区各项问题进行划分，街道需形成统一的划分标准，社区按标准分类上报各项问题，并按照问题发生频率协调好街镇职能部门“摆摊”接待的安排。同时街镇还要继续将权力和资源下沉到社区，即接待人员能够具有复杂问题的处理权。

2. 进一步开展物业服务人员的培训，提高社区服务水平

针对小区安保人员专业素养不够的问题，可以通过开展规范培训和职业培训的方式，强化物业服务人员的规范化意识和专业化水平，尤其是要求他们掌握基本的消防救援能力。同时，应当进一步强调工作纪律和考核标准，严格规范服务人员的行为，在小区日常管理中做到公平、规范、文明。另外，居委会、物业公司还可以对服务意识强、工作能力强的物业服务人员进行物质奖励或精神激励，调动物业服务人员的积极性，使其能够积极配合社区治理的工作。最后还可以针对物业服务人员举办定期的评优评选活动，并进行宣传展示，以增强物业服务人员的荣誉感和信念感，使其在工作中能够形成强烈的责任意识和心理认同，形成和谐有序的工作氛围。

3. 进一步创新社区治理的参与途径，增强青年群体参与社区治理的主动性

解决青年群体参与社区治理力量不够的问题，在不加重青年群体的负担之下，主要是解决青年群体参与意愿低、参与方式少的问题。

随着浦东新区城市发展，大部分的青年群体还有一个共同的身份标识，即“新上海人”，这种身份标识在负面意义上以“异乡感”的纠缠降低了居民对城市社区的认同感。而解决这一问题就需要培育社区共同体意识。“50米视界”空间为培育青年群体社区共同体意识提供了议事平台，下一步需要进一步发挥“50米视界”平台功能，通过举办形式多样的线下活动，激活青年群体的参与意愿。

网络空间是青年群体高度活跃的重要场域。利用好互联网技术，将青年群体对网络世界的高关注意识转化为现实的社区行动，应是“50米视界”下一步推进的重点。可通过“互联网+App”的形式对社区志愿者进行模块化管理，即开通线上“点单、派单、结单”一体化推送，助力青年群体参与社区治理。

“50米视界”是塘桥街道坚持党建引领社区基层治理的金名片，塘桥街道在今后落实推进中，将继续做好党建引领与社区自治融合发展的大文章，继续为居民提供便捷式、精细化的社区服务，继续探索具有引领性、示范性、有品质、有特色、群众参与度高的基层社区治理新模式。

参考文献

郭淑云、冷向明：《国家如何助力社区成长？——来自空间生产视角的解释》，《城市发展研究》2023年第4期。

吴丹：《从空间微更新到社区营造：社区微更新的模式选择》，《公共治理研究》2022年第3期。

郑晓华、余成龙：《从服务到自治：社会性基础设施何以增能基层自治？——基于上海社区治理创新的经验观察》，《甘肃行政学院学报》2021年第6期。

许中波、孙哲：《社区治理的空间政治学——兼论“党建引领治理”的空间路径》，《甘肃行政学院学报》2021年第4期。

岳经纶、刘洋：《党建引领社区善治的逻辑——基于浙江省N街道的研究》，《治理研究》2021年第5期。

蔡静诚、熊琳：《“营造”社会治理共同体——空间视角下的社区营造研究》，《社会主义研究》2020 年第 4 期。

唐有财等：《社会治理智能化：价值、实践形态与实现路径》，《上海行政学院学报》2019 年第 4 期。

李威利：《党建引领的城市社区治理体系：上海经验》，《重庆社会科学》2017 年第 10 期。

刘娴静：《城市社区治理模式的比较及中国的选择》，《社会主义研究》2006 年第 2 期。

B.10

场景赋能：陆家嘴街道数字社区治理的新实践

郭琳琳*

摘　要： 陆家嘴街道是金融城核心区域，是浦东打造国际金融中心核心区、建设国际消费中心的重要承载区。社区消防安全、沿街商铺管理等存在薄弱风险，居民独居老人和特困群体等需求迫切，而中心区高度敏感、人流量大、诉求多元。为了减负增能让社区工作者有更多时间回应群众需求，集结各方资源，共同助力基层解决治理难题，陆家嘴街道在浦东“一网统管”的城运体系和应用框架中，构建了“1+3+X”数字工作体系，以需求为导向，围绕治理中的风险点、薄弱点和交叉点开发各种应用场景，让数字赋能精细化治理。陆家嘴街道的数字赋能管理提效背后是技术和制度的双轮驱动，更是城市管理手段、管理模式、管理理念的创新。在区级赋能下，陆家嘴街道的数字治理在整体筹划、场景应用的可持续、基层减负增能和多元主体协同中持续发力。

关键词： 应用场景　数字赋能　社区治理　多元主体　精细化治理

2018年11月，习近平总书记考察浦东新区城市运行综合管理中心时指出“一流城市要有一流治理，要注重在科学化、精细化、智能化上下功

* 郭琳琳，中国共产党上海市浦东新区委员会党校副教授，主要研究方向为基层数字治理、城市治理。

夫”。为贯彻习近平总书记的重要指示精神，在浦东新区探索实践的基础上，上海在全市层面开展“一网统管”建设工作，并提出“一屏观天下、一网管全城”的治理愿景。2020 年底，上海发布《关于全面推进上海城市数字化转型的意见》，明确提出要统筹推动经济、生活、治理全面数字化转型，要构建数据驱动的数字城市基本框架，要引导全社会共建共治共享数字城市，全面推进城市数字化转型。

陆家嘴街道在浦东新区以“数治”构建现代基层治理体系中，深入调研区域的主体需求和治理特点、分析研判区域的治理关键、梳理了社区治理的力量和要素，在此基础上，强化数字赋能，加快推动基层治理数字化转型，涌现出一批个性化智能应用场景，有效提升社区治理效能，切实为基层工作人员减负增效，显著提升社区居民的幸福感、获得感和满意度。同时也为浦东新区在基层治理数字化转型中树立标杆，形成了可复制、可推广的成功经验。

一　缘起和背景

上海的全面数字化转型之路，浦东始终是创新发展的先行者和改革实践的排头兵。2021 年 7 月，中共中央、国务院印发《关于支持浦东新区高水平改革开放打造社会主义现代化建设引领区的意见》，要求“加快建设智慧城市，率先构建经济治理、社会治理、城市治理统筹推进和有机衔接的治理体系”。而社区作为城市居民生活和基层社会治理的最基本单元，越发成为党和政府提供社会基本公共服务、开展社会治理及居民邻里互动等的微观单元。如何提高社会活力、提升管理精度、传递治理温度，让社区成为人民群众追求更美好生活的有力依托，成为基层治理数字化转型的议题和方向。在上海市城市运行“一网统管”平台上，浦东新区建设区级城运平台、联通数据等数字化设施底座和相关制度规范，也鼓励各街镇在数字化应用上的各种创新举措。

上海市提出，“一网统管”要按照“三级平台、五级应用”的基本架构，坚持分层分类分级处置，坚持重心下移、资源下沉，推动各类事件处置、风险应对更主动、更及时、更高效。其中的街镇平台对城市治理具体问题及时妥善处置，对重点难点问题开展联勤联动。包括街镇、网格、社区（楼宇）在内的各层级运用城运系统履行各自管理职能，上一级为下一级赋能，帮助下一级解决共性难题，对疑难杂症进行会诊会商，共同保障城市安全有序运行。

街镇及以下的网格、社区是五级城运系统应用的探头与出口，需要深耕实战应用，一方面承载摸索收集前端数据信息的任务，另一方面又是输出处置方法、解决办法的出口。资源下沉，鼓励基层在上级平台系统的基础上开发管用、人们爱用的各类小程序、轻应用，并结合街道社区焦点问题的多样化，灵活变通“一网统管”的平台形态。以顶层设计服务于基层实践需求，增强了“一网统管”在基层治理中的可能性和可行性。

陆家嘴街道所辖区域的现实情况和特点对创新基层治理方法，提升基层治理智能化、精细化也提出了迫切要求。陆家嘴街道的区域管理中商务区和居民区的“二元化”情况突出。陆家嘴街道位于金融城核心区域，是浦东打造国际金融中心核心区、建设国际消费中心的重要承载。6.89 平方公里的区域内下辖 36 个居民区、11.5 万实有人口，122 幢商务楼宇内入驻了近万家企业和 30 万工作人群。1.7 平方公里的金融城内有税收百亿楼 1 幢、亿元楼 55 幢，中心区高度敏感、人流量大、诉求多元。同时辖区 408 万平方米居住区中，还有 175 万平方米的 20 世纪五六十年代和八九十年代的老旧小区。与传统社区不同，两者虽各自空间独立、边界清晰，但管理特点和服务诉求差别甚大。

居民区老旧小区居多，整体老龄化程度较高，街道 60 周岁以上老年人约 3.9 万、独居老人 1602 人。居民独居老人和特困群体等需求迫切，社区垃圾投放不规范、电动车飞线充电的问题，消防安全、非机动车、沿街商铺管理等存在的薄弱处和风险点，群租房、“三合一”场所等乱象的长效整治都是对基层管理的现实考验。

结合区域实际，陆家嘴街道实施网格化管理，划分了居住区、商务楼宇区两大类共 267 个网格。居住区是围墙内外联动，将沿街商铺、独立单位机构、街角广场等均纳入相应居民区四至范围，共划分 252 个微网格。商务区实现楼宇左右联合，按照“业态相近、楼宇相邻”，以商务楼宇和独立单位为基本单元，共划分15个微网格。实现管理空间和事项的一体化、全覆盖、无缝隙。建立健全“街道—片区—居民区（商务区）—微网格—楼组（楼宇）”五级网格体系。实现多元主体的联勤联动、自治共治，推动基层治理延伸至“最小单元”。

在浦东新区“小政府、大社会”的建设理念下，面对街道管理力量有限，而管理体量偏大、管理任务复杂等现实情况，陆家嘴街道为社区工作者减负，让社区治理增能，第一时间回应群众需求，快速集结各方资源，共同助力基层解决治理难题。陆家嘴街道借助技术赋能，在浦东“一网统管”的城运平台体系和应用框架中，构建了“1+3+X”数字工作体系，以社会民众的需求为导向，围绕治理中的风险点、薄弱点和交叉点，开发各种确定而必要的应用场景，让数字赋能网格管理，实现精细化的治理。

二 举措和机制

2018年以来，陆家嘴街道以推进“一网通办”“一网统管”建设为核心，以智能化为牛鼻子，聚焦经济数字化、生活数字化、治理数字化，运用大数据、信息化、人工智能等现代技术手段深化做强“两网建设”，逐步形成条块联动、政社互动的“大格局”，激活社区治理内驱力，努力让“两张网”切实为社区治理赋能。在陆家嘴街道城市运行“一网统管”的底座基础上，居民区、街区和金融城中心区三个微平台根据问题导向和管理需求，设置30多个智能化应用场景（模块）。

所谓应用场景是指针对具体事务而专门设计或组织的管理流程与模块。其特点是重新梳理管理流程，再造多主体之间的协作关系，以及改进管理方式和形态。在大数据、人工智能、云计算、区块链等信息技术赋能的应用场景实现了对城市管理的重难点问题和顽症痼疾的精准覆盖、全面覆盖，提高主动发现和快速解决问题的能力，使问题处置在信息共享、智能发现、协同作战和监管反馈中形成了有效闭环管理流程。

（一）依托社区智慧治理的基本框架建立应用场景

陆家嘴街道辖区既有街区，也有居民区，更有金融城核心商务区，结合陆家嘴社区自治共治与区域联勤联动管理实际，在城运中心大平台的统管下，按照“要素标准化、监管智能化、处置协同化”的要求，居民区、街区和金融城核心区联勤联动，针对不同的治理体征，协同分工，形成区域全覆盖的治理网络。根据“三级平台五级应用”中对街道平台的功能定位，形成“1+4+36”组织管理体系，即1个城运分中心、4个片区联勤联动站、36个居民区联勤联动站。通过完善基础设施、丰富应用场景、再造业务流程，构建起街道基层数字治理“1+3+X”工作体系，形成1个数字底座、3个管理微平台（居民区管理微平台、街区管理微平台、金融城中心区管理微平台）、若干应用场景相结合的社区智慧治理基本框架。

（二）场景赋能的基础是汇聚数据信息平台的数字底座

数据是应用场景建设的基础和核心，数据的全面准确、动态更新和及时传输都成为各种社区治理应用场景高效管用的首要条件。依托区大数据中心和城运中心数据信息的支持，借助社区云、智治通等平台的“人房”数据底座，同时在感知—协同—处置过程中不断汇集完善数据，让场景应用有精准数据基础。

一是自身感知网络的完善。完成36个居委至街道本部的光纤直连建设，实现内部办公局域网无网速限制，网络稳定、安全、高效。同时在现有3457个探头的基础上进行算力赋能、优化点位，因地制宜地布置了3176个智能充电桩插孔、400余个门磁感应器、56个智能喷淋设备、31个大客流智能感知器的“神经元”感知设备，将街道管理触角伸延到社区治理的“神经末梢”。

二是实现信息聚合。发挥街道城运平台信息枢纽和联动指挥作用，将街道所有单位纳入城运综合管理体系，整合热线、应急、综治、110非警务类警情、119报警信息、事中事后综合监管系统等管理模块，进一步统筹辖区

各类要素集成融合，向上实现与区城运中心的高效对接，向下实现联勤联动力量在居民区平台的全面延伸，横向实现与街道各部门业务的全面联通，统筹形成互联互通、协同高效的城市运行综合管理体系。

三是推动流程优化。依托“1+4+36”的网格体系，对辖区联勤联动日常管理事项的发现、受理、指挥、处置、监督、评价各环节工作要求和标准进行流程再造，实施联勤联动事项清单化管理，纳入平台常态管理，自动生成日常管理任务。通过业务流程重塑，充分激活居民区自治活力和联勤联动站共治能力，减少派单层级，鼓励联勤联动站和居民区充分发挥微平台协调指挥作用，推进城市治理扁平化管理。

（三）场景应用以“智联”网络的三大管理平台为依托

在居民区管理上，陆家嘴街道围绕居民区联勤联动机制，深度开发居民区微平台，全面汇集社区云、智治通等公共数据，实现“一屏观小区”。通过监控智能识别，以人机协同的方式实现小包垃圾乱扔、乱堆物堆料、违规乱设户外广告、乱晾晒等 15 个管理事项“智能发现、自动推送、自主结案”的全流程、全自动闭环管理。同时强化居民区微平台大数据分析功能，自动生成风险点目录以及联勤关注事项提示，帮助居民区实时掌握辖区治理体征，推动居民区治理由被动事后处置向主动前端治理转变，由被动应急处置向主动源头预防转变。

在街区管理上，陆家嘴街道通过整合现有资源搭建街区平台，聚焦设施、道路、商铺、立面、绿化、工地等核心基本要素，打造街区治理体征指标体系，构建与城运平台、居民区微平台间的互动机制，有序衔接辖区内乱点整治与常态监管，实现辖区内乱点，如乱设摊、跨门营业、“三合一”场所、共享单车乱停放等的智能发现、快速处置及全方位长效管控，提高辖区内乱点的治理预测掌控能力，最终实现街面乱点趋零化。

金融城中心区管理上，针对陆家嘴金融贸易中心区常态管理要求高、要事保障任务重的特点，中心区管理平台无缝接入公安、综合行政执法队等部门现有智能系统，采集楼宇情况、物业、停车场等数据，同步开发楼宇施工、店招店牌、绿化变动等备案功能，实现楼宇一楼一码，实时查看楼宇状态。完成了国金、平安金融大厦等32栋楼宇的数据采集工作。

（四）场景开发聚焦在社区管理的特色需求

解决问题是应用场景设计开发的重要导向，而最先准确感知问题的往往是基层。陆家嘴街道根据居民区、街区和金融城核心区的不同区域管理特点，梳理问题，开发场景。问题聚焦在管理中存在的风险点、薄弱点和交叉点。

第一，从风险处防范。风险群体、风险场所和风险事项等风险点需要长期、全天候的持续关注，智能化系统恰能符合这种要求。街道对风险点进行梳理，并在此基础上建立应用场景。比如目前以覆盖全街道35个居民区的无人车棚管理应用场景，通过对71个无人车棚内身份识别系统、普通摄像头、双光谱摄像头、喷淋管道水压传感器、智能充电桩等感知设备的系统整合，辅以人工采集的车辆电瓶信息，形成车棚内车辆安全环境监测及保障体系。

再如智能充电桩管理应用场景，通过标准数据接口，将整个陆家嘴街道辖区内所有智能充电桩中如电流、电压、过载告警等必要信息接入城运平台，集中监管，若遇到异常情况可自动限电停电，并通知物业、保安等人员前往现场查看干预，消除隐患、避免险情，确保安全。

又如消防综合感知应用场景，实现与区消防救援支队数据互通，一旦辖区有人拨打119报警，系统会直接把警情发送至消防微站、城运中心及居民区协同处置。同时还会根据消防需要，将火警地址周边诸如独居老人、卧床病人、小梁薄板等特殊的人、物情况反哺给消防救援站。整个应用场景对风险点形成了“动态评估、及时感知、高效处置”的闭环机制。

第二，从薄弱点发力。薄弱点意味着需要更多地通过技术赋能去提升管理效能，比如在陆家嘴这个老龄化程度较高的街道，独居老人众多，年龄跨度大，生活习惯、健康情况等差异性较大，为更好地利用现有资源，做到关爱有感、服务无感，街道依托市、区大数据中心及自建的人房信息库的数据，建立独居老人基础信息库，开发独居老人风险分级管理应用场景。

通过日常走访，对每位老人的生活习惯、健康情况和居住条件等标签进行标注；通过经验模型计算，划分高、中、低三个风险等级，针对不同风险等级推送任务、派出服务力量，采用标签化的方式填写工作记录并上传照片或视频，从而进一步保障社区独居老人群体的生命安全。再结合“老伙伴计划”“科技助老”等方式，在关心关爱又不扰民的同时，有效降低社工上门服务的工作量，提高社区独居老人管理的数字化、智能化水平。目前场景应用已覆盖所有独居老人，提供各类关爱保障4000余人次。

第三，促交叉点融通。交叉点主要是不同部门在管理职能中还存在一些需要强化协同的地方，通过场景建设，可以有效联动各方资源，通过场景推动流程优化，实现管理增效的目标。比如针对金融城核心区明珠环廊大客流管理需求，街道通过大客流管理场景，采用31个传感设备，实时检测环廊保有人数，依据环廊面积和通行能力，在保有人数达到最大人数的60%、70%、90%时，分别触发黄、橙、红预警，启动不同勤务机制，利用数字化系统强大的并行任务执行能力和信息共享能力，可同步实施多项管控措施，同时向城管、公安、交通、市容等多方面力量发布不同任务指令，实现对大客流的有效管控。

再如针对沿街商铺的消防管理需求，建设了沿街商铺风险等级管理应用场景，将公安、城管、安检以及消防等部门日常对沿街商铺巡查中所发现的各类消防安全风险因素进行提炼、总结，并转化成直观化的15个不同等级的风险标签，使多部门的专业或非专业人员都能通过直观情况，对各类沿街商铺进行标定。系统通过标签被标定的种类、频次等对沿街商铺的经营情况、火灾隐患等进行风险评估，并根据评估结果，或调整巡查频次，或派发整改任务，以确保沿街商铺经营安全有序，维护陆家嘴街道良好的营商环境。

陆家嘴街道在综合管理体系中依托“1+3+X”架构，特别是依托1个数据基座，汇智聚数，让更多数据在其中交互、碰撞，发生“化学反应”，生成更多深层次的“数据产品”，加强平台联结，将单一的应用场景汇集成综合性的应用场景，形成一套立足实战、真正为基层治理赋能增效的数字系统。

三 主要成效

陆家嘴街道在浦东新区数字化治理平台和制度的赋能下，构建并有效运行了基层数字治理“1+3+X”工作体系，使社区问题的发现得以更主动和快速，社区治理的协同高效得以特别增强，社区环境的安全有序得以有力保障，社区群众的幸福感和满意度得以最大化提升。

（一）通过智能识别主动快速发现社区问题

过去发现问题主要靠人力现场巡逻或者市民举报，现在通过智能应用场景，运用监控探头采集数据，运用云计算等信息技术分析数据，就能够主动发现问题，实现人工低效管理向数字化高效管理转变。陆家嘴街道层面的数字底座，根据实际情况，将居民区、街区、中心区三大类的海量数据贴标签，系统中共标注了138万个标签，打通应用场景间的关联，让数据形成互补，让问题的发现由被动发现向主动感知转变，让问题的处置也从事后处置向源头预防转变。比如通过布控在小区各个方位的智能摄像头，智能抓拍小区内的高频综合管理事项，如小包垃圾乱扔、乱堆物、（非）机动车乱停放、乱设广告牌、乱晾晒等情况，及时发现，有效处置。如智能车棚管理模块，通过安装热成像摄像头及烟感报警装置，多角度、全方位监控车棚具体情况，如有车辆发生充电过载或引发火灾时，系统会及时报警，自动推送至物业及社工的手机，立即启动应急响应，保障社区居民的生命及财产安全。

（二）通过联勤联动平台实现高效科学的协同治理

社区治理的主体多元化是治理效能提升的重要因素，在原有基础上，借助数字赋能，治理过程由单兵作战向协同联动转变有了数字化支撑。比如借助于陆家嘴街道的联勤联动微平台，东一小区结合自身特点，设置了21项日常重点巡查事项、3 项定期巡查，将房办、公安、城管、居委会、物业等治理力量统统纳入其中。小区出了事儿，谁来管，怎样管，都有了明晰的流程。比如，有居民看见草丛中亮起一只陌生的足浴店揽客灯箱，便心生疑惑，用手机拍照上传至联勤联动微平台。居委会干部、物业经理、社区民警等人的手机端纷纷收到相关提示，各方一并上门走访，发现解决问题。因为这个定制化的微平台，居民们也乐于加入自治共治，随手拍的一张照片就有治理力量响应。借助平台的协同，不仅形成了治理的合力，也融洽了社区的关系。

陆家嘴街道开发配套房屋综合管理线上信息平台，对房屋点位进行红、黄、绿三色码分级监管。将城管、公安、居委、物业等房管领域自治、综治管执力量整体纳入管执一体工作小组，形成多方联动、协同配合的工作合力。从线下治理到线上线下双线融合，形成从发现、管理到执法的管执闭环。在 4 个居民区启动试点，整体运作良好，房管领域相关新增违法整体投诉量下降 90%，惩罚性执法阶段同比下降近 80%。

（三）通过动态预警保障社区安全有序

居民区里，如智能充电棚从源头上解决了飞线充电的问题，小区实有人口全部被纳入平台实行动态管理解决了群租房乱象这个最大困扰以及“三合一”场所等问题。街面治理中，如陆家嘴共享单车管理系统通过实时测算和智能识别，基本实现共享单车区域依配额投放、违规乱停实时巡查、纠错和超量投放、滞留车辆的清运快速响应，有效保障了区域内共享单车投放的平稳、有序，也保障了居民出行的“最后一公里”。沿街商铺风险等级管理应用场景，确保沿街商铺经营安全有序。在中心区治理中，大客流智能监测管理场景和非现场执法出租车违规上下客执法系统，使线上线下及时联动，为保障安全提供了重要支撑。

（四）提升了社区群众的幸福感和满意度

陆家嘴街道老龄人口占比多，街道不断将治理“关口”前移，探索“数字”治理新路径，找寻让老年人能够更加安心颐养天年的好方法。2020

年初开发的“独居老人风险分级管理平台”，作为社区独居老人风险管理的应用场景。平台目前已覆盖陆家嘴街道1827名独居老人。各个居民区的社工和志愿者，将独居老人的状况录入后，由后台系统算法对老人进行“风险等级”的评估，作为后续探访关怀的依据。依托数据底座，平台对特殊困难群体和需要关爱的青少年也同样能够智能精准识别，并在治理和服务中给予政策支持和实际帮扶。

街道在全市首创的破解社区治理瓶颈的“自治金”项目，其申报从线下转移到线上，让居民参与社区治理更加便捷。“社区长者食堂”在满足社区需求的同时，对于不会用智能手机、不会使用微信或支付宝扫码支付的老人来说，只需要首次登记用餐卡，在平台系统录入用餐人员的人脸信息，之后直接在食堂吃饭也不用带饭卡刷脸就可以自行取餐完成支付吃饭，对高龄老人还有用餐优惠，智能治理有便利更有温度。

四　经验与启示

陆家嘴街道的数字赋能管理提效，背后是技术和制度的双轮驱动，是治理和服务重心向基层下移，更是城市管理手段、管理模式、管理理念的创新，具体体现在六个方面。

（一）强化数字化建设的领导机制是重要保障

充分发挥党建引领优势，各部门密切协作，共同促进数字化工作的整体协同，推进数字化工作的高效有序进行。围绕数字化建设，陆家嘴街道成立了专门的工作专班，并由街道主要领导亲自负责，确立了街道“1+3+X”的数字化建设体系，奠定了数字化建设的基础，明确了数字化建设的方向。在日常工作中，专班也为推动各个数字化应用场景建设做了大量协调工作。特别是专班主动对接市区大数据中心、城运中心、各委办局等，解决数据共享渠道不畅等问题。街道也正在谋划成立数字化建设领导小组，相比以前的专班，覆盖面更广、领导力更强。

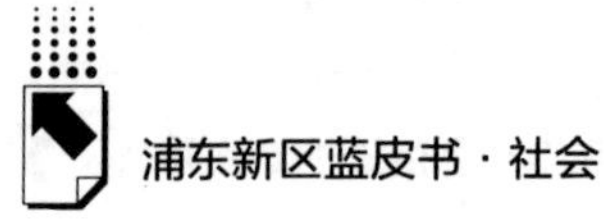

（二）完善城运综合管理体系标准化建设是数字赋能的基础

基层治理中科技赋能带来的效能提升首先是制度为本。陆家嘴街道率先完成城运综合管理体系标准化建设。一是推动管理“制度化”。融合城运体系和应急管理架构，梳理总结事项清单 59 项，制定城运中心内部规章，培养“一专多能”上岗能力，提升平台全天候整体运行效能。二是深度融合“实体化”。明确全面统筹、协调、处置城市运行“一网统管”事项，深度融合值班值守、应急联动、市民服务、网格化管理等基本职能，推进 36 个居民区联勤联动站建设，落实网格责任精细化管理。三是过程管理“规范化”。更新 569 项派遣规则、优化指挥手册，严格落实工单派遣、工单预警等机制，细化热线和网格工单处置规范；对各类疑难事项，视情提级管理，提高处置质效。

（三）数字化人才是数字治理创新的第一资源

基层城市治理和数字化建设都是专业性很强的工作。基层城市治理者需要多年工作经验的积累方能成才，数字化人才需要时刻紧跟最前沿科技成果。而政府部门中往往缺少既精通信息网络技术又了解政府业务流程的复合型人才和运维队伍。街道在数字化建设过程中，通过岗位实践、理论培训等多种方式，将一批有一定基础的青年干部，重点培养成了兼通城市治理和数字化建设的小专家，基本解决以往数字化建设过程中政府部门和技术公司信息不对等、沟通不顺畅等问题，使项目更加契合建设需求。

（四）社区管理难题和群众需求期盼是目标导向

以区域内的疑难问题为靶向，推动管理智能化，推进算力赋能，因地制宜布置智能充电桩、大客流智能感知器等物联感知设备，拓展建设独居老人分级管理、陆家嘴商圈大客流管理等 17 个智能监管应用场景。同时整合基层治理工作力量，再造基层治理工作流程，优化基层治理评价体系。通过场景和平台，整合基层网格内人力、物力和财力等各类基础情况，动员基层干部、社工、志愿者、居民等自治力量，协同条线管理，在“一网统管”的基层应用末端实现社会协同治理，从而实现养老、群租等社会热点问题的自动推送、掌上协同、闭环管理。

（五）治理数据的全流程集成管理是关键要素

基层治理数字底座建设中，需要基层治理数据的全流程集成管理。一方面链接区大数据中心和城运中心数据，依托市“社区云”、区“智治通”平台等现有的人、房、边界及人员标签等基层治理基础数据。街镇在市、区平台基础上，汇集辖区各类数据，建设数据中台，并逐步实现与区级数据库互通。另一方面打通各类场景应用，推动数据在部门间有效智能流转，实现了主动发现、自动指令、快速处置、实时反馈的紧密衔接，城市管理更加科学高效。

（六）积极回应基层治理减负增能的需求是持续动力

数字化建设不仅要通过聚焦风险点、薄弱点、交叉点、优化工作流程来为基层治理增效，也要关注基层减负问题。数字化建设要摆正自己的定位，是为基层干活的小工具，而不是给基层派活的指挥棒。街道在所有数字化建设项目中，都要听取居民区党组织书记、社工的意见，任何数据需求都力求在现有工作模式中提取，确有新增数据需求的、能智能对接的，绝不手动采集。针对智能发现功能可能产生的大量智能工单，能自动结案的，绝不下派居委。不仅如此，所有系统还会根据居民区要求，配备各类数据分析功能，供基层居民区辅助决策使用。陆家嘴街道坚持打造“实战中管用、基层干部爱用、人民群众受用”的数字化系统，在实践中，也只有这样的系统才有生命力。

五　对策和建议

数字赋能基层治理是上海“一网统管”的重要内容，“三级平台五级架构”的体系表明数字化治理是一个全链条闭环管理、全要素数据治理、全生命周期理念、全方位协同联动的整体。数字赋能的基层治理成效不仅仅取决于街道，还需要更多区、市层面的整体筹划和资源配备。让基层工作人员感受数字赋能基层治理，而不是增加基层负担，才能真正做到“一网统管”场景“实战管用、干部爱用、群众受用”。

（一）完善治理数字化转型的系统整合

整合各类基层治理技术系统，逐步实现向整体式平台治理的转型。一是明确治理数字化转型的系统架构。进一步完善统一高效、多层联动的技术治理平台和数据共享底座。二是立足数字化转型的战略性来保障技术系统的稳定性与安全性。在构建系统架构阶段即进一步强化系统迭代、系统兼容、数据更新等前瞻性谋划。三是统筹技术系统平台建设。避免街镇和居村之间的系统重复建设问题。

（二）加强基层减负增能的数字底座

进一步加强数字底座建设，打通数据壁垒，逐步实现动态可持续的数据要素资源的高效利用。一是完善数据资源整合的制度保障。加强数据治理和部门间数据共享标准规范制定，加快建立共享责任清单制度，明确数据使用权，规范数据采集、回馈、管理、使用的责任和权限。二是加强区、街镇两级在数据采集、数据存储、数据开发应用等全流程统筹协同。尤其是人、房、企、事、地等基础性数据库和数据共享平台的标准化建设，减少各部门、各街镇对相关数据资源库的重复建设和数据资源浪费。三是完善数据共享授权制度。完善分级管理、分级授权管理方式，推动街道治理数据使用的实施机制和统筹协调机制。

（三）建设更多高效、适用、可持续的场景应用

以场景建设为导向，着力解决干部群众反映的实际问题，进一步增强场景应用的适用性、时效性、便捷性。一是全面梳理治理场景应用。归并整合

功能相似场景应用，加快推广实用高效的场景应用，切实为工作减负。二是加强公共服务供给和全过程民主方面的场景建设。依托“两网融合”，把数字化技术与服务市民结合起来，实现全人群覆盖、全天候受理和一站式办理。三是探索平战结合、平战转换的场景应用开发。发挥基层工作人员和社区居民的主动性和积极性，构建敏捷高效的场景开发及其支撑治理体系。

（四）营造多元主体协力的治理氛围

有效推动政企合作与政群互动。一是构建政企合作新模式。通过揭榜挂帅、联合实验室等方式，政府确保数据安全前提下提供一部分基层治理数据，企业导入新技术，双方建立联合团队，创新基层治理新模式。二是加强和完善基层治理场景建设的多元参与机制。进一步建立健全民情民意感知反馈机制和数据资源开放利用机制，推动数字化转型的多元主体协同合作治理机制逐步形成。三是培育基层干部和居民数字素养。普及数字意识、强化数字技能，使其增强获取应用信息的能力以及熟练掌握数字化场景的使用方法。

参考文献

熊易寒主编《城市治理的范式创新——上海城市运行“一网统管”》，中信出版集团，2023。

董幼鸿等：《上海城市运行“一网统管”的创新和探索》，上海人民出版社，2021。

原珂主编《中国城市社区建设与发展报告（2022）》，社会科学文献出版社，2023。

韩志明：《智慧治理驱动国家治理现代化的技术逻辑》，《国家治理》2021 年第 9 期。

容志：《技术赋能的城市治理体系创新——以浦东新区城市运行综合管理中心为例》，《社会治理》2020 年第 4 期。

孔祥利：《数据技术赋能城市基层治理的趋向、困境及其消解》，《中国行政管理》2022 年第 10 期。

彭勃：《智能技术赋能基层治理：新问题与新机遇》，《国家治理》2020 年第 26 期。

吕德文：《治理技术如何适配国家机器——技术治理的运用场景及其限度》，《探索与争鸣》2019年第6期。

郁建兴、樊靓：《数字技术赋能社会治理及其限度——以杭州城市大脑为分析对象》，《经济社会体制比较》2022年第1期。

黄新华、陈宝玲：《治理困境、数字赋能与制度供给——基层治理数字化转型的现实逻辑》，《理论学刊》2022年第1期。

沈费伟、叶温馨：《政府赋能与数据约束：基层政府数字治理的实践逻辑与路径建构——基于"龙游通"数字治理的案例考察》，《河南社会科学》2021年第4期。

B.11

他乡变故乡：临港新片区探索“大临社区”治理新模式

韩雨筱*

摘　要： 让一线建筑工人的生活更有保障、更有温度，是城市建设提质增速的保障，也是人民城市的重要目标。在这个大开发大建设大开挖的阶段，临港新片区先行先试，试点规划建设大型建筑工人临时集中居住设施，启动建设者小镇项目，探索了社会治理的新路径。通过创新智慧赋能，健全服务体系，创新治理机制等核心举措，提高闲置土地利用效率，提升建筑工人的生活品质，强化对临时居住区的全过程管理，临港新片区探索形成了可推广可复制的“大临社区”治理经验。未来，临港新片区还要进一步完善既有规章制度，统筹推动多部门联动协作，加强建前调研评估力度，细分管理服务单元，为建筑工人提供舒适、文明、安全的临时居住环境，打造社会治理的典型样板。

关键词： 临港新片区　“大临社区”　智慧赋能　服务体系　治理体制

中国（上海）自由贸易试验区临港新片区，位于上海大治河以南、金汇港以东，新片区按照“总体规划、分步实施”的原则，旨在建设成为世

---

* 韩雨筱，上海交通大学国际与公共事务学院博士研究生，主要研究方向为城市治理、社区治理。

界一流的开放性经济示范区。一流的城市发展需要一流的开发建设速度，数百个建设项目同时开工，逾万名建筑工人同时汇聚。在高密度的规划开发下，闲置土地资源十分紧张，传统的临时工棚居住模式已经不再适应临港新片区的实际需求。特别是让一线劳动者生活更有保障、更有温度，是现代城市文明的基本要求，围绕一线劳动者的切身利益做好工作，努力提高他们的获得感，是城市发展的题中应有之义。在此背景下，为贯彻“人民城市人民建，人民城市为人民”的重要理念，临港管委会先试先行，试点规划建设大型建筑工人临时集中居住设施（以下简称“大临设施”），冠以“建设者小镇”之名，致力于为建筑工人提供安全、健康、舒适、文明的居住生活环境，推进建筑工人集居区社区化、物业化管理服务保障工作，积极探索建筑工人集中临时居住新模式。

一　“大临社区”发展的背景和缘起

“90年代看浦东，21世纪看临港新城”。2018年，在首届进博会期间，党中央将增设上海自贸试验区临港新片区作为交付给上海的最新重大任务。自2019年挂牌至今，临港新区开启了“超级变变变”的进程，在四年时间里实现了大变样，临港新片区开发建设的各项工作均跑出了“加速度”。在2023年第一季度中，33个重点建设项目在临港同时开工，项目总投资约316亿元，涵盖产业、住宅、市政交通、能源保障、生态环境、商文体旅、社会民生等多个领域，临港新片区掀起项目建设新热潮。

根据《中国（上海）自由贸易试验区临港新片区国土空间总体规划（2019—2035年）》，到2035年，整个临港新片区总面积计划达至873平方公里，常住人口规模将扩至250万，区域生产总值达到1万亿元。在政策文件的引领下，临港新片区集中多方资源，开工多个项目，大干快上，力求在最短时间内实现规划目标。如今在临港，随处可见塔吊林立、热火朝天的建设场景，一切发展都力求“快人一步”，如此高速度、高强度、高标准的开发节奏，对保障城市开发建设的主力军提出了更高的要求，其中，建筑工人群体是城市建设主力军的重要组成部分。

临港的高速扩建需要庞大的建筑工人群体，极大地促进了大批农民建筑工人进城务工，几百个工地项目同时在建，上万名建筑工人囊括其中，建筑工人已成为一个不容忽视、规模巨大的特殊社会群体。建筑工人为临港的建设按下了加速器，为城市建设和各方面发展做出了巨大贡献，但同时也滋生了治理隐患，成为临港新片区治理工作中的重要变量。建筑工人多为进城务工人员，统计数据显示，每 5 个进城务工者中就有一个建筑工人。然而进入城市后，建筑工人固有的农民身份没有得到实质性改变，他们被排斥在城市居民所享受的社会保障政策之外，也无法享受城市居民在住房、医疗、教育等各方面的同等待遇。

作为城市中的弱势群体，建筑工人具有流动性、边缘性、复杂性等特征，传统的工棚居住模式也存在社区治安混乱、居住环境恶劣、安全隐患严重、权益保障缺乏、城市归属感和幸福感低等诸多治理隐患，具体来说主要表现为三个方面。其一，临时工棚居住模式的分散性，不利于对建筑工人的集中统一管理，导致管理工作中出现诸多纰漏，造成管理的低效甚至无效。其二，临时工棚的居住模式与一般的社区居住模式相比差异过大，无形之中在建筑工人群体和市民群体之间设置了屏障，形成了隔阂，阻碍了建筑工人融入城市生活。其三，临时工棚的居住环境十分恶劣，无法为建筑工人提供日常生活所需的公共服务设施，甚至连最基本的安全问题都无法保障，脏乱差的居住环境极大地降低了建筑工人的生活品质。

解决建筑工人急难愁盼的基本住房和生活环境问题，是消解既存的治理隐患、保障临港高速持续发展、践行“人民城市人民建，人民城市为人民”治理理念的重要一环。2019 年 11 月 2 日，习近平总书记考察上海时提出了“以人民为中心”的发展理念，在此基础上，上海市提出“五个人人”的治理原则和努力方向——人人都有人生出彩机会、人人都能有序参与治理、人人都能享有品质生活、人人都能切实感受温度、人人都能拥有归属认同。为了实现这一治理目标，让作为城市外来者的建筑工人更具有获得感、幸福感

和归属感，2021 年 4 月，由临港新片区管委会指导部署，上海建工集团、中建八局具体承建，专业化物业公司运营管理的上海监控集团临港新片区 105 建设者小镇率先应运而生，为逾 2 万名进城务工人员提供了多元化服务。

截至 2023 年 6 月 27 日，临港新片区建筑工人集居区计划建设 18 个，总用地面积约 106.25 万平方米，居住规模约 8.2 万人。已建成且投入运行的有 14 个，总用地面积约 85.25 万平方米，居住规模约 8.2 万人。目前，入住集居区的组团有 62 个，居住人数约 2.8 万人，入住率约为 41%。另有 4 个集居区项目尚在建设中，在 2023 年将陆续建成使用（见表 1）。建设者小镇以“申城有爱、临港有家”为设计理念，致力于打造“标准化、特色化、智慧化”社区，为建筑工人提供温馨舒适的“一站式”生活服务，是一个集“生活空间、休闲娱乐、暖心服务”于一体的半永久居住社区。“建设者小镇”这样的新型临时生活社区的诞生，从短期看，能够帮助建筑工人在自己建设的城市里安一个“家”，让他乡成为“故乡”，提升他们的归属感、幸福感、获得感和满意度；从长远看，也有利于激活更多潜在的城市建设力量，为城市建设和行业发展提供源源不断的人力资源。

表 1　2022 年 6 月临港新片区建筑工人集中居住汇总

编号	名称	类别	区域	占地公顷	设计人数	建设进展
1	101 建设者小镇	已建	101	13.76	8600	已建成投用
2	103 建设者小镇	已建	103	19.69	16900	已建成投用
3	105 建设者小镇（中建八局）	已建	105	4.8	2910	已建成投用
4	105 建设者小镇（上海建工）	已建	105	4	2844	已建成投用
5	105 建设者小镇（宝冶）	已建	105	7.5	5600	已建成投用
6	105 建设者小镇（滨港四建）	在建	105	6.1	4436	一期已建成投用，二期规划设计中
7	水华路集居点	已建	102	2.1	1986	已建成投用，2022 年底拆除

续表

编号	名称	类别	区域	占地公顷	设计人数	建设进展
8	正茂路集居点	已建	泥城	9.3	10000	已建成投用，2022年底拆除
9	信息飞鱼（科创城公司）集居点	已建	103	3.5	2830	已建成投用
10	信息飞鱼（港城公司）集居点	已建	103	2.3	1388	目前空置，作为重大项目预留大临
11	无人驾驶基地（港城公司）4集居点	已建	103	3.4	2304	已建成投用
12	金桥临港建设者小镇	在建	105	4.9	3536	一期已建成投用，二期规划设计中
13	奉贤蓝湾（八局/宝冶）集居点	已建	奉贤	4.9	2466	已建成投用
14	奉贤海湾集居点	在建	奉贤	4.0	2400	目前正进行边界确认
15	奉贤蓝海（陕建）集居点	已建	奉贤	2.6	2200	已建成投用
16	F16-02（临港大服务）集居点	已建	产业区	6.4	6380	已建成投用
17	F16-02（积塔半导体）集居点	已建	产业区	1.0	2000	已建成投用
18	特斯拉储能项目大临设施工人集居点	在建	产业区	6.0	3000	正在建设中

资料来源：根据临港新片区管理委员会相关资料整理。

二　“大临社区”治理的主要举措

项目建设期间建筑工人的临时居住问题一直以来都是城市开发建设中的症结，传统的工棚居住模式浪费了临时用地资源，降低了建筑工人的生活品质，也在建筑工人群体和普通市民群体之间设立了无形的心理屏障，成为“城市病”的滋生地。2021年，临港新片区启动建设者小镇项目，不到半年的时间，105建设者小镇首先投入使用，临港新片区正式开启了探索大型建筑工人临时集中居住模式的新征程。在这两年的实践中，临港从零开始，走上了边尝试边摸索边发展边调整的路子。通过坚持党建引领，创新智慧赋能，紧抓安全细节，完善各类服务，建立规章制度，创新管理架构和工作机制等核心举措，临港始终致力于变他乡为故乡，将小镇打造成一个温馨、文明、舒适的第二家园。

（一）创新智慧赋能

数字化是社会治理发展的新趋势，借鉴城市大脑的成功经验，建设者小镇打造了专属的数字化管理平台“小镇大脑”，在小镇内实行实名制“一网统管”。按照智慧社区、智慧工地的建设发展目标，平台目前配备了生命特征、治安防范、公共卫生、应急管理、联勤联动、市容环卫、公共交通、通知公告等 8 个模块的内容。在这一实名制智慧系统赋能加持下，小镇通过系统分析和大数据计算辅助科学管理，加强了对集居区人员管理、垃圾分类、消防安全、环境治理等工作的日常管理，更加精准高效地满足了小镇对应急管理和公共安全的需求，做好了社区治理和公共服务。同时，小镇也会组织开展数字化管理和运营服务保障工作方面的调研，结合建设者调研的实际需求，召开建筑工人实名制管理工作例会，与时俱进更新小镇的数字信息系统，提高数字化管理水平。

“一卡通”是小镇数字化管理在日常生活中的集中体现，“一卡畅行”的社区治理和生活模式，极大地释放了各管理单位的压力，减少了资源损耗，提高了小镇治理效率。建设工人入住时，在服务站大厅完成信息登记后，会领到一张实名制房卡。这张房卡与小镇的门禁系统联通，与个人信息绑定，建筑工人可以通过微信小程序、物业管理后台、自动服务机等多种渠道进行卡片的充值、补办及注销业务。卡片还设计了消费与积分双功能，消费功能囊括了小镇日常生活的各个场景，包括浴室取水、宿舍取电、餐厅用餐、商业中心消费、文化及服务中心进出使用等。积分功能则主要作为在建项目立功竞赛的奖励，兑换小镇文创纪念品。除此之外，这张卡片通过协调社区入驻小镇，推动将建筑工人纳入上海的社会管理系统。

（二）营造家园氛围

相较于一般的社区居民，建筑工人更像是小镇的“漂流者”。对建筑工人来讲，小镇只是一个临时居所，他们没有与小镇建立情感联结的自主意愿和动力，对小镇的治理工作也漠不关心。只有精准排摸建筑工人的实际需求，提升工人的幸福感和满意度，才能激活他们心中的认同感和归属感，做好社会治理的大文章。“大临社区”治理虽然不同于一般的居住区治理，但归根结底都是对人的管理和服务，因此建设者小镇总体上采用社区化管理模式。一是坚持党建引领，推进公共服务。设立党群服务站，建立健全智慧化管理及社会化服务体系，统筹多方力量。二是参照社区“家门口”服务模式，以工人实际需求为导向，配备各类生活设施，打造一站式公共服务体系。三是设立社区工作站，强化管理服务。建设者小镇本着“服务工人、关爱工人”的理念，按照城市社区的治理模式配置公共服务设施，进行“标准化、特色化、智慧化”社区建设，打造温馨舒适、便捷人性的“一站式”生活服务，在小镇里营造了浓浓的家园氛围。

建设者小镇始终坚持以建筑工人的实际需求为导向，以具体问题为中心。小镇的生活设施十分齐全，在满足建筑工人基本住宿、文娱活动及配套设施服务的基础上，同时还配套设置了指挥大厅、党建室、篮球场、电影院、停车场、超市、理发室、洗衣房、健身房、医疗服务站、阅览室、快递站等娱乐生活服务设施，精准、全面覆盖了工人对物质、文化、娱乐、休闲等多维度的需求。工人需要什么，小镇就提供什么。小镇距离施工现场远，就开设专门的公交线路；工人对网络依赖度高，就在每个宿舍配置 Wi-Fi；工作时间差异大，热水就 24 小时全天候供应；食堂餐饮消费高，就将每顿饭的价格降至 15 元以内；工人法律意识薄弱，就建立免费的法律咨询室；理发、修补衣物不方便，就开展常态化的志愿服务活动；考虑到已婚工友方便，小镇还专门提供了夫妻房……细致入微的公共服务将小镇打造成了温馨家园，织起了工人与小镇的情感网络。

（三）牢筑安全防线

安全是“大临社区”治理工作的重中之重，也是管理运营工作中的首要环节，建设者小镇将对安全问题的高度重视融入了治理运营的全过程。目前，临港管委会已编制出台了《临港新片区建筑工人集中居住临时设施管理实施细则》（以下简称《细则》）、《临港新片区建筑工人居住临时设施管理办法（试行）》（以下简称《办法》）、《临港新片区建筑工人集中居住临时设施建设管理正负面清单》（以下简称《清单》）、《临港新片区建筑工人集中居住临时设施建设管理指导意见》（以下简称《意见》）等多项规章政策和管理办法，均明确强调了“大临社区”的安全问题，为建设者小镇的安全治理工作制定了责任清单，给予了意见指导。这些都为建立起标准有高度、服务有温度、治理有精度、人人都有归属感的“大临社区”注入了强大动力。

首先，在“大临社区”的建设过程中严把工程质量。《细则》明确提出业主单位应对建设全过程的安全质量加强管理，确保工程质量符合法律法规。《办法》则强调属地消防大队应加强对消防设计的审查。其次，在日常管理过程中明确安全责任，狠抓安全细节。《细则》分别从严控食品安全、建立应急机制、强化消防安全、加强治安管理等多个维度明确了各治理主体的职责。《清单》则更进一步地指出了建设者小镇现存的安全风险以及改进措施。最后，加强小镇治理工作的监督管理力度。《细则》指出，管委会、属地镇、业主单位需要对各自的负责对象承担监督责任。《办法》也明确指出监理单位要对临时设施的质量安全承担监理责任。在管委会的指导下，建设者小镇多措并举，坚持安全至上，狠抓安全细节。例如严禁车辆驶入生活区域，不允许在宿舍内接入强电，整治小镇外的非法摊贩，利用数字技术进行实名制管理等，全方位、多层次、多维度地筑起了建设者小镇的安全防线。

（四）创新工作机制

参照普通居民区的治理模式，建设者小镇也创造性地构建了自己专属的“三驾马车”共治机制。“大临社区”是一个临时性居住区，并不存在实质上的业主和固定化的居民，自然也不存在诸如业委会和居委会这样的自治组织。对此，建设者小镇进行了适应性改造，根据功能类比，让党群服务站和参建单位承担起居委会和业委会的职责。建设者小镇还引入了第三方物业管理。物业管理作为社区治理的组成部分，直接面向居民日常生活，具有扎根基层、贴近业主、覆盖全面、响应迅速等特点，推动物业融入社区，是“大临社区”健全服务体系、取得良好治理成效的关键。在确保物业做好本职工作，提供基本私人物品、公共物品和公共服务的同时，建设者小镇还积极延伸“大临社区”物业的管理职能，例如统筹管理集居区入住单位，与社区工作人员一起为建筑工人组织和提供文化体系娱乐活动等。

“大临社区”是“大开发、大建设、大开挖”时期的特殊产物。与一般居民区相比，“大临社区”具有临时性、短期性、流动性、混合性等特征，不仅居住群体内部差异大，外部更是存在多头责任和管理主体。对此，临港新片区管委会提出统一规划、集中建设的“大临社区”建设原则。首先，建设前统一规划、统一设计，由管委会指定的开发主体单位编制建筑工人集中居住临时设施建设方案，经管委会同意后开展相关建设工作。其次，建设中统一施工、统一部署，区域内其他项目建设单位须在规划区域解决建筑工人集中居住临时设施，不得擅自建设。最后，建设后统一管理、统一标准，建设项目开工入住后，小镇参照一般居民社区的管理形式，建设单位统一引入第三方物业管理，采用物业一体化管理模式，对住宿区、道路、食堂等不同功能进行有效分区，形成标准化管理模板。

作为建筑工人临时集中居住区，建设者小镇的治理任务千头万绪，治理环节错综复杂，必须统筹协调各个不同的政府职能部门和管理运营单位，在统一规划的原则指导下，积极探索分工协作新模式。首先，管委会成立非常规协调性机构集居办，以统筹政府职能部门、属地镇人民政府、区域开发建设统筹责任主体、项目参建单位、运营责任单位，履行管理服务职责，促进多方协同合作，加强对建设者小镇的全过程管理。其次，在政府层面建立管委会、南汇新城镇、三大社区（申港社区、顶科社区、综合社区）、社区工作站，打造“四位一体”的分层管理机制，合理分工，推进集居区高品质规划建设和特色管理服务。最后，制定合理清晰的责任清单，压实各方责任，落实大临设施建设管理工作职责和开发主体单位的主体责任，明确划分管委会内部各职能部门、属地镇政府、业主单位、使用单位、运营单位等各主体的权能职责，强化属地责任，做到各主体主动补位补台，确保大临设施建设和管理工作安全有序。

三 “大临社区”治理取得的成效

“大临社区”的治理工作目前尚处于探索阶段，未来仍有很长的路要走。聚焦其中的治理痛点、难点和堵点，临港新片区积极采取各种举措，努力建立机制体制，实现了创新突破，至今已取得了显著的治理成果，也提炼出了一批可推广可复制的经验。可以说，临港建设者小镇投入使用的两年，也是“大临社区”治理水平大幅提升的两年，通过建设者小镇项目的实践，临港新片区在消解潜在治理隐患，提升建筑工人生活品质，提高临时用地资源利用率，解锁“大临社区”治理新模式，实现“人民城市”治理目标等方面取得了良好的成效。

（一）消解潜在的社会治理隐患

在建设者小镇出现之前，项目期间的建筑工人只能居住在临时工棚中，这种居住模式为城市治理带来了诸多隐患。针对临时工棚分散化的居住模式不利于对建筑工人的集中统一管理的问题，建设者小镇以创新性的临时集中居住模式，统筹规划建设建筑工人居住区，对建筑工人的居住生活进行全过程管理，解决了土地资源，提高了治理效率，填补了治理漏洞。针对临时工棚的居住模式阻碍工人融入城市生活的问题，建设者小镇参照居民社区的建设和管理形式，积极营造舒适、温暖、文明的家园氛围，清除了建筑工人群体与普通市民群体之间的心理屏障，让建筑工人群体感受到城市的包容和温度。针对临时工棚居住环境恶劣的问题，建设者小镇对标工人的实际需求，健全完善公共服务体系，最大限度地消除了安全隐患，提升了建筑工人的生活品质。作为对传统建筑工人居住模式的改造，建设者小镇解决了建筑工人急难愁盼的生活问题，在物质和精神双层面上提高了建筑工人的获得感和幸福感，疏通了城市治理中潜在的堵点和症结。

（二）提高了建筑工人的幸福感

2019年，习近平总书记提出以人民为中心的发展理念，“人民城市人民建，人民城市为人民”成为城市治理的重要目标。社区作为城市的末梢神经，社区的治理状况是城市治理的缩影，只有首先构建起以人民为中心的社区，良好的治理成效才能扩散至整个城市，进而辐射至全国。在“大临社区”治理过程中，临港建设者小镇坚持以需求为导向，用科技来赋能，持续探索治理新路，聚焦建筑工人最实际的生活需求，健全完善基本公共服务体系，24小时热水、免费Wi-Fi、低价饭菜、定点上下班班车……小镇将服务延伸到了日常生活中的最细枝末节之处。实事实办的管理态度、细致入微的服务品质、配置齐全的公共设施、线上线下的治理体系，共同为建筑工人打造了一个温暖、文明、舒适、安全的第二家园。

如故乡般的温情、如家园般的关怀，提高了建筑工人的生活品质，也提高了建筑工人的工作热情。建设者小镇镇长在采访时说到，一般正月十五后建筑工人才上岗，但是今年建筑工人返岗意愿明显提高，加之滴水湖金融湾综合体建设工程任务重大，初四到初六就有一批工人开着私家车返岗。“变他乡为故乡”，随着服务质量不断升级，治理精准化、精细化水平不断提升，小镇给予了建筑工人故乡般的温暖，建筑工人的归属感、尊严感、幸福感、满意度、工作积极性也大幅度提升，小镇成为城市高速开发建设的有力保障，也成为“人民城市人民建，人民城市为人民”的真实写照和典型样本。

（三）提高了临时用地资源的利用率

在“大开发、大建设、大开挖”时期，传统的临时工棚居住模式不再适应临港的实际发展情况。首先，临港建设区域内开工密集度高，汇聚了众多项目参建单位，建筑红线范围内无法设置临时居住设施，而工地附近的闲置用地十分紧缺，临时用地资源无法满足成千上万建筑工人的居住需求。其次，传统的工棚居住模式具有分散性，各单位在各自的项目工地附近建立临时居住区，无法形成集约化的土地使用规划，临时用地的利用率较低，对闲置土地资源造成了浪费。最后，传统的临时用地审批制度也极为严格，环节流程十分繁复，无法满足开工项目临时设施建设用地的需求。为了破解上述难题，临港管委会先试先行，试点规划了建设者小镇项目，将区域内所有的项目建筑工人统一安置在固定的社区内，待此区域内建设项目全部完工后再统一拆除居住设施。

临港建设者小镇采取统一设计、统一施工、统一管理的方式，统筹建设一体化、集中化的临时居住设施，最大化地开发利用了有限的闲置土地资源。以 105 建设者小镇为例，统计数据显示，小镇占地面积 8.4 万平方米，宿舍总建筑面积 4 万平方米，物业配套用房 2000 平方米，餐饮区面积 4100 平方米，其余社区配套用房面积 5000 平方米，预计可容纳 5754 人次，所有的建设者小镇预计可容纳总人数更是高达 81780 人次。建设者小镇在保证建筑工人高品质生活的基础之上，在有限的土地内建造了更多的临时居住设施，为更多的建筑工人提供了舒适、安全的生活场所。临港建设者小镇创新了临时用地审批机制，极大地提高了闲置土地资源的利用效率，减少了临时用地的浪费和损耗。同时也规范了临时设施建设的运营管理，满足了大开发大建设时期临港发展的现实需要。

（四）探索了“大临社区”治理新模式

一直以来，项目开工时期建筑工人的治理问题，都是城市在建设发展过程中的隐患。尤其在“大开发、大建设、大开挖”阶段，闲置土地资源紧缺的现实更是加速了这一治理问题的显形和爆发。健全完善建筑工人的生活服务体系，为建筑工人提供更高品质的生活环境，是精准化、精细化城市治理的迫切要求。大型建筑工人临时集中居住设施项目的启动，是临港新片区管委会交出的答卷。自 2021 年第一个 105 建设者小镇投入使用以来，临港管委会在这两年的时间内积极探索，反复实践，不断总结和归纳全过程治理的核心举措。在保持既有成功做法的同时，小镇也经常对建筑工人展开走访调研，及时更新管理服务的技术和手段，在实际的治理工作中取得了不错的成效。

在建设者小镇项目的实施过程中，临港新片区跳出了传统治理思维和模式的禁锢，创造了建筑工人临时集中居住新模式，探索形成了“大临社区”的治理机制，提炼出了可复制可推广的治理经验，临港新片区的经验标志着建筑工人治理这个老大难问题正在逐渐被解决。作为临港第一个投入使用的“大临社区”，105 建设者小镇在运营管理过程中积累了诸多宝贵经验，这些经验首先在临港内部得到推广复制，有了典型案例和成功经验，更多的建设者小镇如雨后春笋般涌现出来。目前，临港共有 14 个建设者小镇已投入使用，除此之外，还有 4 个尚在建设过程当中。未来，这些建设者小镇也将继续成为其他地区和城市的精细化治理工作的对标模板。

四　“大临社区”治理的经验与启示

在“大开发、大建设、大开挖”的城市快速发展阶段，建设者小镇的出现解决了临港开发过程中的许多疑难杂症，为临港新城的高速发展解决了后顾之忧，成为临港跑出加速度的助推器，综观建设者小镇两年来的发展实践，不难发现其中蕴藏着许多可提炼可复制可推广的工作经验。目前，临港建设者小镇的治理机制已经逐渐成熟，临港新片区也逐步摸索出了一套“大临社区”治理的新模式。可以期待，未来建设者小镇将成为其他“大临社区”治理工作的典型样板。

（一）以党建为纽带提高内部黏度

建筑工人群体具有强烈的松散性特征，一个项目的开始将五湖四海的人聚集在一起，工期结束后，工人们也将回归各自的家园。短暂的集聚使建筑工人群体内部呈现交际较少、粘连性较弱、互动性较差的特色，这导致在建筑工人群体中无法紧织人际关系网络，大大降低了建筑工人参与集体活动和社区治理的积极性。因此，要加强在“大临社区”内的党建工作，以党组织为纽带构建工人群体的人际关系网络，强化工人群体内部的凝聚力，例如设立党群服务站，探索在工地上建立固定的党建场所，开展常态化党建新模式。再如加强党史宣传教育，从精神上增强工人的自豪感和归属感。以党建为治理抓手，不仅可以为党员开展组织生活，让建设者党员找到党组织，提高党员建设者的群体归属感；更可以发挥党员建设者的模范带头作用，以点带面，将建筑工人凝聚起来，推动建筑工人间人际关系网络的构建。

（二）以安全为先逐步补全各类服务

建筑工人临时集中居住区具有居住人口多、人员密度大的特点，而其不可能为建筑工人提供一人一户的独居条件，成为消防安全、食品安全、交通安全、私人财产安全等各类安全问题的重要滋生地。“安全是第一位的，其他的服务永远是锦上添花”。因此，“大临社区”的管理必须坚持安全至上的治理原则，以安全为先，将安全问题放在社区治理的首要和头等位置，在全力保障建筑工人安全的基础之上，再补充和发展其他各类服务，逐步健全生活服务体系。“大临社区”可以采取制定详细的规章制度的手段，以硬性规定消解潜在的安全隐患；树立细节决定成败的态度，不放过任何细枝末节，将不安全因素扼杀于萌芽状态；普及安全知识，加强宣传力度，提高建筑工人安全意识；升级预防、处理安全问题的技术手段，全方位多层面地筑牢安全防线。

（三）以需求导向提升工人幸福感

精准化、精细化的社区治理必须遵循问题导向，要以满足公民的实际需求为目的。建筑工人是推动城市发展的力量，是影响城市开发建设速度的重要因素，尤其在大开发大建设阶段，建筑工人更是保质保量完成城市项目建设的人力保障。只有在建设过程中不断满足建筑工人的需求，为建筑工人的生活提供更健全的基础设施、更完善的服务体系，全面解决建筑工人的后顾之忧，才能提高建筑工人的工作积极性，促进建筑工人全身心投入项目建设，从而为城市开发的增质提速提供源源不竭的人力资源。建筑工人作为“大临社区”的暂居者，赚取劳动报酬是他们汇聚于此的最大目的，而工作强度大、时间长则是他们的生活常态。因此，与普通社区的居民相比，建筑工人的需求更多的是围绕“经济实惠”“物美价廉”“分量充足”“省钱耐用”等关键词展开，这体现了建筑工人需求的特殊性。“大临社区”的治理工作只有牢牢把握建筑工人的实际需求，才能在不浪费治理资源的同时，切实提高建筑工人的幸福感和满意度。

（四）以数字化技术升级社区治理手段

现代化的社会是处于不断发展进步之中的，治理手段只有与时俱进，跟上现代化的步伐，才能匹配现代社会和城市治理的需要。数字化治理手段支撑着科学化的服务理念，也推动着高质量服务体系建设。运用现代信息技术手段来提升治理能力与服务水平，是现代城市和社区精细化治理的要求，也是未来治理手段转型升级的必然趋势。特别是，“大临社区”作为一种特殊形式的居住区，人员构成复杂，群体内部差异大，人口流动频繁，管理主体压力大，社区治理工作更加复杂烦琐，传统的治理手段难以应对各种各样的问题和矛盾。只有充分利用数字信息技术，推动传统治理手段向智慧化治理技术的转型，以具体场景为基础，通过科学设计各种算法和数字模型，构建网络信息和生活服务一体化平台，结合精准服务平台运行过程中产生的海量数据，形成健全完善的公共服务体系网络，才能为大临设施的精准化服务和精细化治理提供兜底保障。

五 “大临社区”治理的对策和建议

“大临社区”治理是一项长期的工程。目前，通过在建设者小镇项目中的摸索实践，临港新片区的“大临社区”治理工作取得了阶段性成果，切实提高了建筑工人的生活品质，形成了一批可复制可推广的经验，成为“大临社区”治理的典型样本。但是，临港新片区在“大临社区”的治理工作中仍然存在一些亟待解决的问题：私人车辆长期停在道路两旁，占用公共道路资源；社区门口乱摆摊问题屡禁不止，成为食品卫生安全的隐患；“大临社区”相关制度规范尚不健全；建筑工人群体差异性大，无法进行统一有效的管理；建筑工人流动性强、空闲时间少，社区宣传工作难以开展等。建筑工人是城市开发建设的一线部队和主力军，只有为建筑工人提供好生活保障，解决其后顾之忧，建筑工人才会成为城市建设发展的保障。针对“大临社区”治理存在的各种问题，只有具体问题具体分析，采取多措并举的方式，才能推动“大临社区”的长期可持续发展，形成更多可复制可推广的经验。

（一）加强建前调研评估工作

治理归根结底是以人为核心的，建筑工人的具体需求和实际情况，决定着“大临社区”治理的工作方向。目前，停车难是临港新片区在“大临社区”治理过程中遇到的大问题。部分建筑工人是以私家车作为出行工具的，在项目工程结束之前，这些私家车会一直停放在小镇中。但是由于建前没有将私家车的停放问题纳入小镇的建设规划中，因此没有在小镇中划出大规模的停车专用地。这样一来，建筑工人的私家车只能长期停放在小镇外边的马路两旁，占用了公共交通资源，导致了道路资源的浪费，也造成了上下班时间交通的拥堵。针对此类问题，未来应加强建前调研和评估工作的力度，对建筑工人的经济情况、收入水平、出行方式等背景信息进行详细全面的调查，充分掌握建筑工人的基本情况。结合调研和评估结果，形成建筑工人群体画像，以此为依据开展“大临社区”建前的规划设计工作。

（二）多部门联动开展综合整治

在具体的治理过程中，“大临社区”必须结合具体问题，灵活协调各参建单位和政府职能部门共同参与，推动各方联动发力，多措并举。针对已建成社区停车难的问题，重新开发停车用地是不切实际的，只能利用既有的资源做文章。例如可以协调交通执法部门，对小镇外道路两边停放的车辆采取宽松政策，加强上下班时间小镇附近交通的指挥管理力度，尽最大可能避免交通拥堵。针对小镇附近的乱设小吃摊位问题，应看到这些街头摊位存在的合理性：小吃摊不仅种类、口味丰富多样，能够满足不同建筑工人的口味偏好和饮食习惯，而且价格更低、分量更大，能够精准匹配建筑工人对经济实惠饭菜的需求。因此，要对这些小吃摊点采取“疏堵结合”的治理形式。协调城管和相关执法部门严格查处、整顿没有获得营业许可的非法摊点；在小镇周围划分严禁、定点和疏导三种区域，在不同的区域内采用不同的管理手段；协调工商管理部门加大对小吃摊点的规范化引导力度，及时为符合《食品安全法》、通过食品安全检测的摊贩颁发营业执照。

（三）完善既有制度体系

建筑工人大型临时集中居住设施，是大开发、大建设、大开挖时期出现的新概念，虽然具有了社区的形式，但是又不同于一般的居民区。目前，“大临社区”相关的政策制度相对较少、制度体系尚未健全，这就导致“大临社区”的很多工作在管理上没有明确的制度依据和抓手，政策制度的缺失和制度体系的不健全对“大临社区”的治理工作造成了阻碍。临港新片区“大临社区”的治理实践在解决城市发展中的疑难杂症问题上取得了不错的成效，可以预料到，“大临社区”模式未来必定会成为建筑工人临时居住新趋势。因此，必须在政策文本中给予“大临社区”清晰的概念界定，通过政策文本的形式将有关“大临社区”治理的内容、经验总结固定下来，提高“大临社区”治理工作的制度化水平，让规范化的政策制度成为“大临社区”治理工作的指导和保障，实现“大临社区”治理有章可循。

参考文献

卢国显：《空间隔离与集中化生存方式：城市农民工与市民的社会距离研究》，《甘肃行政学院学报》2011 年第 3 期。

邓国胜、程令伟：《物业管理融入城市社区治理的理论逻辑与路径创新》，《城市发展研究》2021 年第 9 期。

刘士林：《人民城市：理论渊源和当代发展》，《南京社会科学》2020 年第 8 期。

何雪松、侯秋宇：《人民城市的价值关怀与治理的限度》，《南京社会科学》2021 年第 1 期。

杨莉：《以需求把居民带回来——促进居民参与社区治理的路径探析》，《社会科学战线》2018 年第 9 期。

熊易寒：《整体性治理与农民工子女的社会融入》，《中国行政管理》2012 年第 5 期。

陈雅丽：《城市社区服务供给体系及问题解析——以福利多元主义理论为视角》，《理论导刊》2010 年第 2 期。

多元协商　深化善治

Diversified Consultation Enhances Good Governance

B.12

以建促治：东明路街道探索参与式社区规划新模式

张谷硕　黄晓春*

摘　要： 随着我国城市规划思路由增量建设转向存量更新，精细化治理在基层治理工作中的重要性愈发凸显。作为首个成功创建上海市园林街镇的中心城区街镇，东明路街道积极探索参与式社区规划新模式，广泛动员各方力量培育社区规划师团队，通过党建引领下的多维联动机制，保障了项目的落地与运维。经过五年的实践和推广，东明路街道社区规划师项目在优化社区居住环境、提升居民自治能力等方面取得了显著成效，并形成了一套系统化和制度化的社区规划师工作流程。在未来工作中，东明路街道可进一步推动社区服务、居民活动、基层自治相融合，以更广泛的项目实践实现参与式规划向参与式治理转变，从而推动社区居民参与街

* 张谷硕，上海大学社会学院硕士研究生；黄晓春，上海大学社会学院院长、教授，博士生导师，主要研究方向为组织社会学、城市基层治理、社会组织研究。

区等其他场域治理，实现多种治理模式共建共赢。

关键词： 参与式社区规划　社区规划师　基层治理　社区自治　城市更新

党的二十大报告指出：“坚持人民城市人民建、人民城市为人民，提高城市规划、建设、治理水平，加快转变超大特大城市发展方式，实施城市更新行动，加强城市基础设施建设，打造宜居、韧性、智慧城市。”随着城市发展方式的转变，城市规划也逐渐由增量建设转向存量更新，由宏大叙事转为精细化治理。在社会治理体制改革和城市发展理念转变的背景下，基层治理工作亟待参与式社区规划的新经验与新探索。

2014 年，上海市委、市政府发布一号课题“1+6”文件，做出街道体制改革、基层治理体系完善等一系列工作部署；其后又陆续颁布《上海市城市更新实施办法》《上海市民政局关于落实“人民城市”理念加强参与式社区规划的指导意见》等文件，明确了社区规划的概念、主体与制度，将其作为落实“人民城市”理念的重要工作之一，2021 年起在全市开展试点和推广。在“人民城市”的理念指引和市委、市政府的相关文件指导下，以东明路街道为代表的一系列社区规划新模式、新做法，在浦东新区试点推广工作中涌现出来，为全市乃至全国的基层治理工作提供了有益的借鉴。

一　东明路街道参与式社区规划的缘起与背景

东明路街道地处浦东三林世博地区，成立于 1999 年，辖区面积 5.95 平方公里，由凌兆新村和三林城两大区域组成，辖 39 个居民区、73 个住宅小区，常住人口 12.76 万人。东明路街道原系三林镇农村化地区，后因城市建设快速发展、人口动迁等因素成为居住人口聚集区，并于 1999 年成立街道，在快速城市化的背景下，一系列治理问题也相继出现。

（一）老旧动迁小区的居住空间困境

东明路街道下辖 73 个住宅小区，其中动迁房小区占 80%，这类小区普遍面临着基层治理能力欠缺、居民参与热情不高、物理空间环境脏乱等社区治理问题，位于街道东侧片区的三林苑为这类小区的典型。

三林苑小区始建于 1994 年，总用地 13.8 公顷，建成时有多层住宅 37 幢、幼儿园 2 所、小学 1 所、购物中心和娱乐中心各 1 所，规划完善，配套设施齐备。1995 年竣工后，三林苑陆续获得建设部城市住宅小区试点国家金奖、国家优质工程鲁班奖、上海“白玉兰”优质工程奖等多项荣誉。因其设计时尚、环境优美，还成为当时著名的影视取景地。但由于管理、建设等方面原因，三林苑居民如今却为环境脏乱、建筑老化、架空层管理混乱、停车位紧张、安全隐患等问题所困扰。这一系列问题涵盖社区生活的各个方面，但都存在两个共同点：其一是涉及多方利益，无论是修建停车位还是架空层整治，都需要业主、物业、街道等各方共同合作，因此需要一个汇集多方主体的协商平台；其二是需要长期维护，建筑和环境都需要定期修缮管养，因此需要一个长期自主运行的稳定制度框架。

为了解决上述问题，街道与居委会做了大量尝试，但协商平台和制度框架的设置却遇到了诸多困难：三林苑社区内居民流动性强、异质性高，对于参与公共事务并不积极；架空层管理等复杂治理问题往往涉及治安执法、规划设计、居民沟通等多个领域，低效的沟通导致项目进度缓慢，难以落地。在社区治理项目逐步陷入停滞、政府单方力量难以快速推进的背景下，东明路街道试图从社区规划切入，逐步培育居民自治能力，为解决更多治理问题打下基础。

（二）东明路园林街镇的治理背景

2016 年 5 月 6 日，东明路街道正式成为上海市首个中心城区园林街镇，此后街道每年都会开展增绿补绿的实事工程。但根据社区党代会、社代会代表反映，很多居民对于公共绿化补绿提升依然存在较大需求。2019 年初，东明路街道对辖区内的全部居民区开展了公共绿化现状调研排摸。结果显示，街道全部 73 个居民区中，有 43 个居民区的公共绿地依然存在绿植稀疏、黄土见天的现象。物业养护不到位、居民私自种菜、人为踩踏、监管缺失等情况时有发生。调研还发现，越是政府投资大、建设周期短、居民参与度低的补绿工程，社区居民的感受度越不明显。

社区绿化是小区内部的固定景观，居民在日常生活中能够时刻感知其变化情况。因此，良好的绿化能够有效提升居民的生活幸福感，但绿化上出现的各类零星、细节问题也会被居民迅速察觉。调研中发现的情况主要出现在绿化区域的日常维护之中，多由物业或居民的不当行为引起。它们发生于居民生活的细节角落，不构成大规模的绿化破坏，同时因为居民参与度低、感受度不明显等原因，其他居民也会将绿化区域视为政府所有而非社区公共资源，缺少主动维护的动力。诸多原因之下，绿化维护越发困难，居民满意度也难以提升。

政府部门需要耗费大量资源进行监管和维护，但居民私自种菜、人为踩踏等破坏绿化的情况反复出现。为了改变这一情况，街道决定以社区花园为切入点，通过社会力量、在地居民和街道干部的多元共治，带动居民参与到社区规划中，以此提高居民的公共意识和主人翁精神，增强居民对社区环境的认同感和责任感。

二　东明路街道参与式社区规划的举措与机制

2019 年，东明路街道社区管理办在金色杉林和凌兆佳苑小区中设立了两个试点社区花园，并获得新区缤纷社区优秀小微项目一等奖、优秀项目一等奖。街道在项目实施中发现，将社区花园作为居民参与社区规划的切入点，可以大幅提高居民参与度，并有效增强其满足感和归属感。一年后，街道社区管理办又联合四叶草堂在多个社区打造了一批迷你版社区花园，这一项目同样收获了居民的热烈反响。2021 年 7 月，东明路街道开展了第一期“社区规划师工作坊”，参与式社区规划自此在全街道范围得到定期推广。

在工作坊的开展过程中，一系列制度化、体系化的措施有效保障了项目的顺利进行。

（一）广泛动员激发居民自治活力

社区空间改造涉及多方利益，仅靠政府一方往往难以推动相关项目的落地与运行。因此，多元主体的广泛参与在社区空间改造中发挥着至关重要的作用。在实践中，东明路街道参与式规划项目构建了“1+1+N”模式的多元社区规划师团队。其中第一个“1”表示以“居民社区规划师”和“小小社区规划师”为代表的全体社区居民；第二个“1”代表具有规划、建筑、景观、室内设计、美术设计等专业背景，愿意投身上海市社区花园体系研究和参与式社区规划研究的“社区规划导师”和“青年社区规划师”；“N”则代表社区治理领域组织和人员，主要指业委会、物业服务企业，以及群团组织、社区社会组织、专业社工和具有实务经验的社区工作者等。三方力量协同合作，从多个维度保障了参与式社区规划项目高效、规范运行。

1. 培育居民社区规划师

在地居民是社区规划的需求提出方和项目受益方，也是社区治理的对象和主体。广泛发动居民参与社区规划，有利于培养居民自治的能力，也有助于项目的顺利进行。东明路街道定期开展社区规划师工作坊，在各个社区内招募愿意投身于社区发展事务的居民，还面向儿童发起了“小小社区规划师”活动，形成了包括小小规划师（7~14 岁的小朋友）+居民规划师（孩子的父母家人）+青年社区规划师（有一定社区规划背景的专业规划师）+社区规划导师（专家与从业人士）的全年龄的规划师队伍。居民社区规划师从社区居民立场出发，为社区花园的形制和主题提供意见建议，并亲身投入社区花园的建造和维护中，有力推动了项目的落地实施。

2. 分配专业社区规划师

参与式社区规划以居民自治为目标，但客观上又需要城市规划和建造设计等专业能力的支持，要达成二者间的平衡，就需要专业规划师深入社区，从居民的角度发现需求，解决问题。为此，东明路街道设置了“社区规划导师”和“青年社区规划师”职位，通过与同济大学、上海大学等专业力量合作，引入具有规划、建筑、景观等专业背景的相关人士，为参与式社区规划提供智力和技术的支持。

在三林苑社区花园治理实践中，青年社区规划师们全程参与了从前期调研到设计建造的各个环节。在设计规划阶段，规划师们负责对社区花园的可行性进行评估和论证，以确定合理的设计方案；在建设施工阶段，规划师们则负责协调施工，以保障建造过程的安全与规范。无论是社区花园的设计形式，还是花草品种的选择，规划师都需要确认其可行性后才能进一步实施。专业社区规划师的全程参与，有效提高了项目的可行性，保障了社区花园的安全合规与居民的合理参与。

3. 组建支持保障团队

作为社区花园项目的主体，社区规划师团队的工作重点主要在于花园本身，相关的配套支持则需要社区规划相关主体的协同合作。东明路街道以开放态度接纳各方主体，形成了包括业委会、物业公司、群团组织、社区社会组织、专业社工和具有实务经验的社区工作者在内的支持团队，共同保障项目的落地运行。

在实践中，东明路街道引入四叶草堂等社会组织，将专业社会工作方法和社区营造理论知识引入项目实践，通过规划设计、理论培训等方式，为“参与式社区规划师”制度提供了干部人才队伍和科学合理的规划；项目启动后，四叶草堂等社会组织也与居委会通力合作，通过宣传教育等方式持续扩大项目影响力，以专业背景引导居民参与社区花园的设计与建造，让更多人了解、关注花园规划和社区治理。

（二）多维联动提供全面制度保障

在政府自上而下主导的项目中，居民的参与形式较为单一，参与感相对较弱，居民意见对于项目成果影响也相对有限。政府投入大量资金和人力，居民对成果的感知却并不强，项目后续维护时常难以为继，居民的自治能力也无法得到有效提升。参与式社区规划则强调社区居民自下而上的主动参与，政府的角色也由主导变为引导。在新的工作思路下，有关部门需要在更大范围内下放治理权力，以党建引领整合街道职能部门、居民区“三驾马车”、社会组织以及居民志愿组织等各方力量，建立起灵活高效的多维联动机制，为居民等治理主体提供全方位的制度保障。

1. 共治平台：发挥政府支持作用

市一级层面上，上海市民政局积极推广社区规划师项目，颁布了《关于落实“人民城市”理念加强参与式社区规划的指导意见》等相关文件，为参与式社区规划划定了改革范围和宏观方向；区一级层面上，浦东新区启动“缤纷社区建设三年行动计划”，将相关社会组织纳入社区社会组织发展计划，享受社区社会组织同等待遇和扶持政策，并引导社区基金加强对参与式规划项目在链接资金、服务力量上的支持。

街道层面上，东明路街道结合本地实际，积极统筹和参与制定社区发展规划，梳理和整合内部资源。一方面通过挖掘居民需求、区域化党建等方式构建相应的社区规划提案与咨询机制；另一方面通过政府购买服务、共建联建、挖掘“达人”等方式积极引入四叶草堂、追光青年团队等社会组织参与社区规划。同时积极运用约请制度，约请规划资源、住建、房管、园林绿化等相关职能部门给予现场指导，形成了灵活高效的协调联动合作机制。

2. 定向结对：专业导师与在地居民共议共创

引入社区规划导师、青年社区规划师等专业力量后，街道需要进一步对专业资源加以合理配置。东明路街道主动邀请各大高校专家，广泛招募有志于社区规划的专业社区规划师，以此补充社区规划人才库力量；同时向下对接社区，统筹安排各个社区的花园点位，直接为专业社区规划师分配特定项目点。规划师全程参与到同一花园的设计和建造中，并依托社区三会制度，定期围绕项目设计、项目选址、项目实施过程中的难点问题，与居民、街道等主体沟通研讨，有效推动了项目进展，保障了社区花园的专业性和项目的连续性。

定向结对机制畅通了社区居民和社会力量的沟通渠道，切实做到了内外联动、双向赋能。专业社区规划师能够向居民普及空间改造知识，培育在地自治力量，为社区花园的后续维护提供保障；社区居民则为规划师提供了项目落地机会，有利于规划师了解居民实际需求等第一手资料，并进行项目实践，掌握群众工作方法。二者优势互补、互利共赢，共同推动了社区自治能力的提高。

3. 三级联动：阶梯式培育居民自治能力

在项目资金方面，东明路街道实行“三级联动”，以权属方为主，多渠道筹措的方式筹措项目资金：中大型社区改造方案由街道办事处统一申请立项实施，小型项目由居民区安排自治金项目组织实施，迷你项目则由社区居民募集资金自发组织实施。

“三级联动”制度让居民区业委会参与资金管理，改变了街道托底、大包大揽的情况；同时充分整合社区内各类资源，有效保障了社区花园的后续维护。迷你项目经居民会议讨论决定，可以根据自愿原则向居民和本居住地区的受益单位筹集项目所需费用。街道可以做到最大程度放权，社区居民也得以自主负责相关项目，在保证后果可控的前提下有效锻炼了居民自治能力；小型项目则由业委会加以规范和指导，对资金的合规使用进行监督，同时发挥“自治金”和社区基金会等慈善组织的资源支持作用，对社区内小微更新项目给予项目资助补贴；涉及多个部门的大型项目则由政府部门主导，统一推进和协调各方利益。根据项目规模和复杂程度，街道以不同深度、不同方式介入社区规划项目，阶梯式地培育了居民的自治能力。

（三）居民自治维护实现可持续发展

社区花园建成后，其管养维护仍需要居民和街道的长期投入。为了实现可持续发展，维持社区花园的良好状态，东明路街道从组织、内容、资金等角度对花园养护工作做了大量探索，实现了以居民自治力量实现花园维护的目标，令社区花园持续为在地居民创造价值。

在组织上，东明路街道注意培育社区领袖和居民志愿团体。街道孵化了上海市首个社区规划师社会组织“聚明心社区规划师指导中心”，提供定期持续的社区规划师培育服务。通过网络招募、“家门口”现场报名等形式，聚明心社区规划师指导中心已招募1000余名规划师，举办活动30余场，参与者超过3000人次。2021年、2022年共形成规划提案87个，切实推动了居民广泛参与的基层治理新局面；社区层面，三林苑社区则培育了由居民自发组织成立的居民社团“三林花社”。这一志愿社团由三林苑的热心居民组成，负责三林苑社区花园的维护和后续自治项目的管理。目前，“三林花社”已开展了社区花园建设、喷水池改造、法治墙彩绘等社区微更新活动，还发动了数百名居民参与到“全国大学生社区花园设计营造竞赛”中，在三林苑内完成了20余个迷你社区花园。

在内容上，东明路街道一方面将绿化宣传、垃圾分类等街道重点工作与社区花园项目相结合，开发了社区花园堆肥、种子接力站等一系列活动，在推动街道工作同时落实社区花园的管养维护；另一方面开展社区花园节、居民认养等活动，利用街道自治金设立专项资金，鼓励居民以社区花园为场地和载体组织各类社区活动，调动其参与社区花园管养维护的积极性，在维护社区花园的同时提高了社区居民的凝聚力。

三　东明路街道参与式社区规划的成效与启示

自2019年试点打造社区花园以来，东明路街道已经开展了3期社区规划师工作坊，培育了727位“小小规划师”、156位居民规划师以及54位青年社区规划师。参与式社区规划不仅实现了小微空间的优化更新，也激活了居民的公共意识，有效提高了基层自治共治能力，形成了社区治理的共同体。

（一）东明路街道参与式社区规划的成效

在东明路街道的科学规划和稳步推进下，社区花园项目展现出“以点带面，串点呈现”的新局面，社区花园覆盖面持续扩大，居民居住环境不断优化。2019年试点打造的“心怡乐园”和“幸福园”获得浦东新区缤纷社区优秀小微项目一等奖、优秀自治项目一等奖。2020 年联合四叶草堂团队，在全街道建设了 10 个迷你社区花园。2021 年新建和改造 15 个居民区社区花园，同时组织了“全国大学生社区花园设计营造竞赛”和第一届“花开东明，缤纷社区花园节”。2022 年建造 34 个社区花园，并继续举办社区花园节，发动全国规划师打造更多创意鲜明的社区花园。通过参与式社区规划，社区中原有的闲置空间被合理利用和开发为绿色景观，居民的获得感得到有效增强。

随着参与式规划的实践推广，社区自治项目也逐步由单一的绿地改造衍生到空间利用、设施整新等各个领域。作为东明路街道“社区规划师”项目的发源地，三林苑居民区继 2021 年孵化了第一个居民规划师团队“三林花社”后，又于 2022 年培育了“菜菜手作坊”“喵星人 TNR 救助”“大家一起写家史”等居民自治团队。丰富多样的活动持续拓宽着参与式社区规划的可能性，随着社区规划师体系的不断完善，参与式社区规划也逐步向参与式社区治理发展。

2022 年，三林苑居民区依托参与式社区治理，发动物业、业委会、居民骨干等多元力量，对长期被侵占的架空层开展集中整治行动，并由党总支牵头，邀请居民规划师参与治理。社区一方面邀请专业社区规划导师开展架空层情况调研，针对周边人群年龄结构制定架空层改造方案；另一方面推动居民社区规划师全程参与社区公共空间的规划更新，针对架空层具体用途、内部装修设计提提案建议，做居民工作。在多方主体的共同努力下，三林苑于 2022 年将 482 间架空层全部清退，并依据居民意见充分利用清退空间，增加了多个停车位，打造了多功能休闲空间“林苑小舍”。社区规划师的参与，有力推动了三林苑架空层整治项目的进展，也展示了社区规划向社区治理提升转化的广阔可能。

（二）东明路街道参与式社区规划的启示

东明路街道以社区花园为切入点，培育“1+1+N”的社区规划师团队，在多方保障下持续推动社区规划项目落地实施。从 2019 年试点建立两个社区花园到每年定期开展社区规划师工作坊，东明路街道已经在实践中形成了系统化的工作方法，于社区规划领域取得了显著成效，其中主要有如下经验可供借鉴参考。

1. 小事入手培育居民自治习惯

党的十九大报告强调："我们要坚持把人民群众的小事当作自己的大事，从人民群众关心的事情做起，从让人民群众满意的事情做起，带领人民不断创造美好生活。"东明路街道以社区花园为切入点开展居民自治，将居民关心的小事作为政府着力的重点工作，通过各级政府的大胆放权和社会组织的专业规划，开创了居民主动关心、广泛参与的新局面。

作为最易实施的空间更新形式之一，社区花园操作灵活、成本可控，投入的资金也相对低廉，方便大规模复制和推广。同时，社区花园以社区内部闲置和荒废空间为素材，基本不涉及居民的敏感利益，政府能够充分放权于民众，发挥其主人翁作用。通过社区规划，在地居民可以全过程参与从花园设计、施工建造到后期养护的各个环节，亲眼见证自己的设想一步步落地实现，居民的获得感和凝聚力得到了有效加强。作为渐进式更新，社区花园本身需要居民的持续开展活动、养护管理；居民也能够在日常生活中时刻看到社区花园的变化和提升，感受社区自治的效果和益处。居民持续参与到花园维护中，维护的成果又能够为居民所持续关注和感知，社区花园项目由此实现了社区自治的正向循环。

作为居民自发设计、建造的产物，社区花园彰显着一个社区的精神面貌，蕴涵着社区的文化内涵。以社区花园为切入点，一方面能够更好地改善社区环境，提升居民生活品质；另一方面也可以深化居民对于社区历史状况的了解，从而加强居民的凝聚力，构建形成社区治理共同体，提高治理能效和公共性水平。

2. 能力建设保障治理成效

参与式社区规划由专业社区规划师、居民社区规划师、支持团队的"1+1+N"模式构成，三方主体在社区规划实践中代表各方利益共同参与协作，具有不同的能力要求。

专业社区规划师作为外部力量参与社区规划，需要综合性的能力素养。一方面，规划师们需要利用其专业背景，为街道和社区居民提供指导和协助。为此专业社区规划师必须下沉到社区，实地调研社区环境，了解居民的需要与诉求。另一方面，专业社区规划师也具有沟通和协调的职责。社区规划的建造涉及居民、街道、施工单位等多方利益，需要社区规划师作为组织核心进行协调与沟通；召开项目听证会时，也需要社区规划师阐释方案，对各方可能的疑惑加以回应。

在地居民是社区规划的需求提出方和项目受益方，是社区治理的对象和主体。在招募居民社区规划师时，应充分考虑规划师的代表性和影响力，纳入不同年龄、不同性别、不同教育背景的社区居民，以使项目规划能够最广泛地代表广大群众的利益与需求。同时要充分发挥党建引领作用，邀请和发动模范党员组建党员先锋队，参与到社区花园的后续维护中。社区还可发动“小小社区规划师”活动，招募社区儿童参与到社区规划中。“小小社区规划师”一方面充分利用了社区花园项目作为活动场域的潜力，为社区内的儿童提供了丰富多彩的实践活动，有利于构建儿童友好型城市社区；另一方面也实现了“小手拉大手”，通过儿童带动家庭，让更多人对社区治理产生了兴趣。

除社区规划师团队外，参与式社区规划的其他相关主体也需要协同合作，为社区规划提供配套支持。社区应以开放态度接纳各方主体，形成包括业委会、物业公司，以及群团组织、社区社会组织、专业社工和具有实务经验的社区工作者在内的支持团队，共同保障项目的落地运行。其中，业委会和物业公司主要是在职责范围内为社区花园改造提供支持和便利。同时积极组织和参加听证会、评议会等活动，提出相关建议。社会组织则应深度参与教育、设计、营造、运维等方面的内容策划与活动组织，对内以专业能力赋能社区居民，对外积极宣传，提高项目影响力。

3. 参与机制融入全过程人民民主

规划师团队应充分运用社区“三会”制度，即项目选点听证会、设计方案协调会、实施效果评议会，在项目实施的各个关键阶段寻求居委会、业委会、物业公司等多方意见建议，不断改进社区规划方案。

在项目开展前，专业社区规划师应带领居民社区规划师共同进行实地走访，了解社区的环境、文化和居民情况；应主动开展座谈交流，了解居委会、业委会、物业公司、社区社会组织和普通居民的多方意见，结合实际情况制定具有可行性的项目方案；积极向居民宣讲社区规划专业知识，通过党员议事会、议题征询会等方式开展广泛讨论，搜集整理社区居民对于社区规划、空间治理、更新改造的需求。

在项目实施过程中，社区规划师应全程参与，跟踪指导，不断对项目方案进行优化和提升。社区居民要亲身参与体验并适时提供意见反馈，有条件的可以成立由社区多方代表参加的项目专门工作组。加强对项目实施过程的监督，依法组织专业机构对项目开展评审验收。同时要建立完善项目运维管理机制，通过建立居民志愿团体等方式保障项目的运营维护。

项目结束后，应及时对项目实施情况进行公示。一方面要由居民委员会组织居民召开评议会，对项目流程和结果进行评议；另一方面要及时开展项目审计，接受有关主管部门的监督。必要时，可邀请第三方专业机构开展测评和满意度调查。

四　东明路街道参与式社区规划的建议与展望

东明路街道以参与式社区规划促进社会治理，将社区更新与公众参与相融合，既推动了社会治理共同体的探索与实践，也在一定程度上指明了现有参与式社区规划的不足和未来发展的方向。

（一）强化社区服务、居民活动、基层自治相融合

参与式社区规划强调居民自下而上的主动参与，因此在实施项目时更应关注调动居民积极性的方式方法。以社区花园为例，其项目分为设计规划、施工建造、后期维护等多个阶段，同时具有工程、服务、活动、治理等多维度特点。如果仅仅将居民视作建设社区花园的劳动力，则会导致社区花园利用率低、无人养护，无法发挥其长远效益，如果能充分发挥社区花园潜力，

则可多角度惠及民生。

作为一个工程项目，社区花园的影响和意义可能有限，但如将其视为一个不断更新的活动场域，在多维度特点的加持下，社区花园便拥有了更广阔的可能性。如社区花园节、种子接力站、植物认养、知识科普等活动，便是以社区花园为平台，通过多方共创发挥了社区花园的长远效益。为此，有关部门应转变以往自上而下的工作思路，认识到参与式社区规划具有的服务社区居民、开展趣味活动、实践基层自治等多重属性，不断发掘其丰富价值，重视规划成果的长久维护与持续利用。

（二）推动参与式规划向参与式治理转变

参与式社区规划不仅以社区更新为目标，还蕴含着社区治理的未来愿景。通过社区规划的实践，居民得以将规划实践转化为社区集体行动，在共商共议中提炼社区规范，从而唤起居民对于社区的认同感。参与式社区规划令居民自治能力得到培养、社区治理体系得以打通，从而为社区治理共同体奠定了良好的基础。

对于已有的社区花园项目，应以管养维护和活动开展为重点。目前，社区花园的维护主要依托于已经退休的老年志愿者，他们有丰富的种植经验和充足的空闲时间，能够全身心地投入社区花园的养护中；但老年人也容易受到个人健康等因素影响，只能进行社区花园的日常养护，无法负担大型的维修更新与活动策划。因此吸引年轻居民参与，建立稳定养护团队应当是社区花园项目的下一步重点。为了解决这一问题，社区可面向少年儿童、全职父母、远程工作者等群体开展更多针对性活动，以带动整个家庭的参与；同时应积极培育居民志愿社团，建立社区花园管理的标准化机制体系，形成社区花园养护的良好循环。

对于新的项目，应进一步发挥居民主动性，减少自治项目的方向限制，鼓励居民基于社区规划的工作方法参与到社区治理的各个方面。在这一过程中，街道应着力为社区对接更多自治项目，逐步培育居民自治能力，从而推动从规划到治理，从共建到共治的提升。

（三）促进多重治理模式共建共赢

作为居民生活的综合空间，街道包含着社区、楼宇、商铺等相互关联、相互嵌入的多重场域。发挥居民自治更大效益，就需要带领居民走出社区，在更大场域内发挥居民自治的特点，与楼宇治理、街区治理优势互补，实现多重治理模式的共建共赢。

在实践中，随着参与式社区规划在 2021 年取得的一系列突破性进展，2022 年东明路街道将工作重点转向街区，推行“萌力街区”计划，面向东明居民、商户、学校的年轻人，培育新一批社区规划师。这一计划由街区在地的商家、居民、政府人员、设计师和研究者等各类人群共同参与，构建了开放、多元、平等的治理平台。依托这一平台，街道已开展了儿童街区创变夏令营、聚萌小屋等多项活动，引发了街区商户、社区居民的热烈反响。

东明路街道的工作实践说明，参与式社区规划体系不仅富有实效，同时也在一定程度上可供复制和借鉴。社区规划经验在街区中的复用与拓展便收获了良好的效果：街道商户可通过征询居民意见针对性地改善自身经营策略，提高自身的吸引力与经营效益；居民则能够充分表达自身需求，反馈日常生活中遇到的问题，通过亲身实践创造更加美好的街区生活；对社区而言，通过街区等治理场域的积极参与，社区能够同周边商户、企业建立联系，储备更多社会资源，为社区治理提供资金、业务上的支持，逐步形成社区自治的良性循环。通过多重治理模式的共建共赢，基层治理实现了更广阔的多元参与，治理共同体也获得了更丰富的内涵。

参考文献

董莲婷：《社区营造与居民参与：上海浦东新区东明路街道的社区花园营建》，《公共艺术》2021 年第 3 期。

冯敏良：《“社区参与”的内生逻辑与现实路径——基于参与—回报理论的分析》，《社会科学辑刊》2014 年第 1 期。

黄晓星、蔡禾：《治理单元调整与社区治理体系重塑——兼论中国城市社区建设的方向和重点》，《广东社会科学》2018 年第 5 期。

齐玉丽、刘悦来：《在地自主多元融合：上海社区花园公共艺术实践参与机制探索》，《装饰》2021 年第 11 期。

唐有财、王天夫：《社区认同、骨干动员和组织赋权：社区参与式治理的实现路径》，《中国行政管理》2017 年第 2 期。

颜玉凡、叶南客：《认同与参与——城市居民的社区公共文化生活逻辑研究》，《社会学研究》2019 年第 2 期。

杨敏：《作为国家治理单元的社区——对城市社区建设运动过程中居民社区参与和社区认知的个案研究》，《社会学研究》2007 年第 4 期。

B.13

街事街治：潍坊新村党建引领街区治理的探索与实践

赵云亭　唐有财*

摘　要： 潍坊新村街道围绕街区治理进行了有益探索，形成了诸多可复制可推广的经验。构建组织架构、打造治理阵地平台、党建引领促多方联动、完善街区管理机制、创新街区自治机制、探索街区共治机制与分层打造特色街区是推进街区治理的主要路径，而坚持党建引领、推行参与式治理、强化组织建设、因地制宜分类推进是开展街区治理工作的重要经验。在此基础上，提出了完善街区数字治理路径、创新街区服务赋能机制、推动项目制运作和促进街社融合发展的优化建议。

关键词： 街区治理　党建引领　街事会　自治　共治

街区是指以核心道路为轴线，覆盖道路两侧单位、商户和人口等要素，涵盖衣食住行等综合性功能，集中各类人群生活、工作和交往活动的公共空间，是现代化城市公共空间的重要组成部分，是人民群众美好生活的重要承载地，是党建引领基层治理的重要领域。2018 年上海制定了《本市"美丽街区"建设专项工作方案（2018—2020）》，主要聚焦道路设施、城市家具、建筑立面、沿街绿化、街景小品、招牌广告、景观灯光及线牌杆等方面，着力

* 赵云亭，上海海洋大学海洋文化与法律学院讲师，主要研究方向为基层社会治理；唐有财，华东理工大学社会与公共管理学院教授，博士生导师，主要研究方向为基层社会治理。

提升公共空间的市政市容环境水平，倡导打造一批能体现国际一流水平和上海特质的“美丽街区”。2022年上海市召开深化推进基层治理体系和治理能力现代化建设会议，提出了“六大工程”，对推动街区治理提出了具体要求。

为贯彻习近平总书记考察上海时的重要讲话和在浦东开发开放30周年庆祝大会上的重要讲话精神，落实《中共中央 国务院关于支持浦东新区高水平改革开放打造社会主义现代化建设引领区意见》，深入推进市委、区委党建引领基层治理“六大工程”，浦东新区以“精品城区、现代城镇、美丽乡村”三种发展形态为基础，分类探索街区治理模式。其中，潍坊新村街道以崂山路为据点，探索以“街事会”为抓手的“1136”党建引领街区治理新模式，激发街区内商户、居民、游客和单位的参与意识，打造共建共治共享的街区治理共同体，优化营商环境，提升基层社会治理效能，满足群众高品质生活需求。

一 潍坊新村街区治理的缘起和背景

2022年，上海市委提出了党建引领基层治理“六大工程”，其中“强基工程”重点强调，要“积极探索街区治理”，不断完善街区治理格局。公共治理的变革必然意味着治理界面的重构。[①] 街区作为一个治理界面，也是一个复杂的治理系统。街区治理概念的提出是对基层社会治理暴露出的问题的有效回应。

长期以来，我国基层社会治理体制实行的是街居制，是一种“街道办事处+居民委员会”的治理结构，在这一体制下，社区成为基层社会治理的重心和抓手，为基层公共服务的有效供给、公共安全的维护发挥了重要作用。但是，社区所具有的独立性和封闭性，也导致以社区为治理单元的治理体制形成了“封闭治理”问题。

① 韩志明、李春生：《治理界面的基本维度及其运行——公共治理变革的空间性分析》，《学术月刊》2022年第8期。

第一，存在基层社会治理缝隙。不同社区主体具有明确的治理责任和治理边界，具体的治理界面也有中心或边缘之分，导致不同社区之间以及社区与商区之间存在治理缝隙和服务盲点，不仅相互之间难以顺利衔接，而且也造成公共服务无法有效供给、公共资源的碎片化以及公共空间的衰败和无序。例如，沿街商铺的服务与管理不到位、街面环境的更新与维护不及时、街区秩序混乱等。

第二，街区社会力量参与基层治理不足。创新基层社会治理，提升基层社会治理效能，需要多方主体的共同参与。但是，以社区为基层治理单元的制度安排决定了基层社会治理更多是依靠和动员社区居民参与，并形成了包括居委会、业委会、物业、居民、社会组织等在内的成熟的社区治理体系。但是，社区之外的问题和矛盾，主要靠政府行政力量来进行管理，而街区的社会力量，比如商家、快递员、志愿者等参与不足，使街区治理成本高、效果差。而越是高质量的城市发展和城市治理就愈发需要街区社会力量的参与，推动街区治理共同体的形成。

第三，基层社会治理碎片化。社区治理的封闭效应，一方面能够不断提升社区内部的治理水平，但与此同时，明确的治理责任与治理边界也会割裂社区与社区、社区与街区之间的联动，造成基层社会治理的碎片化，治理资源的浪费以及基层社会整体性治理格局难以形成。而治理碎片化的直接后果是基层社会的脆弱性，即当突发事件来临时，由于不同治理空间缺乏协调、联动和整合，无法进行快速、有效响应，给社会造成重大损失。

基于上述原因，街区治理成为当前构建和创新城市基层社会治理体系的重要内容。潍坊新村街道地处浦东中心城区，辖区内楼宇林立、商户众多、业态多元，街区治理对促进街道高质量发展具有重要价值。崂山路街区北起张杨路，南至浦电路，全长 1.1 公里，区域内涵盖了 7 个居民区（九村、十村一、十村二等）、7 家驻区单位（明珠小学、长航医院、紫金山大酒店等）和 128 家商户，辐射约 2.7 万居民。由于崂山路街区利益主体多元，涉及众多居民区、商户，多所学校、敬老院、社区卫生服务中心等综合性社区服务机构分布在街区内，不同主体的发展逻辑、发展需求和面临的困难各不相同，街区需求多样和问题复杂，各主体缺乏街区认同感和归属感。

为了进一步落实上海市委提出的“五个人人”城市治理要求，回应基层社会发展的需求，改变政府街区-社区的“二元管理”模式，推动从“二元管理”向“多元治理”转变，潍坊新村街道在崂山路街区探索以“街事会”为核心的党建引领街区治理体系，试图引导街区内多方主体有序参与街区共治，激发街区多元主体活力、优化营商环境，增强街区治理韧性。

二　街事会的实践探索

在创新基层社会治理体系工作中，街区治理的提出和推进尚是一种新领域和新事物，推进街区治理需要系统谋划、通盘考虑、因地制宜、层层推进。潍坊新村街道结合辖区内街区条件和前期治理基础，通过顶层设计和自上而下的制度安排，激发街区内部活力，调动自下而上的街区参与积极性，探索出了以党建引领为抓手、以街事会为载体的工作思路，并以此为基础，形成了系统性的推进举措和机制。

（一）构建街区治理的组织架构

组织架构是街区治理的四梁八柱，是推动街区治理的组织体系，是在街道党工委的领导下建立街区治理的领导小组。实现街道党建办、自治办、营商办、服务办、管理办等多个部门的协同，依托区域化党建平台实现街区内相关辖区单位的党建联建共建，搭建街区共治平台，推动街区商户、周边社区、专业社会组织等各类主体的合作联动。

围绕上述目标潍坊新村街道基于街区的商业态和治理资源，探索出了不同的街区治理体系。例如，崂山路街道的“1136”党建引领街区治理体系。其中第一个“1”就是要坚持一个引领，即党建引领，通过党建引领打破壁垒、促进联动、深化参与、开展服务；第二个“1”是指依托一个平台，“街事会”“街长制”平台，让街区治理推进工作有载体；“3”是指形成“需求”“资源”“项目”三张清单，通过项目化的方式实现资源的有效利用和供需对接；“6”是六大街区，即结合街区发展阶段和特色资源，合力打造红色街区、美丽街区、诚信街区、活力街区、公益街区、平安街区。

同时，在全过程人民民主理念指引下，潍坊新村街道探索出了四级党建引领街区治理组织框架。第一级是潍坊新村街道党工委，主要发挥组织领导作用。第二级是在街道党工委领导下，建立了由自治办、管理办、平安办等共同牵头的街区治理领导小组和区域化党建促进会，发挥其在街区治理中的统筹协调作用，按照各自职责做好相应措施的落实，同时工作小组建立完善定期分析机制、总结例会机制、联勤联动机制，全力保障在一街一区（路）的相关建设过程中充分践行全过程人民民主。第三级由社区党委和潍坊新村街道街区治理促进中心构成，前者主要发挥牵头共建功能，后者主要承担管理落实功能。第四级主要是街区（路）的联合党支部、党建单位联盟、街事会，主要负责事务开展。

（二）打造街区治理的阵地平台

街区治理是基于共建共治共享的街区治理共同体的目标，建设街区商户、周边社区、驻区单位、社会组织和消费者等不同主体的协同合作机制。通过搭建商居共商共治平台，有效缓解商家和居民之间的矛盾，同时营造和谐共融的商居睦邻环境，提升商户和居民的社区归属感。因此，阵地平台是推进街区治理工作的重要依托。

潍坊新村街道通过统筹运用各类资源，在崂山路街区建立了以街事会、街长制为核心的“一会一制”协商共治平台，并形成了一套科学有效的运作方式。首先，坚持多元化共同治理。首届“崂山路街事会”的成员单位共 34 家，其中包括大壶春、杏花楼等 20 家街区商户，紫金山大酒店、社区卫生服务中心等 7 个区域单位，以及街道职能部门。与此同时，采取轮值街长制度。街长由“街事会”成员推荐产生，负责召集成员讨论事务、主持街区对话会议、牵头开展商户星级评定等与街区建设、管理、发展、服务相关的各种事项。

其次，排摸街区情况，了解街区需求。通过上门走访和问卷调查的形式排摸商户的基本经营情况，向商铺解释说明搭建街区联动平台的重要性，了解商户的需求。

再次，整合街区资源，服务与福利共享。居民区主动要求商户参与到社区治理和社会服务的过程中，商户可以为社区居民提供一些资源，居民区的活动及服务也可以辐射到商户。比如食堂餐饮类商铺可以开设“长者餐桌”，专门为老年人留座，并提供优惠价；商铺的各类生活用品及服务可以为社区居民提供优惠和福利。而居民区党组织也将服务辐射向商家：公众号上宣传商户的优惠活动，青少年活动和暑托班吸纳商户子女，为商户提供法律服务援助等。

最后，形成常态化双向服务机制。街区治理聚焦“城市形象、营商环境、民生改善、和谐稳定”等核心职能，促进社区与商户的双向服务。以供需对接为抓手，通过清单式明责、项目化运作，以街区服务吸引人、凝聚人。

（三）形成街区党建的引领机制

空间壁垒、隶属壁垒、行业壁垒是推进街区治理的三大阻碍因素，而党建引领有助于打破壁垒，形成多方联动的治理局面。潍坊新村街道坚持党建引领，积极探索“支部建在街上、建在路干上”的街区党建模式，构建与街区形态相匹配的新型治理体系。

潍坊新村街区党建，一方面重视街区党组织建设，突出党组织的战斗堡垒和党员的先锋模范作用；另一方面抓区域化党建单位联盟，整合辖区资源，建立党建引领街区治理“同心圆”。

首先，建立联合党支部。潍坊新村街道创新党建引领的组织形式，成立崂山路联合党支部，做实党建指导员联络制度，强化崂山路街区党建工作有效覆盖，积极发挥党组织动员优势，引导商户党员亮身份、见行动。比如，在常态化疫情防控中发挥先锋模范作用，在落实门责制管理、垃圾分类上率先履责；推行社区“微心愿”等公益项目，驻区单位为新兴就业群体提供免费的餐食和水，为社区老年人吃饭提供折扣补贴。通过多种举措，让街区单位主动参与街区治理，做到以“街区党建”引领人、以“街区服务”吸引人、以“街区活动”凝聚人。

其次，建立党建联盟。建立由崂山路沿线明珠小学、长航医院等7家单位党组织，潍坊九村等7个居民区党组织，江苏大厦联合党支部等8家“两新”党组织组成的街区党建联盟。联盟共享教育培训、医疗健康、商旅服务、慈善公益、社区管理等各类资源，促进沿街商户等主体有意识、有意愿、有动力参与到街区治理中。打造“街区之家”，在街面设置党群服务站暨新时代文明实践站，明确服务内容，定期安排活动。

最后，打造空间阵地。空间阵地是推进街区治理的重要载体。潍坊新村街道为保障街区治理推进过程扎实有效，在街面设置党群服务站暨红色加油站，以此为依托打造“街区之家”。潍坊新村街道将城管、市场所、协税、绿化市容所等职能部门引入“街区之家”，各部门实行轮班制，定期安排活动，充分发挥空间阵地的力量整合、资源聚合、服务供给功能，并形成接待—反馈—回应—评价的闭环运行机制，对接群众需求，增强商户、单位、居民区等各类街区主体的归属感。

（四）完善街区治理的管理机制

街区治理主体多元、内容复杂，推进街区治理也离不开街区管理的兜底保障。在街区管理的组织体系方面，以分管领导为组长，社区管理办主任为副组长，绿化市容所、市场监管所、城管中队、派出所等为组员；社区管理办负责细化分解任务。以此为基础，形成了具体工作机制。

一是以块为主、属地管理。由街镇统筹管理执法队伍，形成发现、处置、考核的闭环机制，最大化整合行政管理执法力量，以解决各自执法、力量分散问题，做到管理交叉覆盖、无缝衔接，增强处置违法行为的有效性，提高管理绩效。

二是资源整合、信息共享。通过网络监控资源整合，实现城市管理中的多网互联、信息共享，提高信息利用率，对商家在落实市容环卫责任区制度等方面进行全过程、全时段监督，最终实现“一网统管”。

三是执法联动、部门协同。在社会治安、市容环境管理中，“大联动（勤）”机制由党委政府牵头，以行政执法部门为主、相关部门协同，开展联动执法，形成管理互补、问题联处、执法联动的常态化工作机制，并针对城市管理重点任务和难点问题集中力量进行解决。

四是风险评估、应急处置。对于在项目推进过程中可能会产生少部分居民不理解、不支持的情况，积极做好分析梳理，优化建设方案并做好解释工作，为顺利推进街区建设，进一步降低舆情风险起到积极作用。

（五）创新商家的自治机制

商家自治机制是指在街区治理时充分尊重商户的意愿和主体性，建立长效化议事协商机制，通过搭平台、拓渠道、建机制，引导沿街商铺、驻区单位、周边居民有序参与，将全过程人民民主贯穿街区规划、建设、管理全生命周期，实现“人在街区里走、事在街区里办、情在街区里聚”，坚持刚性治理和柔性治理两手抓，建立考评激励机制，完善商户自治公约，培养自律自治习惯，培育街区共同价值。潍坊新村街道将沿街商户组织起来，组建自治联盟。

一是明确自治组织功能。自治联盟主要配合城管、社区、物业等管理组织，开展诚信经营、环境卫生、自我管理等工作，依托商户自治平台，调动商户力量，引导商户参与街区建设，促进商户与街区共同成长。

二是清单化推进实施。结合多轮街区对话协商，形成一系列街区公共议题和微公益项目，实施街面环境整治、安全守护、垃圾分类、公益慈善行动等。比如，组织商户自排自演“反诈”宣传小品，携手红十字会开展商户急救技能培训等，从街区活动参与到公益文化共鸣，再到主动融入街区治理，不断形成共同参与的放大效应。

三是定期化开展活动。制定“每周一请”的职能部门街区约请制，做到群众有所呼、部门有所应。开展“每月一提”的“崂山金点子”活动，促进街区人人享有话语权。开展“每季一评”星级商户评定，组织商户签订诚信自律公约，引导商户诚信经营。

（六）探索街区共治的机制

商居共治机制是指基于共建共治共享的街区治理共同体的目标，建设街区商户、辖区单位、社区、居民、消费者等不同主体的协同合作机制，通过搭建商居共商共治平台，营造和谐共融的商居睦邻环境，提升商户和居民的社区归属感。

为实现商居共治，潍坊新村街道探索成立崂山路街事会。崂山路街事会是崂山路街区共治联盟的日常议事平台，由街区商户代表、居民区代表、区域代表组成，政府职能部门代表列席参与，提高日常工作指导与服务。崂山街事会包含了各类下沉的街道职能部门，如党建办、自治办、管理办、服务办、宣统办、营商办、派出所、市场监管所、城管中队、城建中心等。

崂山街事会有相应的机制支撑，典型的是崂山路街长制。街长由潍坊新村街道各职能部门和周边居民区同街区主体推荐产生，任期一年，主要负责街事会日常事务，发起街区共同议题讨论、街区对话会议主持等。通过轮值街长制度、“每周一请”部门约请制度、“每月一提”崂山金点子活动、“每季一评”星级商户等制度设计，共商化解油烟扰民等矛盾，共同为规划打造风情街等献策出力。

（七）分层打造特色街区

理清街区资源，明确街区功能定位，才能确立街区治理的方向和目标。潍坊新村街道通过街区调研和诊断了解街区的需求、问题、资源，明确街区的发展阶段以及存在的主要矛盾，把握街区的核心特质，从而确定街区治理的方向。

街道在崂山路打造红色街区、美丽街区、诚信街区、活力街区、公益街区、平安街区“六个街区”的愿景目标，统筹疫情防控和复工复产，激发街区各方主体意识，努力打造融合环境、秩序、营商为一体的街区治理样板。

一是着力抓好安全防线。街事会积极发动“平安街区”商家联保小组、街区“平安哨”志愿服务队，引导街区商户落实门责自律，扎实做好平安创建工作，营造让商户和居民都安心的街区氛围。

二是努力优化营商环境，街事会积极发挥桥梁纽带作用，提升对居民区和企业、员工的服务，比如街事会积极联系大壶春、宝安轩等商户，为周边30多家写字楼近千名白领提供早午餐配送服务。在提升商户营业额的同时，也解决了白领就餐问题。

三是合力提升街区品质。邀请街区商户和居民多方主体参与式规划，共同参与讨论设计方案，比如广泛听取意见建议，打造“潍坊源”老上海风情街。群策群力改造孝亲敬老广场，监督实施彩绘墙“微街景”项目，有效提升了“美丽街区”风貌。

三　党建引领街区治理的成效与问题

潍坊新村街道探索党建引领街区治理新模式以来，围绕“六个街区”建设的愿景目标，统筹整合资源，搭建自治共治平台，组织动员参与，取得了一系列的进展。先后获得学习强国、新华网、《解放日报》、“浦东发布”、“上海街镇”等媒体多次报道。

（一）街区安全有保障

“平安街区”商家联保小组、街区“平安哨”志愿服务队带头守牢街区底线防线，督促商户主动报备外来人口并加强检查，进一步摸清底数。疫情期间，严格落实划块管理，严格出入口管理，落实团购备案制度，加强全覆盖巡逻执法，加强重点人员管控，广泛开展法律宣传和群防群治。发动商家联保小组巡查，结合网格管理、联勤联动平台，全面形成应急处置机制，加强巡查检查力度，将日常街面巡查与疫情督导检查相结合，将行业监管与防疫督查相结合，做好人员管理、街面管理的有机统一。

（二）街区营商环境有改善

助力落实惠企政策，街事会在得知有些商户减免租金的政策以后，一边迅速统计街区商户租借情况，一边积极对接联络房东企业，积极发挥桥梁纽带作用，反复沟通助力优惠政策落地实施。比如，我们街事会成员单位江苏大厦（金陵紫金山大酒店），也是我们崂山路的首任街长的单位，为 60 多家商户免去疫情期间房租约 1400 万元，有效缓解商户经营压力；街事会还通过城管联系出租方，帮助“划得来”食品店等小微商户及时享受了租金减免优惠，让他们尽快走出疫情影响。

（三）街区环境品质有提升

街事会结合文明创城和垃圾分类工作，发布倡议书、发动志愿者，引导商户自治，共建文明家园。通过街事会协商平台，拉近了商户与居民的距离，推动解决了之前长期存在的居商矛盾。比如，潍坊十村一居民区沿街几幢楼的居民长期被崂山路餐饮店的油烟困扰，街事会发挥平台沟通作用，相关部门、商户、居民作为三个平等主体共同协商，成功推动 23 家餐饮店完成油烟管道改造，有效化解处置涉油烟信访，实现餐饮油烟规范化治理。再比如，招募小修小补手艺人打造了街区便民服务站，在慈善超市设置了街区公益会客厅，为街坊邻居提供便利。

（四）街区问题处置更得力

通过街事会“每周一请”“每月一提”“每季一评”等机制，第一时间收集、发现问题隐患，约请职能部门讨论、解决难点问题，实现了民生问题快速联动、社会矛盾共同化解和服务资源互通共享。比如，崂山路街区有明珠小学和浦明师范附小等多所小学，上下学高峰人多车多路堵，街事会协调相关力量，联合开展“护校安园”行动：交警部门早晚高峰加派人员值守；综合执法队通过规范共享单车停放，提高道路使用率；城运分中心建设接入道路监控点位，采用智能化手段有效降低安全事故的发生率，目前已成功实现上下学路“零事故”。

四　党建引领街区治理的经验与启示

为实现街区可持续发展，打造良好营商环境，潍坊新村街道从问题出发，结合自身街区特色和治理资源，创新形式，采取了系列治理行动，形成了诸多有益探索和实践，并取得了良好治理效果。而在这些有益探索和实践背后蕴含着推进街区治理的一般化经验，能够为街区治理的深入而全面地开展提供有价值的启发。

（一）强化党建引领

与社区治理不同，街区治理主体更加多元、参与逻辑更加复杂，街区治理面临空间壁垒、隶属壁垒和行业壁垒，而突破壁垒，动员多元力量参与街区治理的关键和突破口在于充分发挥党建引领的作用，包括探索成立临时党支部、联合党支部、党建联盟、区域化党建等形式。党建引领主要通过三种机制促进街区治理共同体的形成。

一是价值引领机制。价值引领机制主要是通过形成自下而上的议题形成、意见征集、居民投票等各种方式来建立党组织与街区相关单位形成民意沟通的渠道，将居民的需求和意见上升为街区发展的目标。

二是资源整合机制。街区包含多元治理主体，具备应对复杂局面的资源。加强资源整合，着力强化政府、市场、社会等多元主体之间的资源共享和协同合作，推动政府系统内的资源共享和部门联动，同时发挥市场资源、社会资源的重要作用，形成不同治理资源的叠加效应，从而提升街区治理的效能。

三是组织动员机制。组织动员包括两个层面：一个是党组织对党员的动员，使其在群众中发挥示范带头作用，带动群众；另一个是对群众的组织和动员，[①] 也包括以街道、街区党组织为核心，积极动员各类单位和组织，搭建党建协商议事平台，发挥基层党员干部带头示范作用，以党建带动商户参与街区治理，着力解决商户和居民遇到的“大事”和“难事”。

---

① 吴晓林：《党如何链接社会：城市社区党建的主体补位与社会建构》，《学术月刊》2020 年第 5 期。

（二）推行参与式街区治理

参与是治理的核心要义，同理，对于街区治理而言，商户参与的内驱力是街区治理的核心要义。激发商户参与街区治理内驱力的关键是让商户参与到街区治理和发展的全过程中来，让街区治理内容与每一位商户发生联系，街区发展和更新由商户共同决策和推动。总之，就是要以全过程人民民主的理念推进街区的参与式治理。参与式街区治理就是与街区发展政策有利害关系的商户、居民和政府一道参与街区的公共决策、资源分配和服务供给的过程。推进街区的参与式治理要注意参与过程中的民主协商、权责对等与合作治理。①

（三）培育街区参与组织化力量

有序的组织化参与是街区治理的关键。居民、商户等主体参与街区治理是政府和社会相互作用的结果，但是自下而上的社会参与逻辑往往是分散的、碎片化、偶然的，无法形成稳定的、常态化的、有效的街区参与。这就需要政府介入，在街区治理前期培育街区参与的组织化载体，并对其进行赋权。

街区参与组织化力量的培育，需要以下措施。第一，需要进行组织建设。搭建组织平台，并赋予其身份和参与街区治理的合法地位，让街区内商户和居民个体的、分散的参与转为组织化参与。潍坊新村街道的崂山路街事会就是组织建设的体现。第二，进行组织赋权。组织赋权就是要明确组织的性质、职责、功能和权力，以便于其自主运行、参与街区治理。第三，提供强有力的组织支撑。街区治理组织平台搭建后并不是让其自力更生，而是要提供强有力的支撑，包括组织赋能、资源提供和资金支持等，当在治理过程中遇到难题要给予兜底保障。第四，组织激励。组织的持续运转，需要建立有效的激励机制，包括物质激励、精神激励、情感激励等。

---

① 唐有财、王天夫：《社区认同、骨干动员和组织赋权：社区参与式治理的实现路径》，《中国行政管理》2017年第2期。

（四）遵循街区发展规律

街区所处的地理位置、发展阶段不同，街区形态、商业业态、街区资源、治理基础等也存在较大差异，这就决定了街区治理要分层分类、因地制宜，在尊重街区发展规律基础上探索不同的街区治理模式。因此开展街区治理的前提就是要通过街区调研精准把握街区的历史发展脉络、当前基本概况、具备的治理资源、存在的主要问题等。在此基础上，确立街区治理的功能定位、愿景目标，并对其进行标准细化，寻找具体实现路径。

五　党建引领街区治理的对策和建议

潍坊新村街道围绕“把加强党建引领与严密组织体系结合起来”，结合超大城市中心城区多元化、精细化特点，彰显人民城市理念，主动探索面向街区的基层协商治理有效工作方法，是“人人都能有序参与治理”的城市治理生动案例实践。但是，街区治理工作尚处于探索的初期阶段，虽然街区治理体系和推进思路已经取得了初步成果，但是治理内容还需进一步落地，治理手段还需进一步丰富和创新，治理理念还需要进一步深化。在党组织领导下，提升街区治理效能，推进街区共建共治共融共享是后期的发力方向。

（一）完善街区数字治理路径

街区具有异质性、开放性、流动性等特征，激发街区参与活力、提升街区公共服务的有效性以及快速及时发现问题、处置问题是街区治理面临的三大挑战。而数字技术便捷、高效、针对性强，能够运用二维码、大数据等数字化、智能化手段，动态摸排街区商户、人口等基础信息并建档入库，同时，可以依托街镇城市运行管理平台开发符合街区自身需求的街区治理应用场景，在信息共享、资源共用的基础上形成“发现—派单—处置—反馈—评估”的全闭环管理机制。

例如，北蔡镇的“一码通用”赋能街区精细化治理。“智能码”一码通用以街面、商户管理突出问题为切入口，通过二维码、大数据等信息化手段赋能城市街面治理，按照“一店一码”“一码通用”的设计理念，重点围绕市容管理、行业管理和拓展服务等三个大项及商户三级分级管理专项，从发现、处置、服务和日常考核四个方面入手，制定场景运行规程，注重过程监督和精细化提升，在全流程智能化、多场景精细化、系统化大数据应用方面都具有重要体现。

（二）创新街区服务赋能机制

统筹辖区各方面管理力量和服务资源，推动其向基层聚焦，下沉到服务街区群众的最前沿。根据街区特点，可以进行服务赋能机制探索，包括推行城管、市场所、协税、绿化市容所等职能部门轮值接待机制；建立职能部门的服务约请制，做到群众有所呼、部门有所应；街道各条线部门建立街区治理的联络员机制，围绕街区发展的重点问题定期开展会商讨论；政府部门通过走访街区商户，深入了解商户诉求、经营情况、商户类别与参与街区治理的意愿，梳理商户的问题、需求和服务清单；针对优秀商户和产品进行宣传和引荐服务，提升街区商户的影响力，吸引更多的消费者、游客到街区来消费，以及更多商户的入驻。通过完善服务赋能机制，满足街区群众的生活和发展需求，增进街区认同感，促进治理效能提升。

（三）推进项目制运作

项目是街区商户和居民参与的重要载体，也是街区治理政策和目标落地的重要路径。通过项目化的方式，明晰活动内容、梳理活动流程、完善活动方案，进而推动街区商户和居民定期、有目标、有计划地开展活动，在活动中增进商户对街区的认同感和归属感。在街区中，可以探索大型市集、街区购物节、街区会客厅、街区主题展等项目。例如，东明路街道的萌动小屋项目。萌动小屋不仅是一个地标的体现，更是在建造过程中激发着街区活力，萌动小屋建造需要街区内的商户、居民以及其他的社会组织等共同参与，通过每个人的添砖加瓦来打造出属于本街区的特色地标，建成之后也可作为街区各种活动的展示利用场地。

（四）促进街社融合发展

街区和社区是紧密相邻的两个治理单元，具有共生共融的关系。因此，街社融合发展至关重要。在街区治理过程中，要围绕街区和社区建立需求清单、资源清单和服务清单，形成供需对接机制，通过清单式明责、项目化运作，推动街区和社区资源共享、功能互补、融合发展，推动街区业态更加丰富、功能更加完善，更好满足群众个性化、体验化、品质化的多方需求。

参考文献

韩志明、李春生：《治理界面的基本维度及其运行——公共治理变革的空间性分析》，《学术月刊》2022 年第 8 期。

吴晓林：《党如何链接社会：城市社区党建的主体补位与社会建构》，《学术月刊》2020 年第 5 期。

唐有财、王天夫：《社区认同、骨干动员和组织赋权：社区参与式治理的实现路径》，《中国行政管理》2017 年第 2 期。

B.14

真心“焕”公心：长岛社区焕活居民治理能动性

王奎明*

摘　要： 焕活居民治理能动性是当代社区治理的关键。长岛社区在摸排厘清社区治理“人情事”的基础上，精准捕捉毫末之中的治理切入点，通过积累治理实绩，以点带面、拾级而上地沿着社区人际脉络焕活居民的治理能动性。在这一过程中，长岛社区精准研判基层治理态势，择时而动，组建了多支党建引领、人尽其才的志愿者队伍；积极拓宽治理“基本盘”，与社区周边的企事业单位形成良好的治理联动关系；通过“三会”解决各种社区治理痼疾，将社区治理的各种隐性成果转化为显性治理框架。长岛社区以焕活居民治理能动性为抓手，构建以之为核心的基层治理良性循环，在社区内成功形成了善治氛围，为长效治理机制的形成提供了坚实保障。

关键词： 社区治理　治理能动性　多元共治　老旧小区

复杂的社区公共问题和居民日益多元化的治理需求与社区治理集体行动的离心力间的矛盾是当代社区治理的主要矛盾之一。目前没有任何政策或是法律法规能够充分、有效地适应纷繁复杂、瞬息万变的社区治理情境，焕活

---

* 王奎明，上海交通大学中国城市治理研究院、国际与公共事务学院副研究员，硕士生导师，主要研究方向为基层治理、社会融合。

居民治理能动性，建立有能力承担各项社区治理工作的志愿者队伍、基层民主协商机制和稳健的长效治理机制，是当今社区治理的关键所在。各类社区中，超大型城市中的老旧小区在这一方面所面临的挑战是最为严峻的：不论是鸡犬相闻、邻里相望的村落小镇，还是人口、资金等社会资源持续流入的新兴社区，抑或是发展完备的核心社区，各自都有一套培养、凝聚居民身份认同感，组织、动员居民参与社区治理的体系。然而，超大型城市的老旧小区既因人口流失而缺乏稳定的常住人口和信任基础，又在区位相对衰落的情况下难以吸引必要的治理资源，致使社区的治理体系因居民治理能动性不足而长期分崩离析，各种公共问题久病成疾，而处于原子化状态的居民或希望改变现状却有心无力，或对社区未来不抱希望而得过且过、选择离去。[①]

一 背景·缘起

上海市浦兴路街道长岛路居民区（以下简称“长岛社区”）是建于1997年的老旧动拆迁小区，东邻菏泽路，南邻长岛路，西邻台儿庄路，北邻博兴路，由1201弄、1203弄、1267弄组成，共177个楼组居民2279户，实有人口5659人。[②] 居民群体构成与身份背景较为复杂：一部分居民是来自其他社区的回迁住户；由于长岛社区周边的通勤条件和生活环境相对便利，同时又有部分回迁户将空置房屋出租，吸引了一批因工作等原因而在此租住的租户；长岛社区作为传统意义上的“优质学区房”，也吸引了不少学生家长在此购房并居住，他们当中有不少人是周边高科技企业的员工。然而，多数居民都将自己视为社区的“过客”而非“主人”：租户可能会随时因工作变动等原因更换住所，家长则会因子女升学随之搬离，甚至回迁住户也会因寻求更好的居住条件选择迁居。而身份背景、生活习惯等方面的差异更是在无形中增加了不同类型的居民之间的隔阂。社区人居环境和公共事务

① 吴志强、伍江、张佳丽等：《“城镇老旧小区更新改造的实施机制”学术笔谈》，《城市规划学刊》2021年第3期，第1~10页。

② 数据来源：上海市浦兴路街道，统计时间：2023年9月。

也因此乏人问津，每况愈下。

总的来说，未经治理的长岛社区存在社区环境老旧凌乱、居民身份背景复杂、对社区缺乏认同感和归属感、社区群众自治基础薄弱等一系列痼疾，表现出超大型城市老旧小区特有的暮气沉沉的面貌。不过，从另一个角度看来，相对恶劣的社区环境意味着居民具有充足的潜在治理能动性参与社区治理实践的能力。当然，要想焕活这种碎散在居民心底，烛火般明灭不定的治理能动性绝非易事。而长岛社区在摸排厘清社区治理“人情事”的基础上，精准捕捉毫末之中的治理切入点，通过不断积累治理实绩，权变灵活地寻求社区公共利益的“最大公约数”，以点带面、拾级而上地沿着社区的人际脉络焕活居民的治理能动性，持续扩充、锻炼基层自治队伍，拓展社区治理源流，通过“三会”（听证会、协调会、评议会）解决社区治理痼疾，将隐性治理成果转化为显性治理框架，最终围绕居民治理能动性形成良性治理循环，巩固善治成果。长岛社区在焕活居民治理能动性方面的经验可以为超大型城市老旧小区的再生治理提供借鉴。

二　举措·机制

长岛社区的成功经验表明，在缺乏群众基础的老旧小区，焕活居民的治理能动性无法一蹴而就，而是一个长期持续的过程。在这一过程中，把握和捕捉社区治理切入点、通过小微治理积累实绩带动居民，是焕活居民治理能动性的起点；以党建引领打造社区志愿者队伍、拓宽社区治理源流是持续提升居民治理能动性的有效手段；“三会”是检验居民治理能动性焕活成果的试金石，更是将其成果制度化、建构治理框架的必要路径；良好的社区环境、丰富的社团活动和善治风尚的形成则是持续焕活居民治理能动性的有力保障。长岛社区正是通过耐心细致又不失时机地推行以上流程，一步一步地焕活居民的治理能动性。

（一）巧抓治理切入点　焕活居民能动性

焕活居民能动性的第一步是抓住社区治理的切入点。这个切入点首先要

“足够迫切”，能有效地回应目标居民群体最为关切的社区治理问题，其次，要“足够具体”，具有明确的指向性。最后，要讲求“效费比”，换言之，就是要让居民通过最低限度的行动，换取最大限度的治理实效。这种正反馈能有效激发居民参与治理行动的积极性，也是焕活居民治理能动性的关键所在。寻找并捕捉社区治理切入点是对基层工作者综合能力的考验。长岛社区的治理经验表明，要想巧抓社区治理的切入点，就要在了解社区居民基本情况的基础上，从居民的治理偏好和社区治理问题两方面入手，找准二者的交汇点。

了解社区居民的基本情况，摸清社区“人情事”是捕捉社区治理切入点的重要前提。2020 年，李秀勤来到长岛社区，积极践行“五勤”服务方式，提炼总结“望闻问切”工作法，对社区居民进行了长期、全面、细致的走访。其中，“五勤”即脑勤、眼勤、嘴勤、手勤、脚勤；望，即通过社区治理数据库梳理熟悉社区基本情况；闻，即通过党代会、社代会、“家门口”服务站等途径掌握社情民意；问，即通过全覆盖走访、主动询问等形式问需于民、问计于民；切，即通过“把脉”问题、分析“病因”、专家“会诊”解决群众急难愁盼问题。这些举措是长岛社区充分了解社区“人情事”、捕捉社区治理切入点的关键。

掌握了社区治理的基本信息，便可由此入手寻找治理切入点。社区居民既是社区治理参与主体，也是治理成效的直接受益者。因此，寻找治理切入点必然要从居民入手。社区居民无一例外地具有两重与社区治理密切相关的身份：来自居住空间的地缘身份以及来自工作职业的业缘身份。其中，地缘身份的存在意味着居民不论主观上对社区多么缺乏归属感和认同感，只要他们在此居住一日，那么社区整体环境便与他们息息相关。这也是居民会参与社区治理的根本原因；而业缘关系不仅决定了居民对居所的选择及其所具备的专业能力，而且具有一定的由身份认同带来的凝聚力，是治理动员的身份依据之一。

寻找治理切入点的另一项重要维度是社区治理的公共事务。纷繁复杂的社区公共事务本质上是居民多元化需求的外化。从这一角度看来，社区公共事务有两个突出特点：第一，不同公共事务的优先级有高低之分；第二，不同居民群体对公共事务的关切点会因为身份、个人偏好和利益导向等因素有所不同。在社区治理的实践中，以上两项特性的具体表现要更加复杂，需要基层工作者通过实地走访，并结合平时掌握的社区治理基本情况（如居民身份对其参与动机的影响、其陈述是否准确可信等），判定社区各项公共事务的优先级，并采取与之对应的处理措施。而居民与公共事务的利益相关点，便是社区治理的切入点。

长岛社区在厘清社区“人情事”的基础上，摸索出了一套从社区治理的切入点着手，逐步焕活居民治理能动性的有效方法。在社区治理前期，社区内部往往因居民治理能动性不足而缺乏必要的治理团队。此时，因居住于同一空间的地缘关系是动员居民的有效依据。前期社区治理的切入点应当足够具体，既在目标居民群体的能力范围内，又具有“看得见，摸得着”的实效，这样既可以给参与者足够的正反馈，又能通过示范效应带动其他居民。随着社区治理活动不断扩大，社区治理切入点也要在足够具体的前提下向社区公共利益的“最大公约数”靠拢，在创造治理实绩的同时，焕活尽可能多的居民的治理能动性。

（二）党建引领志愿者　人尽其才显神通

组建一支或多支能承担社区治理主要工作、有效应对各种社区公共问题的社区志愿者队伍，既可以作为社区治理的中坚力量，也可以将居民的自发性治理活动有效转换为组织有序、人尽其才的自觉性的治理活动。① 长岛社区通过党建引领，不失时机地组织起一支又一支志愿者队伍，逐渐培养出以党员志愿者队伍为核心，多支志愿者队伍各尽所长、人尽其才的志愿者队伍。日益壮大的志愿者队伍不仅承担社区治理的实际工作，而且通过不断取得治理实绩，充分发挥带动作用和示范效应，持续焕活居民治理能动性；居

① 高风尘：《社区志愿者管理的“五环”工作法》，《中国社会工作》2019 年第 18 期，第 44~45 页。

民通过参与社区志愿活动形成的社会关系网络，更是成为社区治理集体行动的坚实保障。

社区志愿者队伍对于超大型城市的老旧小区而言，其重要性不言而喻：在社区可能会长期面临较为苛刻的治理资源约束条件的情况下，社区志愿者队伍可作为重要的治理补充力量，承担起社区治理的实际工作。[①] 在社区面临的各种公共问题中，既有各种日常性工作，也不乏需要专业知识和技术才能解决的问题，这就对志愿者队伍的“通”与“专”提出了相应的要求。社区志愿者队伍由社区居民组成，其组织运作方式也必然在一定程度上反映居民群体的构成和他们基于自身利益考量对社区公共事务的关切。从这一角度看来，唯有找到社区志愿者队伍在公共利益方面的“最大公约数”，才能充分焕活成员的治理能动性。

长岛社区对上述社区志愿者队伍建设的必要考量的回应是：建立以党建引领为核心、人尽其才的志愿者队伍。长岛社区着力培育“1+N+X”志愿者队伍。其中，“1”是指1支30余名党员核心骨干组成的党员志愿服务团队“弘岛”，开展形式多样的社区公益活动，通过党员的示范效应来引领居民共同参与；“N”是指围绕“幸福岛”主题组建的、以居民志愿者为主的N支核心群众团队，由“靓岛”“尚岛”“保岛”“和岛”“青岛”“帼岛”6支志愿者队伍组成；“X”是指书友会、棋友会、舞蹈队、合唱队等群众自治团队，长岛社区目前有15个自治团队，带动居民约4.5万人次，在社区治理中发挥了积极作用。

在以上志愿者队伍体系中，成立于社区治理前期、由30余名党员核心骨干组成的党员志愿服务团队是志愿者队伍的核心，他们不仅承担着社区治理的主要工作，也是党建引领的重要体现，将社区志愿者队伍紧紧团结在一起。而在6支志愿者队伍中，既有专门负责垃圾分类、停车管理等社区公共问题的“尚岛”“保岛”，也有以青年、妇女身份特征组织起来的“青岛”“帼岛”。它们反映了长岛社区主要治理参与力量的构成，也使得公共事务

① 林土琼：《社区志愿者队伍培育实用技巧》，《中国社会工作》2022年第7期，第25页。

的切身利益相关者和具有参与积极性的特定居民群体得以有效地参与社区治理活动。各种社区群众自治团队则通过兴趣活动，为居民了解、协助和加入志愿者队伍搭建了桥梁。

长岛社区按照居民群体的治理能动性，培育“1+N+X”志愿者队伍。其中，作为核心的党员志愿者发挥凝聚力和模范作用，引领并紧密团结其他志愿者队伍；基于公共事务或居民身份组织的志愿者队伍既为关注特定公共问题的居民提供了参与和自己切身利益密切相关的公共事务的机会，也为身怀长技的居民提供了各尽所能的机会；多种多样的社区群众自治团队则是居民建立日常联系、接触志愿者、鼓励“临渊羡鱼”者“退而结网”的重要平台。这种根据居民治理能动性和专长梯次组织而成的志愿者队伍，能有效鼓励全体居民充分参与社区治理，并通过正向反馈进一步焕活其治理能动性。

（三）多元主体齐联动　焕活治理开新源

社区作为以居住功能为主的城市空间，其相对单一的功能意味着难以满足居民们日益多元化的生活需要；社区治理中面临的各种复杂问题，也不能完全依靠居民自有治理资源解决。同时，社区在城市空间上通常会与其他功能区毗邻，而社区自身的积聚效应也会在其周边形成生活圈。社区必然要与这些周边环境中的社会实体发生资源交换，以满足居民需求。[①] 从这一角度看来，社区的周边环境是社区环境的外延，而其中的社会实体也是社区治理的潜在参与者。焕活他们的治理能动性，使他们与社区形成良性治理互动，不仅可以更好地满足社区居民的生活需求，也可以开辟更多治理源流，改善社区治理条件。

长岛社区在治理活动中一直非常重视社区周边的潜在治理主体，并不失时机地通过与他们建立良好的互惠关系，将社区周边多元治理主体的力

① 杨仁忠、张诗博：《社会治理共同体的公共性意蕴及其重要意义》，《河南师范大学学报》（哲学社会科学版）2021年第1期，第9~16页。

量引入社区，满足居民多样化的生活需求，并帮助社区解决各种治理问题。例如，对来到社区内部进行推广的企业，长岛社区并未将其一概拒之门外，而是在审核其资质的基础上，根据对社区民情的了解，帮助他们与有相应需求的居民对接。长岛社区以党建联建为平台，引入盒马鲜生、山姆超市、金高医院、民生银行等企业的治理资源，在有效满足了居民群体的生活需求的同时成功地焕活了这些潜在治理参与者的能动性，为社区治理开辟了新源流。

长岛社区焕活治理能动性的潜在对象并不局限于周边企业，基于居民业缘身份的焕活活动也可以为社区引入新的治理力量。如前所述，长岛社区周边相对便利的交通条件吸引了不少居民来此居住，他们往往供职于同一家或几家企业。有鉴于此，长岛社区基于居民的业缘关系，一方面在社区内将同一企业的员工组织起来，参与居民兴趣团体或社区治理活动；另一方面则以员工为纽带，与社区周边的企业建立治理联动关系。这类企业中不乏高新技术企业，企业及其员工的专业技能可在必要时为社区治理提供支持。这样一来，长岛社区基于居民的业缘关系，成功焕活了周边企业的治理能动性，为社区治理增添助力。

长岛社区通过焕活社区周边潜在治理主体的能动性，鼓励他们直接或间接地参与社区治理活动。这切实地改善了社区周边的显性和隐性治理环境，满足了居民多种多样的生活需求并增加了他们对社区的认同感和向心力，也为社区治理开辟了新的治理源流以备不时之需。与此同时，社区周边环境的改善产生的积聚效应也吸引了更多优秀的潜在治理参与主体。通过建立这种良性循环，长岛社区成功焕活了社区周边多元主体的治理能动性，将多样化的社会资源引入社区。而“开源”的成功也显著改善了长岛社区的治理条件，使基层工作人员在处理复杂多变的社区公共事务时更加游刃有余。

（四）开好“三会”解顽疾　焕活成果得巩固

所谓“三会”，即听证会、协调会、评议会。在社区治理实践中，“三会”的作用不可替代。[①] 其一，“三会”是为了解决社区重大公共问题，特别是一些社区治理痼疾，平衡各利益相关方损益，争取居民理解和支持，推动问题最终有效解决的重要方式，这也是基层民主、全过程人民民主的应有之义。其二，“三会”是基层治理参与者与普通居民沟通交流、了解社情民意和社区基本情况的重要平台。其三，由“三会”树立的各种显性和隐性社区治理参与规范对居民的治理协商具有导向和规制作用，通过召开“三会”逐步形成的社区治理框架可以为居民的治理行动及其成果提供保障，进一步焕活社区治理能动性。

在社区治理实践中，“三会”的功能定位并不十分清晰。如果基层工作者对会议的节奏把握不当，会议便可能在与会各方的无序发言甚至争执中偏离既定方向和功能定位。针对这一问题，长岛社区首先明确了“三会”在基层治理协商中的功能定位：听证会以问题为导向，主要讨论“要不要做”；“协调会”以需求为导向，主要讨论“还做不做”；评议会以结果为导向，主要讨论“做得怎样”。长岛社区通过完整、细致的议事规则来保障会议发挥其应有的议事功能，如轮流举手发言、遵守发言时限、禁止人身攻击等。这些“硬规则”辅以主持人的“软引导”，在给予居民协商空间的同时，确保“三会”紧贴主题不“跑偏”。

长岛经验表明，要想开好“三会”，除了明确会议的功能定位并严格根据议事规则主持会议外，还要在会议的组织协商的具体过程中做好一系列工作。在会议召开前，长岛社区基层工作者们会根据会议功能和议题的利益相关群体，确定并联系好与会各方，既要确保各利益相关群体及时到会，也要避免过多与议题缺乏直接关联者参会，增加协商难度；在会议前期，长岛社区的主持人会注重把控议事规则，让所有与会者平等发言，公平协商；在协商陷入瓶颈时，主持人要适时地根据对议题的了解和自身工作经验提供能打开局面的建议；在会议收尾阶段，主持人则根据对与会各方的了解，寻找利

① 任中平：《全过程人民民主视角下基层民主与基层治理的发展走向》，《理论与改革》2022年第2期，第1~15页。

益平衡，推动共识达成。

在“三会”召开后，要积极推动“三会”成果的落实，为居民自治赋能增能，并将其转化为治理行动和实效。长岛社区将此形象地总结为“起身做事”。只有趁热打铁，在第一时间落实“三会”决议，才能取信于民，树立“三会”在社区治理实践中的地位。同时，尽快根据“三会”的议定内容，或组织新的社区自治队伍，或调动既有志愿者队伍和社区治理力量执行决议，有助于在居民心中巩固由“三会”确立的各项显性或隐性的社区治理协商规范与价值导向，带动其他社区治理集体行动，焕活居民的治理能动性，最大限度地发挥“三会”的治理效能。

此外，长岛社区非常注重从治理流程这一宏观层面动态、联系地发挥“三会”各自的功能定位。听证会、协调会、评议会分别对应公示制、责任制和反馈制，三者相互关联、逐步推进，形成一条社区公共问题治理的完整链条。在面对各种公共问题，特别是停车难、垃圾分类、加装电梯等社区治理的难题时，长岛社区事先召开听证会、事中召开协调会、事后召开评议会，建立与全过程人民民主相匹配的全流程社区治理闭环体系，确保将社区居民和其他治理主体的协商成果完整、充分地落实到具体治理实践中。长岛社区通过开好“三会”，有效巩固了基层协商和社区治理的各项成果，也进一步焕活了居民的治理能动性。

（五）持续强化治理动能　构建善治良性循环

随着居民的治理能动性提升以及社区治理体系逐渐趋于完备，长岛社区开始着力构建能持续焕活居民治理能动性的善治循环，以期在维护来之不易的社区治理成果的同时，使新迁入居民和新加入社区治理队伍的工作人员在内的社区新成员尽快适应社区既有治理规范，在这一过程中培养、建立起对社区的认同感和归属感，最终成为社区的一员。这种建构居民治理能动性自我强化和持续焕活机制的举措，既是对此前焕活居民能动性的各项措施的总结，也是巩固社区先进治理经验的成效、降低社区治理维护成本、建立社区长效治理机制的必然选择。[①]

各种看得见、摸得着的社区治理实绩既是居民治理能动性的主要来源之一，也是建构居民治理能动性自我强化循环必不可少的保障。这种社区治理实绩主要体现在良好的社区人居环境和日益完备的社区基础设施上。长岛社区一直以来非常重视社区环境对居民治理能动性的影响，长岛社区志愿者队伍的重要职责之一，便是维护良好的社区环境，并及时发现、处理各种可能影响社区环境的潜在问题。同时，长岛社区还根据居民的意见，陆续增加了诸多便民设施。良好的社区环境不仅在潜移默化中鼓励居民对其勤加维护，也焕活居民的治理能动性，激励他们努力为社区环境锦上添花。

长岛社区维系居民治理能动性、建构长效治理机制的另一秘诀是依托社区群众组织，在居民中开展各种活动。普通居民是社区治理的重要力量，为了持续焕活普通居民的治理能动性，长岛社区通过各种社区群众组织，或根据居民的兴趣爱好建立相应社区团体，或根据居民对特定社区公共问题组织小规模治理行动。这些大大小小的活动在长岛社区内部建立了发达的人际网络，使得社区的各项治理行动可以通过这张网络持续焕活居民的治理能动性。同时，对社区环境的美化活动和兴趣爱好团体组织的体育运动、亲子互动等活动也充实了社区空间，避免消极、负面的风气渗入社区并破坏这一良性循环。

长岛社区通过对社区人居环境和基础设施的改造维持和打造社区人际网络两方面举措，建立了居民治理能动性的自我强化和持续焕活机制。实践证明，良好的人居环境以及社区氛围不仅有助于培养新成员对社区的归属感和认同感，而且可以在无形中规范和强化既有社区成员的行为，使他们自觉维护社区治理的各项成果。同时，充盈的社区善治氛围也在无形中堵塞了各种不良风气进入社区、破坏社区治理成果的路径。这种良好氛围的形成又进一步强化了居民治理能动性的持续焕活机制，显著降低了社区的治理维护成本，为长效治理机制的建立提供了坚实保障。

---

① 王芳、曹方源：《迈向社区环境治理体系现代化：理念、实践与转型路径》，《学习与实践》2021 年第 8 期，第 106~116 页。

三　创新·成效

长岛模式的成功经验表明，居民治理能动性是解决超大型城市老旧小区再生治理的“题眼”。通过因时制宜、因地制宜地采取各种措施，有效地焕活居民治理能动性，可以有效盘活社区内外沉淀的各项治理资源，发动居民切实改善社区人居环境、有效地化解各种社区治理痼疾、稳固社区治理框架、在社区内部形成善治氛围并由此建立起长效治理机制。

（一）治理活力焕新社区人居环境

长岛社区居民治理能动性被充分焕活、社区治理取得成效的最明显的表现，便是社区人居环境得到显著改善。此前，长岛社区和其他老旧小区一样，存在社区公共设施陈旧、楼道杂乱拥挤、车辆乱停乱放等居住环境问题。随着居民的治理能动性被逐步焕活，长岛社区通过一系列社区治理行动显著改善了社区的整体环境，开展特色楼道建设活动，同时在各楼组、片区之间建立起环境评比机制，持续焕活居民的治理能动性，在巩固社区环境治理成果的同时，鼓励居民充分发挥特长，进一步美化社区的人居环境。

在社区人居环境焕新方面，长岛社区的治理典范之一是“我们的小森林”建设活动。长岛社区内有一片 3000 平方米、被遗忘了 18 年的水杉林，由于动迁房和商品房居民因物业管理费差异产生的隔阂而难以得到有效管理，并逐渐沦为社区的“垃圾带”。长岛社区通过听证会等方式，化解居民隔阂，组织志愿者队伍对森林进行了清理，并从居民中征集方案，将这片水杉林改造为“我们的小森林”。此外，长岛社区还建立了“沁心角”“都市农园”等，通过焕活居民治理能动性，使社区绿化面积在 8 个月内翻了一番。

长岛社区通过建设“五美楼道”、在楼组间开展评比活动等方式，在督促居民珍惜爱护治理成果的同时，鼓励居民各尽所长，进一步美化社区人居环境。长岛社区各楼组以党建引领为抓手，通过楼组包干、民主协商和联勤联动等举措，有效地解决了楼道违建、私拉乱接、高空抛物、宠物扰民等居民反映强烈的问题，因楼制宜，创建特色楼组，先后打造了以楼组平安和法治建设为主题的“安美”楼组和以上海传统文化为特色的“怡美”楼组等治理典范，运用居民特长和治理能动性，美化装点社区的人居环境。

（二）社区治理痼疾得到逐一化解

在社区治理的过程中，长岛社区通过焕活居民治理能动性，综合运用各种治理手段，逐一解决了“停车难”“加梯难”“（垃圾）分类难”三大社区治理痼疾。在“停车难”治理过程中，长岛社区事先对小区车流量、车位缺口和各居民群体、物业公司等利益相关方的诉求进行了一个多月的摸排，充分掌握了最精确的第一手资料，在听证会上有效推动与会各方在业主车辆收费标准、外来车辆抬杆收费、亲情卡车辆免费时长和小区边门高峰时间开启分流等关键点上达成共识，为后续停车管理细则制定和出台打下了坚实基础。

在“加梯难”治理过程中，长岛社区除继续发挥重视调研、积极组织民主协商等治理“法宝”的作用外，还注重焕活其他潜在治理主体的能动性来解决社区治理痼疾。居民们对电梯施工规划、运行安全存在疑虑，长岛社区就通过实地参观、组织居民志愿者全程现场监工等方式打消民众的疑虑；居民们对电梯加装经费使用放心不下，长岛社区就联系街道、银行等关联治理主体，通过多方论证，开立了浦东新区首个加梯建设资金安全监管账户。以上举措有效将加梯阻力转化为动力，确保加梯项目“平稳落地”。

在“（垃圾）分类难”治理过程中，长岛社区的问题焦点集中在垃圾投放点的选址上。为了争取投放点周边业主的支持，长岛社区召集楼组长、周边业主与业主家属、物业公司、楼组党员等参与协调会，就环境整洁、空气异味、管理规范、房价贬值等问题进行了充分协商并达成协议。协议对垃圾投放点的建设标准（内墙贴瓷砖、配备雾化冲洗消毒设施和污水处理系统）、日常管理机制等进行了详细规定，并承诺达不到以上要求立即停用垃圾房。随后，长岛社区严格履行了协议中的承诺，有效取得了居民对垃圾分类工作的认可和支持。

（三）社区“人情事”治理框架日渐稳固

社区治理可以视为一个持续不断地处理社区内外“人情事”的过程。在这一过程中，既要把握好当下的各种社区事务，也要从长计议，培养好社区治理后备人才。长岛社区在治理实践中逐步建立了完整的社区公共事务治理评估机制，以区分社区事务的轻重缓急，及时有效地回应民众的治理诉求；同时，日益复杂的社区治理情境对基层工作者综合素质提出了更高的要求，长岛社区也为此建立了一套基层治理人才的传帮带教机制。以上机制有效稳固了长岛社区的治理框架，为建构社区长效治理机制提供了坚实保障。

为了从纷繁复杂的社区公共事务中精准捕捉并尽快解决民众“急难愁盼”的关键问题，长岛社区建立了“岛上气象站”，并通过“晴雨表”实时反映社区内部的社情民意以及公共问题治理情况。长岛社区会定期梳理更新“气象站”中的问题、资源、成效三张清单，将其中的待办事项分为蓝、黄、橙、红四种颜色等级，分别表示一般、较重、严重以及特别严重事项。这一机制可以帮助基层工作人员迅速识别问题并发现其中能有效焕活居民治理能动性的切入点，召开“三会”、组织居民志愿者及时、有效地解决问题。

对于新进入社区的基层工作人员来说，在各种纷繁复杂的社区事务中敏锐地捕捉治理切入点，焕活居民治理能动性既是对自身综合素质的考验，也需要经过系统学习和培养。为此，长岛社区建立了一套完善的传帮带教制度。社区治理队伍中的新成员会先跟随经验丰富的“达人”们亲身参与治理实践积累经验，随后要独立发现社区治理问题并成功主持若干治理项目方可出师。这种人才培育机制侧重强化基层治理工作人员发现社区问题并捕捉治理切入点、焕活居民治理能动性的能力，以使他们能更好地适应今后的社区工作。

（四）示范效应引领社区善治风尚

随着长岛社区治理成效的持续显现，由此形成的示范效应也逐渐引领全社区形成善治风尚，持续焕活居民的治理能动性，为社区长效治理机制的建构提供了坚实的无形保障。长岛社区在焕活居民治理能动性、开展社区治理活动中形成的示范效应既包括社区良好的人居环境与人文风尚对身处其中的居民的熏陶，也包括焕活居民治理能动性的成功经验对其他社区带来的辐射作用。以上二者一内一外，不仅推动长岛社区实现了治理活动常态化、治理机制长效化，而且也为浦东新区其他社区的治理工作提供了可资借鉴的宝贵经验。

长岛社区良好的人居环境和人文风尚产生的熏陶作用既是各项治理成果的“锚定装置”，也是持续焕活居民治理能动性的保障。通过加强社区常态化治理，打造良好的社区环境，长岛社区避免了“破窗效应”，使居民自发地珍惜、爱护社区环境；通过建立居民志愿者队伍和社区兴趣团体，长岛社区为居民提供了发挥专长、互动交流和学习成长的重要平台，以此培养人、塑造人。以上两方面举措显著增进了居民的认同感、归属感，使他们自发地参与治理、遵守规范。因此，长岛社区虽然流动人口众多，但社区治理仍旧井然有序。

与此同时，长岛社区的成功经验也产生了辐射作用，为浦东新区其他社区的治理工作提供了有益借鉴。由李秀勤同志提出的“擎、情、勤、嗅、绣、秀”六字诀社区工作法、应对“加梯难”“停车难”等社区治理重点问题的“长岛方案”和发扬基层协商民主及开好听证会、协调会、评议会“三会”的基层工作思路，均为浦东新区的其他社区焕活辖区内居民的治理能动性、解决自身面临的社区治理难题、提升社区治理层次提供了启发和借鉴。这些成功经验也是上海基层工作者在城市精细化治理实践中产生的智慧结晶。

四　启示·展望

长岛社区的治理经验表明，通过拾级而上地焕活居民治理能动性，并在此基础上逐步构建完备的社区治理体系，建立居民治理能动性的自我强化和持续焕活机制，并最终形成社区长效治理机制，是可以有效完成超大型城市老旧小区的再生治理的。在这一过程中，居民治理能动性正是打开局面的关键。通过焕活居民治理能动性，老旧小区不仅通过内生力量完成了自我改造，而且借此引入并盘活了其他外源性治理力量，显著改善了自身治理资源匮乏的窘境，在治理逆境中实现了自身的重生。

居民治理能动性的焕活往往起于毫末，建立于居民们通过局部治理行动改善社区人居环境的过程中，经由社区志愿者组织和“三会”等基层民主协商制度的规范引导，才能在社区治理中持续发挥正向作用。从这一角度看来，焕活居民治理能动性的全过程不仅包括激发居民治理能动性，而且包括建立各种能够持续有效强化、引导居民治理能动性的组织，并在此基础上形成完整的治理体系，使居民为社区治理持续赋能。如果将居民治理能动性比作核燃料，那么配套治理体系就是反应堆，确保前者能够为社区治理稳定地发光发热。

在实践层面，激发居民治理能动性主要依靠积累治理实绩，通过“积小胜为大胜”的方式以点带面地将更多“旁观者”转化为“行动者”。在调动起居民治理能动性后，要注意打造社区志愿者队伍体系，作为吸纳并发挥居民治理能动性的“能源枢纽”，并通过多主体治理联动为焕活居民治理能动性注入活力。同时，要通过“三会”等社区民主协商机制持续为居民治理行动增能赋能，并提供机制保障。在治理体系趋于完备的情况下，要注重培育社区风尚，通过对居民的持续熏陶保持其治理能动性，建立长效治理机制。

虽然焕活居民治理能动性被长岛社区的实践证明是一种行之有效的治理手段，但不同社区的治理情境不尽相同，所以焕活居民能动性也不存在一套可以“即插即用”的章法。在具体治理实践中，基层工作者还需要因时制宜、因地制宜，结合所在社区的实际情况，抓好激发调动居民积极性的治理窗口，及时跟进巩固措施，最终将居民治理能动性真正地从社区治理的“势能”转化为“动能”，并在此基础上进一步建构居民治理能动性的补充和循环体系，最终建立和谐馨宁的社区长效治理机制。

参考文献

吴志强、伍江、张佳丽等：《"城镇老旧小区更新改造的实施机制"学术笔谈》，《城市规划学刊》2021 年第 3 期。

高风尘：《社区志愿者管理的"五环"工作法》，《中国社会工作》2019 年第 18 期。

林土琼：《社区志愿者队伍培育实用技巧》，《中国社会工作》2022 年第 7 期。

杨仁忠、张诗博：《社会治理共同体的公共性意蕴及其重要意义》，《河南师范大学学报》（哲学社会科学版）2021 年第 1 期。

任中平：《全过程人民民主视角下基层民主与基层治理的发展走向》，《理论与改革》2022 年第 2 期。

王芳、曹方源：《迈向社区环境治理体系现代化：理念、实践与转型路径》，《学习与实践》2021 年第 8 期。

B.15
15分钟托育：周浦镇御沁园社区托育服务新实践

韩雨筱*

摘　要： 健全托育体系，完善托育服务，关系到广大儿童和家庭的切身利益，是提升城市温度、落实生育政策的重要抓手。在这个生活节奏不断加快、生活压力不断增大的时期，浦东新区周浦镇御沁园居民区以居民需求为导向，打造了“御童成长，益路相伴”的社区托育品牌。通过精准回应居民诉求，激活社区内生资源，组织托育技能培训，引入各类共治资源等核心举措，御沁园居民区成功提升了社区居民的幸福度和满意度，营造了和谐舒适的社区氛围，形成了可推广可复制的经验。未来，御沁园居民区还需要进一步拓展儿童活动场地，强化社区托育服务的安全保障，健全社区托育服务评价反馈机制，为完善我国托育体系，构建老有所养、幼有所依的文明社会贡献自己的经验和力量。

关键词： 御沁园居民区　社区托育　内生资源　社会组织　联建共建

儿童是国家的希望，也是社会中的弱势群体，做好托育工作事关儿童健康成长，事关广大家庭的切身利益。我国托育服务发展处于起步阶段，服务供给存在总量不足、结构失衡、质量不佳等问题，已成为制约育龄人群生育

---

* 韩雨筱，上海交通大学国际与公共事务学院博士研究生，主要研究方向为城市治理、社区治理。

意愿的重要因素之一。国家卫生健康委的调查数据显示，我国有 1/3 的家庭有强烈的托育需求，但实际入托率不足 6%，远远低于 OECD（经济合作与发展组织）国家 33.2%的平均入托率。因此，尽快补齐托育服务短板、增加托育服务供给，成为完善生育支持政策的一个重要环节。近年来，我国党中央、国务院高度重视托育服务工作，中共中央国务院、国家卫生健康委、国家发展改革委等相继印发了关于促进人口均衡发展、婴幼儿照护服务、养老托育服务体系等系列文件，做出了重要工作部署。上海市委、市政府也把促进“儿童善育工程”纳入民心工程，作为进一步提升城市温度、实现品质生活、落实生育政策、促进人口均衡发展的重要抓手。

社区托育是托育服务的形式之一。2022 年 10 月，上海市教委等 10 部门印发《关于加强本市社区托育服务工作的指导意见》（以下简称《指导意见》），要求社区托育服务工作要坚持“政府主导、安全普惠、属地管理、多方参与、就近就便”的原则，为幼儿家庭提供多样化的照护和育儿指导服务，在社区内设置嵌入式、标准化的托育服务设施，提供临时托、计时托等普惠托育服务。通过试点探索、逐年推进，逐步完善社区托育服务政策和标准。与大型机构托育相比，社区托育具有便利性和灵活性的特点，小团体的托育形式更符合儿童的心理需求，可以有效提升家庭的送托意愿。此外，社区托育在保障安全卫生的前提下，可以盘活存量建筑，高效利用硬件设施，充分利用社区公共空间，有效节约建设时间和经济成本，是在较短时间内增加托育服务供给的有效方式。

一 御沁园社区托育服务的背景和缘起

儿童是城市人口中的弱势群体，也是社会治理中的重点和难点，构建人民城市，就必须补齐儿童群体这一服务短板，在托育服务上把功夫做足做透。2023 年，浦东瞄准社区这一治理抓手，结合新区的基础条件，出台了《浦东新区儿童友好城区规划导则》（以下简称《规划导则》），这是国内首个在城区层面发布的儿童友好城市建设规划导则，具有先行示范意义。

《规划导则》围绕“实现儿童友好公共服务的普惠共享、建设健康包容的儿童友好公共空间、构建安全舒适的儿童友好出行环境、保障儿童参与及推动多元共建共治”的建设原则，提出构建城区、街镇、社区三个层级的儿童友好空间；形成公共服务设施、公共空间和出行环境共三类25个要素的管控体系；在“十四五”期间实现浦东儿童友好社区的全覆盖的目标，努力打造儿童友好城区的浦东示范样本。

周浦镇现有10个村、44个居委，常住人口约27.5万人。全镇现有18岁以下儿童2.7万人，其中户籍儿童1.14万人，户籍学龄前儿童约3000人。御沁园居民区是周浦镇的一个中高档商品房小区，位于城市的郊区地带，地理位置优越，周边配有多所学校和幼儿园，教育、交通、商业、医疗等社会资源均较为丰富，吸引了众多人口定居于此，是名副其实的人口导入地区。在御沁园居民群体的构成中，20~40岁的年轻家庭占据了相当大的比例。年轻家庭是孕育孩子的主力军，目前小区内未成年人已经达到1000余人，那些尚未孕育的家庭也有着较高的生育可能性和较大的生育潜力。特别是，随着生育政策的调整，“二孩”“三孩”逐步放开，以及国家对生育的大力倡导和支持，可以预见，在未来很长的一段时间中，御沁园居民区的儿童数量将不断增加。儿童是家庭的希望，是国家的未来，但同时也是社会中的弱势和特殊群体，极易滋生潜在的治理隐患。因此，儿童是社会和社区治理工作中不可忽视的重要一环。

在儿童占比较高的社区中，居民群体往往对构建和完善社区的托育服务体系有着更高的需求。一是社区托育可以为儿童提供更加专业、系统的学前教育和学业辅导，帮助儿童在课余时间获得良好的课程辅导。二是社区托育可以为儿童提供更安全和受监管的照料环境，确保儿童的合法权益和人身安全。特别是，低年龄段的小朋友们喜欢室外活动，经常组队在小区里骑车、玩耍，但是这种自由活动带来了不少安全隐患。三是作为一种“家门口”的服务，社区托育服务为居民群体提供了更便捷的公共服务，解决了居民生活的后顾之忧。随着城市化进程的加速，生活成本越来越高，传统的单职工家庭结构开始向双职工家庭转型，在年轻家庭中这种情况更加常见，父母无法很好地平衡家庭和工作的现象成为社会常态。即使是儿童进入学校后，家长们仍然需要面对孩子接送和照看的问题，育儿成为双职工家庭普遍面临的生活难题。因此，御沁园居民群体对社区托育服务的呼声更加强烈。

总而言之，居民对社区托育服务需求的背后，是经济、社会、教育等多种原因的综合作用。2022 年 1 月 29 日，上海市人民政府办公厅印发了《上海市促进养老托育服务高质量发展实施方案》（以下简称《方案》），对上海市的养老托育服务体系建设工作做出了明确要求，《方案》更是强调要积极探索发展社区托育服务，“制定社区托育设置标准和管理制度，鼓励利用各类社区综合服务设施，建设标准化、嵌入式的‘宝宝屋’等托育场所，提供临时托、计时托等普惠托育服务。引入专业托育机构，对社区托育场所进行规范化管理。”治理归根到底是对人的管理服务，只有以人的需求为导向，以实际问题为中心，才能将“人民城市人民建，人民城市为人民”的治理理念和目标落在实处。若不能构建起健全完善的社区托育体系，解决社区托育这一治理难题，社区居民的幸福感、体验感和满意度将会大大降低，不仅违背了“人民城市”的治理理念，更是会催生出更多更棘手的治理矛盾。

二　御沁园社区托育服务的主要举措

社区是连接家庭与社会的重要纽带，是为居民提供公共服务的重要载体，理应成为构建托育服务体系的关键落脚点，有针对性地开展托育服务，为家长提供更多的选择和便利，应是社区治理工作的关注重点之一。发展社区托育能够有效解决群众需求“最后一公里”问题，推动生育支持政策真正发挥作用。在此背景下，周浦镇御沁园居委围绕解决重点人群急难愁盼问题，通过不断地座谈、调研，以需求为导向，以满足需求为终极目标，让有一技之长的党员带头，动员、挖掘社区内生的自治资源，成立托班志愿者队伍。同时联合孵化社区自己的社会组织，联合多家共建共联单位，开办托班等公益兴趣活动，开展培训提升服务能力，构建起自治共治、多方合力、资源共享的社区托育服务网络，解居民后顾之忧，更好地服务居民，打造居民区“温暖之家”。

（一）精准回应居民诉求

精准化、精细化的社区治理必须要遵循问题导向，要以满足居民的实际需求为目的。居民是社区治理工作的对象，只有在社区治理过程中不断满足居民的实际需求，为居民的生活提供更健全的基础设施，更完善的服务体系，全面解决居民的生活难题，社区治理工作才能取得实效。在开展社区托育服务工作的过程中，御沁园居委会始终坚持以需求为导向，以问题为中心的治理原则，全面听取声音，细致回应诉求。

面对居民对日常托育服务的要求，居委会第一时间便展开调研，以走访、座谈等形式全方位摸查居民情况，打造“御童成长，益路相伴”的社区托育品牌，开始在居民区内探索“家门口”托育新形式。面对居民对丰富托育活动形式的要求，居委会在进一步提升功能服务上动脑筋，在不断丰富活动项目上找创意，通过发放调查问卷收集需求，开展双休日科学小实验青少年活动，打造“科普空中花园”和“科技微景观”等学习场景，持续组织开展绘本阅读、科创编程等各类兴趣活动。针对居民对寒暑假托育服务的需求，居民区联合共建单位，向暑期有托管需求的家庭开设共计 8 周的暑期托管班，在做好看护的同时为儿童提供教室、图书馆、运动场馆等各类资源设施；组织创意绘画、社会事件、体育教学等各类兴趣活动，全方位、多层次、多角度地覆盖了居民的实际需求。

（二）激活社区内生资源

御沁园居民区是周浦镇的品牌楼盘之一，周围各类社会资源丰富，吸引了不少中产阶层、青年白领入住。居民普遍经济条件较好，文化水平较高，自主意识较强，他们有活力、有能力、有创意，达人能人资源十分丰富。一方面，居民群体中有在册党员 70 人、“双报到”党员 249 人，他们成为在社区中发挥带头引领作用的主力军；另一方面，社区内也不乏各类有专业技能、爱好特长以及高学历的居民，其中也包括众多高水平的全职妈妈。为了全面激发社区内的居民自治活力，最大化利用社区内生资源，御沁园居委会让有一技之长的党员带头，调动以全职妈妈为核心力量的小区托育资源，成立名为“御邻军”的托班志愿者队伍。同时充分发挥每位全职妈妈的专业技能和特长，开设相关班级和活动，让全职妈妈扮演起包括心理咨询师、绘画老师、书法老师、舞蹈老师、各类乐器老师等在内的各种角色，为她们搭建能够展示和传播自己专业知识与技能的平台，形成更加精彩、丰富、多元的托育服务活动。

（三）组织托育技能培训

儿童是社会中的弱势群体，具有身体和心理上的双重脆弱性，不仅身体上容易受到外力的伤害，而且心理上也极易受到外界不良信息的污染，导致“三观”扭曲，影响身心健康。作为陪伴儿童成长的一个重要主体，社区里提供托育服务的工作人员必须具备过硬的专业托育技能、较为全面的综合特长能力、健康的身心以及正确的三观。对此，在御沁园党总支的牵头下，社会组织和小区的能人达人一起，为全职妈妈们进行了全方位的培训。

其一，针对全职妈妈的托育技能，居委会联合各类资源展开了一系列课程教学，讲授育儿科学知识，提高全职妈妈的育儿能力。其二，针对全职妈妈的综合特长能力，居委会开办了“木兰学堂”，为她们量身定制，开设了剪纸班、书画班、舞蹈班等各类兴趣课程，丰富全职妈妈文化生活的同时，也提高了她们自身综合能力。其三，考虑到全职妈妈的身心健康，居委会同专业组织合作，定期对全职妈妈们进行心理疏导和家庭教育，消解全职妈妈的心理压力。技能、特长与身心的全方位培训，帮助全职妈妈志愿者们更好地投入社区的托育服务中来，使她们真正成为社区托育服务的主力军，让全职妈妈志愿者们能够一路陪伴着御沁园的孩子们健康快乐地成长。

（四）引入各类共治资源

御沁园不仅充分挖掘社区内的托育资源，培育社区居民自治氛围；还积极引入社区外的社会资源，培育社会组织，注入党建联盟，构建共治新格局。截至2023年6月，已有25家来自各行各业的党建联建单位，以及其他各类共治资源一起参与到了御沁园居民区的社区托育服务中，为该社区托育服务项目注入了许多“新能源”。“勤言”社会组织是助力御沁园社区托育服务项目的重要力量。在御沁园居委会大力支持和积极培养下，作为社区内部自生的“开创者、引领者”，全职妈妈组建起了专业服务团队，孵化培育出了社区自己的社会组织——“勤言”，同时建立了公益运行的公益收费模式，实现社会组织自造血，长远服务社区需求。为了解决有些家庭暑期托育困难的问题，御沁园居民区联合“勤言”社会组织还开设了暑期托管班和篮球兴趣班。以低廉的公益价格，减轻了社区内双职工家庭的顾虑，使家长们得到了身心的解放。

此外，御沁园居民区还为社区托育提供了贴心的“管家服务”。在御沁园党总支引领下，御沁园物业和业委会还成立了党小组，联合社区内的党员居民和志愿者团队共同组成了“啄木鸟”物业监督管理小组。物业监督管理小组专门腾出了小区内一间供孩子使用的“科学小实验室”，同时也积极参与到多个活动项目的打造工作中来，给儿童提供了学习场地和物资保障，对社区托育服务项目给予了大力支持。

三　御沁园社区托育服务取得的成效

御沁园的社区托育服务工作目前尚处于探索阶段，未来仍有很长的路要走。聚焦其中的治理痛点、难点和堵点，御沁园居委会和社区党支部积极采取各种举措，一鼓作气实现了创新突破，至今已取得了显著成果，也提炼出了一批可推广、可复制的经验。御沁园社区托育服务的出现，精准满足了居民的需求，提高了居民的生活品质，释放了居民的生育意愿，加强了社区邻里之间的黏度，极大地提升了居民的幸福感、满足感、体验感和获得感，向着实现“人民城市”的治理目标又迈进了一步。

（一）提高了托育服务的可及性和普惠性

在对御沁园居民区进行调研时，有居民表示："我们是双职工家庭，孩子的托育和接送问题一直是我们的心病。""我们想把孩子送到外面的托育机构去照顾，可是又感觉不放心。"在社区托育形式出现以前，托育服务多数是由社区外部的营利性机构提供，这种托育形式不仅无法有效解决家长接送孩子的问题，也增加了家庭的经济负担，还存在一些安全风险和隐患。通过盘活社区内闲置的公共空间，激活社区里的公民志愿者资源，御沁园居民区将托育服务嵌入了社区，将托育点位设置在了居民的家门口，将普惠、便捷、优质的托育服务送到了居民身边，为双职工家庭的托育难题提供了优质可靠的兜底服务。以往，接送孩子是部分居民的难题；而现在，许多家长不出小区就可以接送孩子，社区托育让托育服务触手可及，帮助居民拥有了更多自由可支配的时间，使很多双职工家庭都大大地松了一口气。

御沁园居民区的社区托育服务体系，在提高托育服务可及性的同时，也提高了托育服务的普惠性。过去居民只能选择社区外的营利性托育机构，每月的托育费用为众多家庭增加了额外的经济负担。凭借公益、免费的服务性质，御沁园居民区的社区托育帮助家庭节约了抚育成本，减少了经济支出，实打实地解决了居民的后顾之忧，从精神和物质双重维度上提高了社区居民的幸福感和满意度。特别是，居民区的托育工作人员主要来自社区内的居民群体，相较于社区外的营利性托育机构，居民群体间的同质性更高，互动交往更频繁，彼此之间更加熟悉，有良好的信任基础。居民区经常开展工作人员技能培训，家长也能更加清楚方便地了解和监督各项服务工作，因此家长对社区托育有更多的信任感，因而能够放心地把孩子交给社区，也能真正享受到便捷、实惠、安全的"家门口"服务。

（二）完善了社区公共服务体系

在健全完善托育服务体系之前，御沁园社区居民的育儿模式不外乎以下几种：一是隔代抚育，由爷爷奶奶、外公外婆代为抚育，这种模式不能适用于所有的家庭，同时较为容易引发家庭矛盾；二是雇佣保姆代为抚育，这种模式极大地增加了家庭的额外开销，增大了家庭的经济压力；三是父母一方全职抚育，这种模式减少了家庭的收入来源，也容易造成全职抚育一方与社会的脱节；四是父母兼职抚育，这种模式不适应于0~3岁婴幼儿的抚育，同时也极大地增加了父母的生活负担；五是社区外的托育机构抚育，这种模式项目不但增加了家庭的抚育成本，而且也不能很好地分担父母接送孩子的负担。很明显，上述五种育儿模式不能完全满足居民对育儿服务的需求。实际上，托育诉求与托育服务之间的供需张力，是我国多年来一直存在的问题。

以我国3岁以下人口以及总人口数据为基础估算，即使达到每千人口托位数4.5个的目标，也仅可以满足约15%的托育服务需求。从历次托育服务调查中发现，在3岁以下婴幼儿群体中，大约有1/3的婴幼儿家长有托育服务需求，也就是说，仍有一多半的家庭托育需求难以得到满足。御沁园的社区托育服务则成为弥补托育服务缺失、回应居民托育诉求的新选择。社区专人托育提高了父母双方的工作自由，免费或公益的托育价格降低了家庭育儿成本，特别是，作为一种“家门口”的托育模式，御沁园社区托育为居民接送孩子提供了极大的便利。充分回应人的诉求，精准满足人的需要，本身就是“人民城市”治理理念的重要内涵。御沁园居民区提供的社区托育服务，紧密地嵌入了社区内部，实现了社区资源的整合利用，拓展了社区的服务功能，完善了社区一站式的公共服务体系，适应了现代化城市治理的要求，切实提高了居民的居住体验感、幸福感和满意度。

（三）加强了邻里之间的黏性

随着现代化进程的不断推进，城市的生活节奏越来越快，工作压力越来越大，人们用于建立和维系邻里关系的时间越来越少，传统的熟人社会逐渐被冷漠的邻里关系所取代，“远亲不如近邻”似乎也不再适用于当今的社会现实。紧张的人际关系不仅破坏了和谐的社区氛围，降低了社区生活环境的舒适度，而且极易激化居民矛盾，滋生治理隐患。从这一维度来看，御沁园居民区通过促进居民群体之间的互帮互助，推动育儿资源在居民之间共享，为居民制造共同的育儿经历，给居民提供更多交流互动的机会，提高了邻里之间的熟悉度和亲密度，在社区范围内建立了支持网络，培育了社会资本，有效提高了居民熟悉度和亲密度，增强了居民信任和交往黏性，孕育了良好、和谐、友善的社区生活氛围。

首先，御沁园社区托育服务为邻里间的互助提供了平台。在社区托育服务中心，居民之间可以相互帮助，相互交流育儿经验，共同解决育儿中的问题和困惑，这种互助和合作不仅加强了邻里间的联系，也在邻里之间建立起了信任网络。增进了社区内部凝聚力。其次，通过经常举办各种活动和培训课程，如亲子活动、家庭教育讲座等，御沁园社区托育服务也为邻里之间的交流互动搭建了桥梁，为居民提供了更多的社交机会，使邻里间的互动更加频繁和多样化，拉近了邻里间的关系。最后，通过将孩子集中起来，御沁园社区托育中心为孩子提供了一个学在一起、玩在一起、生活在一起的环境，培养起了孩子们之间的友谊。孩子之间的互动不仅有助于他们的社交能力提高和情感发展，也成为联结家长之间关系的纽带和撬动社区良好氛围的翘板。

（四）激活了社区自治共治资源

在社区托育服务工作中，御沁园居民区秉持居民自治、资源共享的工作理念，引导了居民有序参与社区治理活动，构建起了共商共治的社区治理新格局。首先，针对社区中凸显的托育难题，御沁园居民区第一时间展开调研，通过座谈和走访的形式引导居民讲出自己的实际需求，鼓励居民表达自己的看法和意见，给居民提供了共同探讨问题的机会，在全社区中形成了良好的民主自治文化氛围。其次，通过发掘社区中的能人达人，成立社区的志愿者服务队伍，御沁园居民区充分调动了社区中潜在的治理资源，极大地提高了社区治理效率，节约了社区治理成本，增加了居民的自主性和创造力，增强了社区内部的自治共治能力。最后，通过动员社区内部的全职妈妈资源，组织专业技能培训，御沁园居民区成功孵化出了专职托育业务的社会组织，扩展了社区自治共治的主体范围，增强了居民的社区认同感和责任意识，加强了社区内部的凝聚力和团结力。

四　御沁园社区托育服务的经验与启示

在城市化进程高速推进的时代，社区托育服务的出现精准匹配了双职工家庭的诉求，为双职工家庭的育儿难题提供了高效、便捷、安全的解决方案，解决了双职工家庭的后顾之忧。综观御沁园社区托育服务的发展实践过程，不难发现其中蕴藏着许多可提炼可复制可推广的工作经验。目前，托育难题越来越受到政府的高度重视，可以期待，未来御沁园的社区托育服务实践将为全国更大范围的社区托育服务工作提供宝贵的经验启示。

（一）多元合力共筑自治共治网络

社区是城市治理的神经末梢，日常需要面对各种杂乱无章的琐事，压力大、职责重、事情多、资源紧缺是社区治理常态。面对居民的家门口托育需求，只有在挖掘社区内生资源的同时，引入社区外部的社会力量，优化社区治理结构，打造自治共治网络，才能为社区托育服务的发展提供源源不断的资源动力。御沁园居民区在激活社区内部党员积极性、打造“御林军”志愿者队伍的同时，也积极引入来自各行各业的共建联建单位，为社区的托育服务构建起了一张凝聚多方合力的共治网络。除了御沁园居民区，周浦镇下辖的多个社区都在主动邀请各类社会组织入驻托育中心，为社区青少年提供专业的公益课程，例如焱燃社工服务社在周市社区中心承接了“億未来儿童运动馆”项目，以平均每节课 50 元的公益价格为学龄前儿童提供各类早教课程；星杰艺校、索思美青少年服务中心等也在多个社区中心开展音乐、舞蹈、绘画等公益性专业课程，降低了社区儿童的艺术培训费用。

（二）以需求为导向完善托育服务

精细化、精准化的现代城市治理必须以人的需求为导向，以问题为核心。对双职工家庭来说，每日照护、陪伴和接送孩子是生活中最大的困难之一，托育中心的便捷性、安全性、舒适度、稳定性等是他们最主要的关注点。对儿童来说，特别是低年龄段的儿童，他们需要在生活中获得更多的陪伴和照顾，也期待获得更多参与实践活动、提升兴趣技能、与小伙伴共同玩耍的机会，托育中心活动形式的多元化、丰富性等则是他们的主要诉求。除此之外，居民对社区托育服务还存在各种各样的具体要求、期待、意见和展望。御沁园的社区托育服务始终坚持以满足居民需求为最终目标，通过多次座谈、调研、发放问卷等形式明确了社区托育服务的三种主要形式。不同的人群有不同的需求，不同的需求又决定了不同的工作方向。社区托育服务的开展和完善必须要建立在充分开展调研、精准发掘问题、全面把握需求的基础上，这样才能在节约治理资源的同时，切实提升居民的幸福感和满意度。

（三）探索社区托育长效运营管理机制

作为我国未来托育服务的重要形式之一，社区托育必须积极探索建立长效运营管理机制，保障社区托育服务的长期可持续发展。首先，长效运营管理机制需要稳定的人力。御沁园居民区通过动员社区内生资源，打造了“御林军”志愿者团队，定期对志愿者们进行专业技能培训，实现志愿者团队向专业服务团队的转型，为社区托育服务提供了稳定的人力资源。其次，长效运营管理机制需要源源不断的财力。没有资金支持，志愿者们空有一腔热血也难为“无米之炊”。御沁园居民区通过孵化“勤言”社会组织，建立公益价运行的公益收费模式，为居民提供优质、实惠服务的同时，弥补了各项成本支出，实现了组织的自造血，为社区托育服务的长期存续提供了物质保障。最后，长效运营管理机制还需要及时纠错、查缺补漏，检查评估和监督反馈制度。御沁园居民区内部组建了“啄木鸟”物业监督管理小组，根据“啄”出的“蛀虫”对症下药，补齐社区托育服务存在的短板，维持社区托育服务工作的健康运转。

（四）党建引领整合社区内外资源

加强党的建设，发挥党建工作在社区托育服务中的重要引领和推动作用，以党组织为纽带整合社区内外资源，也是御沁园社区托育服务工作的重要经验。首先，通过党组织的统一指挥和组织，御沁园社区能够集中资源、整合力量，形成统一的工作思路和行动方向，提高社区托育服务的规范化管理水平。其次，党建工作有利于对各类资源进行组织协调和整合。御沁园居民区党总支以党建引领为主线，以“党建+”为支点，与各行各业的党建联建单位合作共建、资源共享，优化了托育资源配置。最后，党建工作能够充分调动党员居民的积极性，鼓励党员发挥引领、示范和带动作用。党员作为御沁园居民区的先锋模范，积极参与到社区托育服务的实际工作中来，为居民提供了优质的托育服务，树立了良好的党员形象和社区品牌。党员们在托育服务中发挥着表率作用，不仅提高了服务质量，增强了社区居民对社区托育服务的信任度，同时也动员了更多的居民投身到社区托育服务中来。

五　御沁园社区托育服务发展的对策和建议

御沁园居民区的社区托育服务工作是一项有深远意义的工程。目前，通过强化党建引领工作、构建自治共治格局、凝聚多方合力，御沁园的社区托育服务工作取得了阶段性成果，切实提高了居民的生活品质，形成了许多可复制可推广的经验。但是，御沁园居民区的社区托育服务仍然存在一些亟待解决的问题：社区内公共空间较小，专门用于托育的空间资源更是紧张，无法建设大型托育机构和设施，无法满足儿童对活动的需求；社区内还没有建立起完善的检查、监督、评价和反馈机制，不利于社区及时发现托育服务中存在的问题，阻碍了托育服务长效运营管理机制的建立。针对御沁园社区托育服务存在的各种问题，只有具体问题具体分析，采取多措并举的方式，才能推动社区托育服务的长期可持续发展，形成更多可复制可推广的经验。

（一）整合资源拓展儿童活动场地

儿童，特别是低年龄段的儿童特别喜欢参加各类活动，因此社区托育在为居民提供便捷托管服务的同时，也必须保证能为儿童提供充足、舒适、安全的活动空间。然而，我国社区建筑以高层、多层为主，社区内楼栋密度大，停放车辆多，大面积的公共空间资源十分有限。如何为儿童提供充足、安全的活动场地，就成为社区托育亟须解决的问题，这也是御沁园居民区未来发展面临的难题。作为一个已建成的居民区，御沁园社区的空间布局早已固定，很难在其中开辟出新的公共场地，大型托育机构建设标准显然不能适用于御沁园的社区托育模式。

因此，御沁园的社区托育服务首先要秉持“小而全”的建设标准，在适当降低对建设规模要求的同时，更要以安全卫生为前提，严格控制每个班级入托儿童的数量，保证儿童享有充足的活动空间，保障每个儿童都能得到工作人员周全、细致、严密的照看，降低潜在的安全风险。其次，御沁园可以进一步挖掘社区内现有的闲置空间资源，安装儿童活动设施、安全防护设施等，将这些闲置空间改建成为符合托育服务要求的专门化托育场所。最后，御沁园还可以对社区其他公共活动空间进行整合改造，增加公共空间的托育服务功能，将托育服务嵌入居民区的公共活动空间中，形成便捷可及的社区托育服务网络。但是要注意，由于社区公共活动空间的人流、车流较为密集，环境较为杂乱，因此在改造公共活动空间时，必须将儿童权益放在第一位，最大化保障儿童人身安全。

（二）强化社区托育服务的安全保障

保障儿童安全，是社区托育服务工作的重中之重，御沁园居民区需要从紧抓食品卫生、严抓心理健康、牢抓人身安全三个维度共同施策，筑牢社区托育服务的安全防线。首先，在紧抓食品卫生维度，御沁园居委会可以编制社区托育卫生安全条例，定期对托育机构进行卫生检查和消毒。同时加强与社区卫生服务中心的对接，引进专业人士对托育工作人员开展儿童保健方面的专业培训。有关部门也要定期对托育场所进行监督检查。其次，在严抓心理健康维度，御沁园居民区可以建立心理健康咨询服务，开展家庭教育讲座和亲子活动，为入托儿童和家长提供专业的心理咨询和支持。同时也要加强托育服务人员的技能培训，提高他们对儿童情感需求的敏感性和应对能力。最后，在牢抓人身安全维度，御沁园居民区可以联合共建联建单位，加强对托育服务人员的背景核查和培训；通过与相关部门的合作，加强对托育环境的安全检查和监控，建立社区安全网；强化社区巡防和安全宣传，提高儿童的安全意识和自我保护能力。

（三）健全社区托育服务评价反馈机制

目前，御沁园居民区的社区托育服务项目尚处于探索阶段，必须建立健全监督反馈机制，才能及时发现问题和漏洞，保障社区托育服务项目的长期可持续发展。首先，根据国家和地方的相关政策和标准，建立全面的评价指标体系。社区托育服务的指标体系应包括多个方面，如卫生安全、教育质量、师资水平、家长满意度等。其次，定期开展托育服务评估。御沁园居委会可以委托第三方机构，对社区托育服务实效进行专业评估，对托育机构的诚信记录、人员信息和服务过程进行动态监督评估，将评估结果定期向社区居民公布。最后，建立居民参与的评价反馈机制。御沁园居民区要进一步拓展和畅通意见反馈渠道，如建立投诉处理机制、定期组织居民代表会议、召开座谈会、设立意见箱等，引导社区多种力量进行共同监督。同时结合线上线下多种途径建立社区托育服务家庭回访制度，全面挖掘社区托育服务存在的短板，提高居民对社区托育服务的信任度。

参考文献

潘鸿雁：《我国普惠性托育服务的发展与思考——基于上海市普惠性托育点的调查》，《福建论坛》（人文社会科学版）2020 年第 1 期。

张海峰、黄楹、童连等：《上海市 0~3 岁婴幼儿托育服务需求、利用与供给现况研究》，《中国儿童保健杂志》2021 年第 5 期。

马瑜骏：《发展高质量家庭式托育服务：国际经验及启示》，《社会建设》2021 年第 6 期。

王雅楠、高传胜、刘竞龙：《托育服务发展中的社会力量与政府作用——基于上海市民办托育机构空间分布的公平与效率分析》，《当代经济管理》2022 年第 12 期。

樊晓娇、陈炜：《家庭式托育服务供给：特点、困境与出路——基于广州市 F 品牌托育园的调查》，《中州学刊》2022 年第 5 期。

石智雷、滕聪波：《三孩政策下托育服务可及性与生育释放效应》，《人口学刊》2023 年第 2 期。

B.16
“微光行动”：沪东新村街道党建引领基层社会治理创新

桂家友 *

摘　要： 沪东新村街道是20世纪五六十年代建的“工人新村”，是“纯居住社区”，配套设施不足，社区老年人口比例高，弱势群体数量大，社会治理存在很多的痛点难点问题。沪东新村街道不断加强基层党的建设，推动党建引领基层社会治理创新，在“微心愿”基础上推出了“微光行动”项目。这是“人民城市”重要理念的生动实践，是党建引领楼组治理的深化探索，是对居民群众美好生活向往的再行动，实现了社区居住环境和生活环境的巨大改观，满足了社区居民的随叫随到服务需求，增加了社区公共活动空间，最重要的是把小区建成了彼此相互关爱的家园，基层社会治理能力和治理水平有了明显提升。“微光行动”也还存在一些方面的不足，基层社会治理创新层次和领域不高、基层群众参与积极性不强、品牌质量不高、影响力不足，等等。为此，需要推进“微光行动”纵深发展，提升其参与的广泛性，增强长效性，把“微光行动”建设成为有影响力的大品牌。

关键词： “微光行动”　社区党建体系　党建引领　基层社会治理　工人新村

---

* 桂家友，博士，中国共产党上海市浦东新区委员会党校副教授，主要研究方向为基层社会治理、中国式现代化等。

加强基层党建，推进党建引领基层社会治理创新是新时代基层社会治理的关键环节和基本实施路径。习近平总书记强调加强基层党的建设，推进基层治理体系和治理能力现代化，要坚持把人民群众的小事当成自己的大事，不断增强人民群众获得感、幸福感、安全感。为此，2019 年 5 月 8 日中共中央办公厅印发《关于加强和改进城市基层党的建设工作的意见》，2021 年 7 月 11 日中共中央、国务院印发《关于加强基层治理体系和治理能力现代化建设的意见》等文件。上海市委在 2022 年基层治理体系和治理能力现代化建设推进大会上强调，要进一步强化楼组党建，把党的工作触角延伸到千家万户。中央的指示和上海市委的要求，对浦东加强基层党的建设、增强党建引领基层社会治理创新能力、提升基层社会治理现代化水平具有重要的指导意义。

浦东新区沪东新村街道始终认真贯彻中央和市委、区委在党建引领基层社会治理创新方面的要求，始终坚持以人民为中心的发展思想，坚持狠抓基层党建，努力把基层党组织建成战斗堡垒，探索党建引领下的“微光行动”，着眼“群众微小心愿”、凝聚“各方微小力量”、实现“楼组微小进步”，汇聚形成社区治理的和谐“暖光”，从而加强和推进了沪东新村街道基层社会治理体系和治理能力现代化发展。

一　“微光行动”的缘起和背景

沪东新村街道面积 5. 51 平方公里，位于浦东新区东北角。这里属于浦东最早城市化的区域，2022 年底常住人口（包括外来常住人口）10. 32 万人，街道下设 32 个居民委员会（社区）。沪东新村街道源于 20 世纪 50 年代上海市建造的最早一批“工人新村”。这些“工人新村”是发展条件先天不足的“纯居住社区”，配套设施缺乏，街区老旧；整个街道“工人新村”老旧小区所占比例较高，“工人新村”房屋结构简单，单（户）间面积较小，部分楼栋几家人共用一个厨房；在这里长期居住的户籍人口中老龄人口结构和比例都高于浦东新区的其他地区，属于高度老龄化地区，同时弱势群体比例也较高，弱势群体人员数量大。这些方面导致沪东新村街道基层治理难点痛点比较多。

沪东新村街道为了改善居民的居住环境，提升人民群众的获得感、幸福感、安全感，深入贯彻以人民为中心的发展思想，不断加强基层党的建设，推动党建引领基层社会治理创新。沪东新村街道立足区域实际加强基层党建，不断延伸党的工作体系，形成街道党工委、社区党总支、街区党建联盟和企业党支部、楼宇党支部的体系，构建了社区党总支、楼组党支部、楼栋党小组的社区党建工作体系，充分实现党建工作体系的基层社会治理创新体系和平台功能，发挥党建的社会治理效能，实现基层党组织在基层治理中的核心和关键作用。

沪东新村街道不仅着力办好民生领域的重点工程和重大项目，更加注重办成区域内群众一点一滴的小事，把与人民群众休戚相关的小事认真做好，不断提升基层人民群众的获得感、幸福感、安全感。2015 年开始，沪东新村街道创设了“微心愿”基层党建品牌也是基层治理品牌。经过八年多的持续耕耘、接续努力成功举办 13 场“微心愿”活动，实现本街道内各社区居民“微心愿”1500 多个。

沪东新村街道在基层社会治理探索中不断推陈出新，2020 年创造性推出了党建引领基层社会治理创新的“微光行动”项目品牌。这是对党建引领“微心愿”品牌的迭代升级，比之前的理念内涵更加丰富多彩。“把群众的小事当成自己的大事”指深入基层、深入群众，倾听群众声音、了解群众困难、感知群众冷暖，在基层社会治理和社区治理工作中，把社区群众的每一件小心愿、小事件、小需求，都当成是关系人民群众获得感、幸福感、安全感的社会治理和社会和谐的大问题来对待。“聚微光为暖光”指党组织工作体系和党建工作搭建基层社会治理平台，党建引导基层社会治理主体人人参与、人人发光，党组织把各个方面光源汇聚在一起，形成基层社会治理的和谐暖光。“小进步推动大改善”指楼组党建推动楼组微小进步，满足居民的微心愿，只要一桩桩居民微心愿实现，楼组日日有改进，日积月累，积量变为质变，就会形成人民群众一步步接近美好生活的大愿景，推动基层社会大发展、大改善、大变化、大进步。

二　“微光行动”的举措和机制

沪东新村街道党建引领基层社会治理创新，创造性地在基层社会治理实践中推出“微光行动”项目，把党建引领作为“微光行动”的关键核心、把楼组治理作为工作领域，把社区居民人人参与作为持续动力，以“荧光计划”“暖光计划”“虹光计划”“曙光计划”为抓手，提升基层社会治理体系和治理能力现代化水平，努力将社区建设成为人民群众的温暖港湾，不断提升人民群众的获得感、幸福感和安全感。

（一）“微光行动”的举措

一是把“微”变强，将“微光行动”建成党建引领基层社会治理创新的品牌项目。2020 年 4 月 26 日下午，沪东新村街道举行以“聚微光汇大爱”为主题的“微光行动”项目启动仪式。沪东新村街道党政班子领导、机关干部、居民区党组织书记等 150 余人参加了活动。[①] 沪东新村街道“微光行动”充分发挥基层党建的关键和核心作用，充分发挥社区志愿者的基础作用，把“微光行动”建成党建引领基层社会治理创新的品牌。通过集中展现志愿服务队伍的风貌、公益机构展示、义卖集市和科普及互动体验等多种形式，进一步深入宣传志愿精神，让沪东的居民能够更好地了解志愿服务，参与其中，引导更多的居民和家庭走进公益，全力投身社区建设，壮大沪东地区的志愿服务队伍，发扬志愿服务精神，形成了“自治、共治、法治、德治”相结合的基层治理体系，推进沪东新村基层社会治理迈上新台阶。

二是开展“荧光计划”“暖光计划”“虹光计划”“曙光计划”，创新众多微品牌。沪东新村街道“微光行动”以“荧光计划”“暖光计划”“虹光

① 《聚微光汇大爱　沪东街道启动“微光行动”》，人民网，http：//sh. people. com. cn/n2/2020/0426/c134768-33977768. html，2020 年 4 月 26 日。

计划”“曙光计划”为基本抓手，通过四个“光计划”，夯实党建引领基层社会治理创新根基。“荧光计划”激发每个人都能发出一点光；“暖光计划”坚持用“众人事情众人商量”制度来改善或解决居民的操心事和烦心事；“虹光计划”是联结各类组织、各项工作、各方力量，整合使用各类资源，提供居民所需的生活服务；“曙光计划”是动员青少年为社区治理提出“破晓之问”，建立“小青周周到”平台，深入社区策划公益活动。

社区建设和社区治理中让每一个居民都能够成为社区建设和社区治理的“荧光”，充分发挥人民群众的智慧和才智，以党建引领集聚“微光”为“暖光”，将各类组织、各种工作、各方力量整合各类资源供给居民的“虹光”，不断启迪和引导社区青少年成为未来社区治理的积极参与者的“曙光”。沪东新村“微光行动”品牌以众多“微”品牌作为其支撑的基础。除了“微心愿”品牌外，还有“与社区妇女共绘环保新生活”“为环卫女工美甲”“助社区老人手工剪纸扮靓社区”等多个“微”品牌。

三是提升志愿服务品质，打造志愿服务品牌。沪东新村街道志愿者协会发扬“奉献、友爱、互助、进步”的志愿精神，依托“1+32”志愿者服务架构（“1”指街道志愿服务中心，“32”指32个社区志愿服务站）开展服务。经过志愿者精神的宣传和广泛发动，“微光行动”品牌项目启动以后，沪东新村志愿者数量增加迅速，在沪东新村注册的志愿者增加到7000余人，还增加了18个志愿共建单位和10个志愿服务基地。沪东新村一边招兵买马，一边着力打造志愿服务品牌建设。一批沪东新村志愿服务品牌项目诞生，如“一班一居”“关爱陪聊”等。目前沪东新村志愿服务品牌项目已经增加到20多个。[①]

四是搭建平台，推进“微光行动”可持续发展。沪东新村街道搭建了宣传活动平台、现场集市活动平台、激励活动平台、网络活动平台、展示平台等，推进了“微光行动”持续有效发挥作用。2020年12月5日上午，沪东新村街道在莱阳市民广场举办了第一场微光集市活动。集市的便民服务区集聚

---

① 沪东新村街道：《实施党建引领下的“微光行动”办成办好居民群众一点一滴的小事》，《浦东社会治理》2022年第4期。

的是修伞、磨剪刀等日常服务；消防安全区介绍防火防盗基本知识以及相关器材展示；科普互动与游乐区域让居民以快乐的方式在互动中学习科普知识；微光义卖区让辖区内小朋友将闲置物品送给有需要的人；民非公益机构展示区是给辖区内各类民非组织、社会团体、医院等展示和宣传服务内容的地方。[①] 沪东新村搭建的这些平台，有利于“微光行动”可持续发展。

（二）“微光行动”的机制

一是党建引领机制。沪东新村“微光行动”党建引领机制是在广泛基层调研、充分了解问题和现状基础上，通过党总支桥梁带动整个社会治理体系发挥作用，在需求现状和能力水平间找到最佳平衡点，寻求居民公共利益“最大公约数”。要求党总支对每个环节和整体态势都要具有前瞻性和周到思考，从而不断创新基层社会治理方式方法，最大限度促进社会和谐进步。在小区统一安装电瓶车充电桩过程中，博一居民委员会党总支首先做了需求匹配度调研，形成了“三要、三不要”总需求，并在此基础上提出了三项解决居民需求的对策。这样，在党建引领下博一居委会电瓶车充电桩安装顺利完成。可以说，党建引领成为沪东新村“微光行动”形成有效社会治理效果的关键。

二是民主参与机制。在沪东新村街道“微光行动”中，居民群众参与是其发挥效能的基础。向东新村居民区“暖亭”项目就充分体现了群众民主参与机制作用的发挥。首先向东新村居民区党总支通过发放调查问卷、召开听证会等形式，邀请业委会、物业、业主代表和热心居民们共同商议。经过多次讨论，决定将一个曾经用来倒马桶的“公厕”更新改造成为小区活动的公共空间。接着向东新村居民区党总支安排设计师调研，让居民提出排名前三的需求。随后又召开协调会，形成一套大家普遍认同的改造方案。项目竣工后，居民区专门组织了评议会，邀请居民代表监督工程验收，评议工程质量。很多居民肯定了工程的效果，又提出了增加文化元素和艺术气息的

① 《沪东新村街道举行“12·5”国际志愿者日微光集市主题活动》，《上观新闻》2020 年 12 月 6 日，https：//www.360kuai.com/pc/947cc0e8ae6845740？cota = 3&kuai_ so = 1&tj_ url = so_ vip&sign = 360_ 57c3bbd1&refer_ scene = so_ 1。

建议，并由居民自己动手装点美化。“暖亭”正式投入使用后半年，再次让居民群众评议各个空间使用的效率，对部分活动场次进行调整优化，从而将有限空间释放出最大的功能效用。“微光行动”的每一个项目实施，都成为一次基层群众参与的民主实践。

三是志愿回馈机制。志愿回馈是各社区针对本社区居民参与各种志愿活动，用累计积分的方式，回馈给志愿者一定物质奖励或者精神奖励。这是为激励社区居民积极参与志愿服务的一种方式。“微光行动”打破志愿服务的固有模式，积极吸纳体制内外、系统内外、线上线下各类资源，创新志愿服务项目内容，整合志愿服务共建基地，让志愿者、共建单位都可以发布项目参加活动、积攒积分兑换礼品，实现志愿服务“零距离”，搭建一个“人人可志愿、志愿有回馈”的志愿服务共建共享平台。为“微光行动”志愿服务项目、志愿共建单位进行授牌，这是对志愿单位的肯定，也是一种回馈，这样可以增强志愿共建单位参加志愿活动的积极性。回馈机制对壮大志愿者队伍、提升志愿共建单位参与志愿活动积极性具有重要的作用。

四是线上线下相结合机制。在“微光行动”项目开启的同时，“微光行动”小程序也同步上线，开启了沪东新村“互联网+”志愿活动的新模式。沪东新村“微光行动”采取线上线下相结合方式，即将志愿者信息以及志愿者可以提供的服务内容、方式等信息在社区平台公布，社区居民的微心愿、所需要的服务、困难和问题也可在社区平台发布，具体解决居民需求的过程是志愿者在具体时间和空间解决的。这样志愿工作和志愿服务更加便捷，实现了让受助者及时获得服务、让志愿行动不受时空限制，需求和服务之间信息对接更加便利，志愿服务过程也更加快捷。这也使共建单位、社会组织、志愿者可以快捷有效地发起志愿项目和社会公益活动，实现线上发布、线下圆梦的有效对接，让志愿服务活动既精准又高效。

三　推进“微光行动”项目取得的治理成效

沪东新村街道通过有效举措和多种机制作用的发挥，成功把“微光行动”项目品牌建立起来。在推进“微光行动”持续、有效开展的过程中，沪东新村党建引领基层社会治理创新取得了良好的成效，基层社会治理能力和水平得到明显提升。

（一）社区的微服务做到了随时周到

基层社会治理创新一个很重要的方面是服务内容的选择不在多而在于对路，服务项目不在大而在于做到群众心坎上。一方面，共性的服务要用好行政资源。沪东新村街道深入推进“家门口”服务体系建设，把各类民生资源下沉集聚到居民区，比如区司法局的“律师进居民区”、团区委“三点半课堂”、区妇联“母婴指导课程”等服务项目，受到普遍欢迎。同时推进实施“楼道点亮”计划，为获评“两优一先”星级楼组党小组的楼道粉刷美白，满足群众最朴素、最迫切的服务愿望。另一方面，个性的服务要做到能有效撬动社会资源。通过结对共建，把企业、机构、社会组织的好资源拿出来，目前已征集到200多个微项目。比如沪东中华造船集团有限公司开设“船模亲子课程”、中国极地研究中心让孩子“摸一摸南极的冰”活动、百通项目咨询公司开展“百通先锋楼”升级改造活动、沪东医院“百草园”养生科普活动等，有针对性地满足了不同年龄段居民和不同家庭的需求，让居民充分感受到身边的微服务来自基层党组织。

（二）社区有了温馨舒适的公共空间

为了让小小的“暖亭”发挥最大功能，根据居民需求（调查问卷），党总支、居委会为一楼二楼设计了不同的运营模式。一楼作为开放活动室，玻璃门完全打开后，整个一楼的空间足够宽敞，儿童活动、老人交流、社区活动、观赛活动、社区学校等均在此进行。二楼采用“分时功能融合”模式，周一到周五为共享阅览室，可供居民团队预定活动，周六和周日提供给社区居民作为共享厨房使用。社区共享厨房为“预约制”，配齐了微波炉、烤箱、洗碗机等现代化设备，如果居民提前预约需要招待亲朋好友，展示厨艺，可供居民在长桌上边吃边聊。这样安排可以满足多方面的需求，也能够让“暖亭”发挥更大作用。“暖亭”建成以后，就作为一个正式活动空间，成为向东居民区开展各类活动的一个重要场所，为向东居民开展活动提供了很大的便利。2021 年共开展各类活动 68 场，服务 1600 多人次。这足以说明当地居民对向东居民区公共空间的需求程度。

（三）社区生活环境得到显著改善

沪东新村街道老旧小区多，物业收费不高，“微光行动”项目启动以来社区环境面貌明显改善。社区从环境脏乱差到品质大提升，靠的是楼组党小组长动脑筋想办法，而不是政府大包大揽。有的居民从农村动迁而来，耕种情结和习惯仍在，楼组党小组长把他们组成“博景绿荫队”，由楼组党员和骨干队员示范，承包认领楼前楼后的公共绿地，养花种绿。随着试点小花园的成功复制，越来越多的居民加入进来，逐步覆盖整个社区。以往“卫生死角”化身“牡丹园”“月季园”，“公共绿化带”变身“窗下四季”，楼道墙面由“破旧斑驳”变为“靓丽彩绘”，“铁锈楼梯”升级“生活秀场”，社区年年有新貌，楼道可以观赏，家门口可以驻足。不仅社区自然环境得到改善，社区人文环境也得到了提升。沪东新村街道尊重群众首创精神，成立楼组文化建设智囊团，以一处绿化小景、一块创意公告栏、一面主题展示墙、一处墙绘楼梯、一块变废为宝展示区，把楼道作为舞台让居民发挥聪明才智，充分释放人尽其能的创造活力。楼道前的小花园里，插牌手绘标注认养户，有的贴上党徽，凸显党员示范；公共绿化带中，不少居民从家中拿来废弃的自行车、婴儿车、桌椅家具等物品，通过彩色喷漆和绿植盆栽装扮靓化；彩绘墙上标示积极参与的居民姓名和绘制时间。

（四）社区成为彼此关爱的温馨家园

沪东社区现租客较多，其中以造船厂外来务工人员为主，还有一些老人把市区房子留给子女，自己再搬回来。分析居民特点，有的文化水平不高，生活圈局限，不愿主动走出家门；有的居住条件窘迫，一室一厅居住六七个人，置换新房难上加难；还有的生活观念比较传统，习惯毁绿种菜，居民区工作人员多次上门劝阻无果。“微光行动”针对这些特点，从三个方面下功夫。一是用脚步丈量民情。居民区党组织书记做好“小区当家人”，每天走一走、看一看、找一找、议一议、干一干，举手之劳解决居民关切的小事情；社工按“人文关爱七必访”要求，从走访、对话、调研中发现需求、难点，列出问题，打钩销项。如需街道及上级协调解决的问题，通过直通车等途径上报、跟进、落实、反馈。二是用行动守护居民。建立一老带一新“双楼长制”，引入在职党员、青年团员等作为“第二楼组长”，以实际行动解决困扰居民的生活问题。陈家宅居民区年过八旬的王阿姨多次中风，睡前无法独立将脚抬上床。居民区干部和志愿者每天隔窗提醒安全事项，每天晚上睡前帮助她抬腿上床，确认水电煤无误后关好门窗。三是用公益浸润人心。青少年是最有生机与活力的群体，其中有不少青少年十分愿意投身社区服务中。

（五）社区治理能力和水平得到了提升

沪东新村社区治理能力和治理水平提升主要体现在三个方面。一是服务能力和水平的提升。服务和需求是社会治理的重要内容，服务和需求的矛盾得不到解决，基层社会矛盾和问题就会上升。沪东新村街道各社区“微光行动”很好应对了基层社会的服务和需求，不断满足基层社区居民的期待，使他们真正得到获得感、幸福感、安全感。二是居民参与渠道的增加和民主参与的增长。沪东新村街道抛弃了传统上由政府或上级组织包办的思想，充分发扬基层民主，协调居民的利益诉求，寻求居民公共利益“最大公约数”，积极推动居民自治，居民民主参与率大大提升。沪东新村街道各社区以党建引领基层社会治理创新，提升基层社会治理体系和治理能力现代化水平。三是沪东新村街道各社区基层矛盾和问题及时化解。沪东新村街道各社区通过“微光行动”，及时化解和解决遇到的基层社会矛盾和问题，把问题和矛盾及时化解在社区，积“微光”为“虹光”，真正实现了基层社会矛盾和问题的及时解决、就地解决，大大缓和了社会关系，促进了社会和谐。

四 “微光行动”项目的经验与启示

沪东新村街道从“微心愿”品牌项目到“微光行动”项目的延伸与拓展，是沪东新时代文明实践中心分中心建设的项目载体。这种成功将服务和治理进行了拓展、创新，充分说明沪东新村街道抓住了基层治理的根，在实践中获得了一定的经验和启示。

首先，“微光行动”是依靠党建引领保证的基层社会治理创新成果。基层社会治理创新需要党建引领而不是党组织引领，是因为两个方面的原因。一方面是因为党组织是领导而不仅仅是引领；另一方面是由于现代化社会是复杂社会，党组织不能直接去引领，而要通过党组织在党建的基础上获得统一或一致，从而使基层社会的思想得到统一或一致。因此，在基层社会治理创新中，以党建引领聚人心，达成社区共识；以党建引领整合资源，实现高水平共建共治共享；以党建引领激发社会活力，推动基层自治共治。党建引领基层治理创新，要充分发挥党组织在基层治理中的核心作用，建立起科学、顺畅、高效、严密的组织体系，不断深化党建向基层延伸，构建社区党建新体系，充分发挥楼组党建在基层治理中的作用，发挥党员的先锋模范作用。要随着时代发展，不断创新基层党建模式，充分发挥党建联建机制和区域化党建平台在解决基层治理难题中的作用，以基层党建创新带动基层治理创新。

其次，楼组党建在“微光行动”中发挥重要基石功能。推进党建系统延伸至楼组，形成社区党建系统，由居民区党总支、党支部、党小组分别对应居委员/业委会、楼委会、楼组的社区治理架构。楼委会党支部和楼组党小组在“暖亭”建设过程中，充分听取社区居民的意见和建议，化解各种问题矛盾，楼组党建成为引领基层治理创新的基石。街道党工委和社区党建系统在基层治理创新中发挥引领和核心作用，强化了党建引领和党组织核心作用。

再次，“微光行动”项目成功离不开社区居民的积极参与，不断创新参与渠道。随着时代发展，经济社会发展不同阶段社会主要矛盾和普遍的矛盾问题也会不同，这就要求基层社会治理的模式和方式也要随之改变或者增加，以适应这些变化带来的挑战。而社会治理方式的改变，最基本的就是增加基层群众的社会参与。“微光行动”充分调动基层群众发“光”，推进了社区居民的积极参与，通过各种平台，创新和推进社区居民的参与渠道和参与方式。这是基层社会治理创新的根本所在。因此，推进基层治理模式和方式创新，根本上就是要积极推进基层群众的参与，坚持基层社会自治，形成基层治理社会共同体。

最后，“微光行动”的根本目的是为人民谋幸福，这是创新基层社会治理的最终目标。“微光行动”遵循的根本原则是人民至上、以人民为中心的发展思想，也是贯彻习近平总书记“人民城市人民建，人民城市为人民”的思想。在“微光行动”中，处处都体现了基层社会治理为的是人民群众，以人为本。在解决基层社会问题和矛盾中，要积极推动居民的广泛参与，尊重居民利益诉求，寻求人民群众公共利益“最大公约数”，坚持任何部门或组织的美好愿望不能取代居民自己的需求，把党组织或政府的意图与人民群众的需求有机结合，努力增强人民群众获得感、幸福感、安全感。

五　进一步优化“微光行动”的对策建议

沪东新村街道推进党建引领下的“微光行动”，是“人民城市”重要理念的生动实践，是党建引领楼组治理的深化探索，是对居民群众美好生活向往的再次出发。“微光行动”对提升沪东新村街道基层社会治理现代化具有重要的作用，但是“微光行动”也还存在一些方面的不足，如基层社会治理创新层次和领域不高、基层群众参与积极性不强、品牌质量不高、影响力不足等方面的问题，需要进一步提升“微光行动”层次和做强品牌影响力。

（一）推进“微光行动”向“美好生活”方向深化

沪东新村创造性提出了“微光行动”项目，经过两三年的发展，党建

引领基层社会治理创新，形成了解决基层社会矛盾和问题的成效，但是同新时代基层社会治理的目的是建设人民美好生活相比，还有一定距离。要进一步发挥党建引领核心作用，扩大“微光行动”领域和层次，推动“微光行动”纵深发展。

首先，要充分利用各种资源，丰富“微光行动”项目的多彩性。目前，“微光行动”主要集中在解决社区问题和矛盾以及为老服务领域，涉及面还不宽泛，特别是为普通居民需求服务的项目不多。这就需要进一步利用各种资源，提升“微光行动”服务品质，进一步提供丰富多彩的微服务项目。

其次，创新“微光行动”高品质生活“微品牌”项目。高品质生活是浦东现代化发展的要求，基层社会治理创新的主题也应该围绕这一方面展开。在“微光行动”中，需要不断拓展微服务项目，为居民高品质生活提供保障。

最后，“微光行动”项目更多延伸至弱势群体和外来人口。现代美好生活理应包括弱势群体和外来人口，“微光行动”创新项目应更多向弱势群体延伸，更多向外来人口延伸，只有这样，才能真正实现人民群众对美好生活的向往。

（二）提升“微光行动”参与的广泛性

“微光行动”的主体应该是社区志愿者，虽然沪东新村志愿者队伍庞大，但是真正参与“微光行动”项目的志愿者数量并不多，参与的次数和频率也不高。沪东新村“微光行动”志愿服务反馈机制，虽然有利于吸引人民群众参加志愿活动，但同“奉献、友爱、互助、进步”的志愿精神要求还有一定距离，要不断提升志愿者队伍的数量和质量，提升整个社会文明的发展。

首先，要提升整个社区的社会文明程度，形成社区参与的主体意识。当前社区居民参与度不高与多方面的原因有关，其中一个重要的原因是大部分居民主体意识不强。这种主体意识来自对社区的认同，对生活的地方有感情。因此，要不断提升居民对社区的认同感。

其次，形成沪东新村自己的志愿文化和社区文化，形成社区参与的高度自觉性。社区文化和地方文化对志愿精神和志愿文化具有深刻的影响，要不断在社区文化中形成现代化志愿文化和志愿精神，只有这样才能形成社区居民高度自觉的参与意识。

最后，拓展社区居民参与社区治理的平台和渠道，提升居民群众参与社区治理的积极性。参与的平台和渠道是影响居民参与的重要方面，要多方面建立各种参与平台，疏通居民参与渠道，便利居民的参与。在现代社区文化影响下，积极提升居民群众参与社区治理的积极性。

（三）增强“微光行动”长效性

“微光行动”的一些“微项目”如暖亭，在耗费了大量公益经费的情况下，由于旧城改造，建成后的暖亭仅仅使用了 1 年就要拆掉。从投入和效益之间关系来看，相当于当时的花费“打了水漂”。这就要求要进一步提升“微光行动”“微品牌”的质量，增强社会影响力和长效性。一方面，要不断提升服务质量，推进“微光行动”可持续发展。只有“微光行动”能够真正具有品质和质量，才可能实现可持续发展。因此，要不断提升“微光行动”的微服务、微品牌的实效和高质量发展，形成“微光行动”的长效机制。另一方面，利用现代科技成果，推进“微光行动”基层社会治理现代化发展。利用现代科技手段，推进“微光行动”智能化发展，是基层治理现代化发展的必然选择。

（四）将“微光行动”打造成为更具影响力的大品牌

“微光行动”从“微心愿”延伸而来，但相对“微心愿”而言，“微光行动”的影响力远远不及“微心愿”品牌。这就需要不断提升“微光行动”品牌的影响力及知名度。

首先，注重用电视、报纸等传统方式宣传“微光行动”成效。目前报纸和电视报道“微光行动”的只有两篇，这大大降低了“微光行动”的知名度，因此需要从更多侧面对“微光行动”成效进行报道。

其次，要注重“微光行动”成效的网络宣传。现代化传播方式最快的可能是短视频，微信短视频、抖音等网络平台，已成为现代宣传的重要手段，因此可以将部分“微光行动”的微服务做成短视频进行宣传。

最后，要以研讨会以及教学案例等方式提升“微光行动”知名度。通过召开研讨会来宣传“微光行动”，既可以起到宣传的作用，也可以为“微光行动”可持续发展找到思路和方向。此外，还可以将“微光行动”做成案例，用于教学，一方面是在广大干部群众中宣传，另一方面是能够提出发展中存在的问题，并提出相应的对策。

参考文献

温丙存：《基层党建引领社会治理的逻辑理路——基于全国基层党建创新典型案例的经验研究》，《科学社会主义》2021 年第 6 期。

高卫星、郑子端：《以城市基层党建引领社会治理的多重逻辑：一个组织学解释——基于对 S 市辖区街道的观察》，《河南社会科学》2021 年第 8 期。

孙莉莉：《特大城市社会治理：立足基层社区的考察》，上海交通大学出版社，2018。

石发勇：《准公民社区——国家、关系网络与城市基层治理》，社会科学文献出版社，2013。

陶希东等：《共建共享：论社会治理》，上海人民出版社，2017。

李慧凤：《中国城市基层治理：路径、方式与转型》，中国社会科学出版社，2021。

吕德文：《大国底色：巨变时代的基层治理》，东方出版社，2021。

权威报告·连续出版·独家资源

皮书数据库

ANNUAL REPORT(YEARBOOK) DATABASE

分析解读当下中国发展变迁的高端智库平台

所获荣誉

- 2020年，入选全国新闻出版深度融合发展创新案例
- 2019年，入选国家新闻出版署数字出版精品遴选推荐计划
- 2016年，入选“十三五”国家重点电子出版物出版规划骨干工程
- 2013年，荣获“中国出版政府奖·网络出版物奖”提名奖
- 连续多年荣获中国数字出版博览会“数字出版·优秀品牌”奖

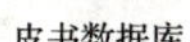

皮书数据库

“社科数托邦”
微信公众号

成为用户

登录网址www.pishu.com.cn访问皮书数据库网站或下载皮书数据库APP，通过手机号码验证或邮箱验证即可成为皮书数据库用户。

用户福利

- 已注册用户购书后可免费获赠100元皮书数据库充值卡。刮开充值卡涂层获取充值密码，登录并进入“会员中心”—“在线充值”—“充值卡充值”，充值成功即可购买和查看数据库内容。
- 用户福利最终解释权归社会科学文献出版社所有。

数据库服务热线：400-008-6695
数据库服务QQ：2475522410
数据库服务邮箱：database@ssap.cn
图书销售热线：010-59367070/7028
图书服务QQ：1265056568
图书服务邮箱：duzhe@ssap.cn

社会科学文献出版社 SOCIAL SCIENCES ACADEMIC PRESS (CHINA) 皮书系列
卡号：312533238349
密码：

S 基本子库
UB DATABASE

中国社会发展数据库（下设 12 个专题子库）

紧扣人口、政治、外交、法律、教育、医疗卫生、资源环境等 12 个社会发展领域的前沿和热点，全面整合专业著作、智库报告、学术资讯、调研数据等类型资源，帮助用户追踪中国社会发展动态、研究社会发展战略与政策、了解社会热点问题、分析社会发展趋势。

中国经济发展数据库（下设 12 专题子库）

内容涵盖宏观经济、产业经济、工业经济、农业经济、财政金融、房地产经济、城市经济、商业贸易等12个重点经济领域，为把握经济运行态势、洞察经济发展规律、研判经济发展趋势、进行经济调控决策提供参考和依据。

中国行业发展数据库（下设 17 个专题子库）

以中国国民经济行业分类为依据，覆盖金融业、旅游业、交通运输业、能源矿产业、制造业等 100 多个行业，跟踪分析国民经济相关行业市场运行状况和政策导向，汇集行业发展前沿资讯，为投资、从业及各种经济决策提供理论支撑和实践指导。

中国区域发展数据库（下设 4 个专题子库）

对中国特定区域内的经济、社会、文化等领域现状与发展情况进行深度分析和预测，涉及省级行政区、城市群、城市、农村等不同维度，研究层级至县及县以下行政区，为学者研究地方经济社会宏观态势、经验模式、发展案例提供支撑，为地方政府决策提供参考。

中国文化传媒数据库（下设 18 个专题子库）

内容覆盖文化产业、新闻传播、电影娱乐、文学艺术、群众文化、图书情报等 18 个重点研究领域，聚焦文化传媒领域发展前沿、热点话题、行业实践，服务用户的教学科研、文化投资、企业规划等需要。

世界经济与国际关系数据库（下设 6 个专题子库）

整合世界经济、国际政治、世界文化与科技、全球性问题、国际组织与国际法、区域研究 6 大领域研究成果，对世界经济形势、国际形势进行连续性深度分析，对年度热点问题进行专题解读，为研判全球发展趋势提供事实和数据支持。